Allitera Verlag

AF514600

Sigrid Heuck

Mit Wind und Wolken unterwegs

Was bleibt, ist die Erinnerung

Allitera Verlag

Weitere Informationen über den Verlag und sein Programm unter
www.allitera.de

September 2015
Allitera Verlag
Ein Verlag der Buch&media GmbH

Dieses Werk wurde vermittelt durch die Autoren- und Projektagentur
Gerd F. Rumler, München
Lektorat: Martina Kuscheck
Umschlaggestaltung unter Verwendung des Bilds
Sigrid Heuck am Allalinhorn, ca. 1956
Printed in Germany · ISBN 978-3-86906-778-0

Inhalt

Es war einmal in Italien (1955)

Es war einmal vor vielen Jahren, dass der Onkel seine junge Nichte einlud, die Ferien mit ihm und seiner Frau auf der Insel Ischia zu verbringen. Diese Insel befand sich in der Bucht von Neapel nicht weit entfernt von Capri, das auf der ganzen Welt bekannt war. Sie war damals noch nicht berühmt, und der Ort, in dem sich der Onkel eingemietet hatte, war nur zu Fuß zu erreichen. Er bestand aus einigen Häusern, einer Kirche, vielen Männern, Frauen, Kindern, Hunden und Hühnern und dem alten Wachturm, der »Torre« genannt wurde. Einfach nur »Torre«.

Die Häuser befanden sich dicht ineinander verschachtelt an einem Berghang, umgeben von lauter Weinbergen. Lebte man eine Weile dort und verstand auch ein bisschen die Sprache, dann war es, als käme man in eine große Familie. Man fügte sich ein, und wenn man das gelernt hatte, dann kam es einem vor, als verstünde man vieles von so einem abgelegenen italienischen Nest. Von der Endhaltestelle des Busses aus führte ein schmaler Fußweg, jeder Bucht und jedem Vorsprung folgend, an der Küste entlang zu diesem Dorf. Vor der Piazza bog der Weg links ab, kletterte in vielen Windungen steil an der Kirche vorbei den Berg hinauf und teilte sich dann. Der Hauptweg brachte den Spaziergänger dann zu zwei Nachbardörfern oben am Berg. Man stieg Treppen hinauf, die an den Seiten der Häuser klebten, lief auf den Dächern entlang vorbei an aufgehängter Wäsche, stinkenden Fischresten, schreienden Kindern, stieg die nächste Treppe hoch, befand sich abermals auf dem Dach eines Hauses und erreichte auf diese Weise sein Ziel, wenn man nicht unterwegs mit einer Frau über ein neues Pizzarezept oder mit einem kleinen Mädchen über seine Flechtarbeit schwätzte.

Die gute Stube des Ortes war die Piazza. Sie war zugleich Hafenplatz, Spielplatz, Kino und Tanzboden. Alles Wichtige spielte sich hier ab, angefangen vom täglichen Anlegen des Motorbootes über den Streit zweier Fischer bis zum Fotografieren eines Mannequins mit Modellen für eine Boutique.

Das Haus, in dem Onkel, Tante und Nichte wohnten, lag weiter oben am Berg. Es stand als mächtiger Quader auf einer der vielen Hangterrassen. Zu erreichen war es nur durch einen schmalen Pfad, auf dem zwei Leute nicht nebeneinander gehen konnten und der durch eine Schlucht mit erstarrter Lava führte.

Das Haus gehörte der Großmutter. Außer ihr lebten noch zwei Söhne mit ihren Frauen und sieben Enkelkindern dort. Drei Zimmer auf der oberen Terrasse wurden im Sommer an fremde Gäste vermietet. Elektrisches Licht gab es nicht. Kleine Petroleumlampen und Kerzen waren die einzige Beleuchtung am Abend.

Das Regenwasser wurde in einer Zisterne gesammelt und war sehr knapp. Auf ganz Ischia soll es damals nur eine Quelle gegeben haben, außer den Thermalquellen natürlich. Jeden Morgen wurde die Nichte durch das Quietschen der Winde geweckt, mit der ihre Wirtin, Signora Giuseppina, Wasser aus dem Zisternenschacht holte. Etwas breitbeinig, den Kopf vorsichtig durch die schmale Öffnung steckend, stand sie da. Mit beiden Händen drehte sie die Kreuzbalken, langsam wand sich das Seil, an dem der Eimer hing, über die Querstange, bis er schließlich am Rand des Brunnens erschien.

Das Leben der Familie und der Gäste spielte sich in einem großen Raum ab, der auf einer Seite fast offen war. Nur die Außentreppe, die auf das Dach führte, schützte ihn ein wenig vor der Unbill des Wetters. Alte Krippen und Raufen ließen darauf schließen, dass früher auch die Haustiere hier untergebracht waren. Der Onkel und die Tante lagen oft auf der oberen Terrasse. Dort war es fast still, nur ab und zu gurrte eine Taube, eine Ziege meckerte und aus dem Nachbarhof drang leises Gekicher herauf. Dann war die Sonne im Sinken begriffen und die ersten Grillen begannen zu zirpen. Der Himmel färbte sich rot und das Leben auf der Piazza begann. Draußen auf dem Meer blitzte das Licht eines Fischerbootes auf. Eines und noch eines. Die Lichter verteilten sich und verloren sich in der Weite. Die Fischer gingen auf Tintenfischfang.

Von der Piazza aus drang die Melodie eines neapolitanischen Schlagers über die Wasserfläche. Lautes Lachen und Gläserklirren kam aus der Bar.

»Einen Espresso, meine Dame?«, fragte der Kellner. »Einen Campari-Cassata oder Cinzano fresco? Gut, und der Herr wünschen?«

Draußen schlich ein Bettler vorbei, grau, Kittel und Gesicht. War es Staub oder das Alter? Drinnen tanzte ein Paar zu den Takten eines sentimentalen Tangos. Der alte Bettler blieb stehen. Neben ihm ein Junge, beide beobachteten sie das tanzende Paar, der Junge mit einem sehnsüchtigen Ausdruck.

Eine Mutter rief ihr Kind: »Elisa! E-li-sa!«

Das kleine Mädchen in seinem verwaschenen blauen Kittel unterhielt sich gerade mit der jungen Frau. Lange schwarze, strähnige Haare fielen ihr ständig über die Augen.

»Elisa!« Noch einmal gellte der Ruf der Mutter über die Piazza, streng und nachdrücklich.

»Buona sera!«, sagte Elisa, drehte sich um und rannte weg.

Auf drei Seiten umgaben Häuser die Piazza, nur nach Süden, auf der dem Meer zugewandten Seite war sie offen. Dort verband ein schmaler Sandstreifen den Torre mit dem Dorf. Der kleine Hafen diente vielen Ruderbooten, einigen Segelbooten sowie zwei Motorbooten als Zufluchtsort. Zwei oder drei ausgediente größere Boote lagerten in der Nähe der Mole am Strand. Ihre Farben waren verwaschen und ausgebleicht. »Ilario« stand in großen Buchstaben am Bug des einen von ihnen. Was mochte es erlebt haben? Warum lagen sie hier? Es schien, als hätten sie schon lange kein Wasser mehr unter dem Kiel gehabt.

Manchmal spielten die Kinder auf den Booten so etwas Ähnliches wie Verstecken oder Seeräuber. Dann schauten kleine, freche, schmutzige Kindergesichter aus den schmalen Kajütfenstern.

»Gino, guarda!« Ein Mädchen, das Dach der Koje erkletternd, rutschte aus und fiel hin. Weinend lag es da und ließ sich vom Bruder trösten. Die übrigen verloren inzwischen den Spaß an dem Spiel. Sie dachten sich etwas anderes aus und laut miteinander diskutierend verschwand die ganze Horde hinter einer Hausecke. So oder ähnlich ging es alle Tage.

Einmal, es war zur Mittagsstunde und die Sonne brütete auf der Piazza, jagten die Kinder einen Hund. Pfeifend und johlend wurde er von einem Dutzend halbwüchsiger Jungen auf die Mole gehetzt. Die Lage schien aussichtlos für ihn, vom Steg blieb ihm nur der Weg ins Wasser. Breit, lässig, mit einen satten Grinsen saßen einige Gäste vor der Bar und beobachteten den Vorgang. Der Hund, der nicht zum Dorf zu gehören schien, war jetzt auf der höchsten Stufe seiner Verzweiflung angelangt. Er sprang ins Wasser. Schwimmend versuchte er das Land zu erreichen, wurde aber dort, kaum einen Meter vom Ufer entfernt, von der johlenden Horde der Jungen wieder daran gehindert und zurückgetrieben. Ohne zu zögern wendete er und kam, nachdem er abermals die Hälfte des Anlegestegs zurückgeschwommen war, an eine kleine Treppe. Er hastete sie empor, stand einen Augenblick zitternd still und flog dann in langen Sätzen auf die Kinder zu. Diese, erschrocken über die veränderte Lage, wichen zur Seite. Schon war der Hund an ihnen vorbei und überquerte die Piazza. Gleich darauf befand er sich auf der Höhe der Bar und in der nächsten Sekunde war er hinter einem Haus verschwunden.

Wütendes Gebrüll war die Folge des Durchbruchs. Die Horde wendete, jagte hinter ihrem Opfer her und verlor sich in einer engen Gasse. Manchmal hörte man nur von fern ihr Geschrei, langsam verebbend, doch auch das erstarb bald.

Ruhig lag die Piazza wieder in der Sonne. Die Fremden besprachen das Ereignis. Aus einer Küche ertönte das Klappern von Geschirr. Irgendwo schimpfte jemand ein Kind. Es weinte.

Die Sonne brannte auf die Pflastersteine.

Am schönsten war die Piazza am frühen Morgen. Kurz nach Sonnenaufgang wurde es lebendig. Die Männer kamen aus ihren Häusern und gingen langsam über den Sand zu ihren Booten. Zwei Kinder halfen ihrem Vater, ein großes Netz auf dem Sand auszubreiten. Es musste ausgebessert werden. Rasch hockte sich der Fischer hin, zog ein kleines Weberschiffchen aus der Hosentasche und begann das Loch zu flicken. Flink, kaum mit dem Auge verfolgbar, fuhr die Hand mit dem Schiffchen hin und her, knüpfte Knoten für Knoten. Zeigte der helle Faden nicht die Stelle an, an der das Loch gewesen war, es wäre vom übrigen Netz nicht zu unterscheiden gewesen. Ab und zu sprang der Mann auf, rasch griffen dann seine Finger in die Schnüre, liefen darüber, zogen sie an sich, spannten sie zwischen den Händen und schon hatte er ein Loch oder einen Riss gefunden, der ausgebessert werden musste. Wieder tanzte das Schiffchen durch die Maschen, den Faden hinter sich herziehend.

Wunderbare Nächte schenkte der Himmel den Menschen von Ischia. Irgendwo ertönte das Zirpen einer Grille, dazu schlug das Wasser an die Felsen der Bucht und der Wind fing sich an einer Hausecke. Die Sterne leuchteten am Firmament.

Ein paar Tage lang heulte ein Sturm. Als er sich wieder gelegt hatte, nahmen Pasquale und Federico, die Söhne des Wirts, der dem Onkel und der Tante die Zimmer vermietet hatte, ihre Nichte zum Fischen mit.

Leise schwabbelten, gluckerten die Wellen an die Bootswand, als müssten sie ihr etwas erzählen. Die Ruder schlugen im Takt und trieben das schwere Gefährt langsam vorwärts, das Wasser hinter sich in gleißende Bewegung setzend. In einer der Buchten waren Körbe ausgelegt worden, um Langusten zu fangen. Ihre Lage wurde durch einen Korken gekennzeichnet, der an einem Seil befestigt, an der Meeresoberfläche tanzte. Pasquale und Federico standen im Boot. Ihr Ruder mit beiden Händen umklammernd, bewegten sie sich stetig vor und zurück. Etwas Musikalisches hatte diese Arbeit an sich, rhythmisch Ausgewogenes und Tänzerisches. Ihre Gesichter glänzten vor Schweiß.

Federico war der Ältere von beiden. Er war einer von denen, die den Fremden aus dem Weg gehen. Vielleicht hatte er schon aufgehört, sie als Eindringlinge zu betrachten, aber noch nicht angefangen, eine Erwerbsquelle in ihnen zu sehen. Von fast gedrungenem Körperbau, war er typisch für einen Fischer dieser Insel, schmallippig, ein klein wenig verkniffen der Mund, lebhafte, intelligente Augen. Die Haut spannte sich, ausgedörrt von der Sonne über breite Backenknochen. Auf einmal entdeckte Pasquale den Kork. »Ecco!« Einsam trieb er auf dem Wasser.

Erst beim Näherkommen bemerkte das Mädchen das schräg in die Tiefe führende Seil. Langsam begann Federico es einzuholen. Ein merkwürdiger Gegenstand näherte sich der Bordwand. Ein Bimsstein und nach ihm eine Glaskugel, dann wieder ein Bimsstein und eine Glaskugel, dann lange nichts. Immer schwerer zogen die Männer, ein Stein kam, er diente zum Verankern der Körbe an einer bestimmten Stelle und dann kam der erste Korb.

Er war leer. Nach einigen Metern der nächste, auch leer. Etwa sechs bis acht Körbe waren an einem Seil befestigt. Erst im vierten klapperten zwei Langusten mit ihren Scheren, im sechsten eine. In den Körben wurden wieder frische Köder befestigt. Fischteile in Schlingen aus Bindfaden, die sich von einer Korbwand zur anderen spannten, Köpfe mit herausquellenden starren Augen und aufgerissenen Mäulern, Schwänze und Mittelteile. Langsam, einem bestimmten Gesetz folgend, wurden die Körbe wieder ausgeworfen. Bimsstein, Glaskugel, Bimsstein, Glaskugel und zuletzt der Kork. In einem Halbkreis lagen sie nun wieder am Grund des Meeres und warteten auf neue Opfer.

Nachts fischen. Ein Treiben im Nichts. Weit entfernt schwebten die Lichter des Dorfs über dem Wasser. Rundherum schwarze Leere, aufgerissen durch die grell leuchtende Karbidlampe, die am Bug befestigt worden war und ihr Licht in die Tiefe schickte. Ihr Schein verlor sich mit einem diffusen Schimmer in der Tiefe.

Auf der Punta Imperatore blitzte es auf. Wieder und wieder. Laut rufend winkten die Männer zurück. Der Leuchtturmwärter schickte mit seinem Licht Grüße hinunter.

Pasquale sang, während er die Angelschnur auswarf, mehr laut als schön. Seine Stimme gellte über das Wasser, ohne irgendwo einen Halt zu finden. Auf und ab zogen seine Finger die Angelschnur. Manchmal holte er sie ganz heraus, schwang dann das kleine Bleigewicht mit den Haken ein paarmal durch die Luft und warf sie mit einer großen Gebärde wieder hinaus.

»Rema!«, befahl er dem Mädchen. »Rema! Rema!« Das war das Zeichen, dass sie rudern sollte. Ein dunkler Schatten huschte am Boot vorbei: ein Tintenfisch.

Tintenfisch ist eines der köstlichsten Gerichte auf der Speisekarte Süditaliens.

Signora Giuseppina war eine meisterhafte Köchin.

Nur zwei Fische erbeuteten Pasquale und das Mädchen in dieser Nacht. Jeder wog etwa ein Pfund. Widerlich wanden sich ihre Fangarme am Boden des Bootes. Rasch wechselten sie die Farbe: rot, weiß, rot, weiß. Pasquale ließ sie langsam sterben.

Am nächsten Morgen bat Giuseppina das Mädchen, das von ihr schon vorbereitete Essen auf den Weinberg zu bringen, wo die Lese begonnen hatte.

Sie wurde bereits sehnsüchtig erwartet.

Rofano, der Garten, bestand aus mehreren Terrassen. Im unteren Teil hatte man Obstbäume angepflanzt: Orangen-, Feigen-, Zitronen- und Granatapfelbäume. Der obere Teil bestand aus mehreren Terrassen voller Reben. Dazwischen stand ein altes verfallenes Haus, das fast die Bezeichnung Haus nicht mehr verdiente. Es bestand aus vier Wänden mit einer Decke, die auf einer Seite schon eingestürzt war. Doch es war tief in den Berg gebaut. Mächtige Keller beherbergten den langsam entstehenden Wein.

Gesang erklang aus der Tiefe. Federico und Pasquale kelterten. Mit nackten Füßen stampften sie die Trauben in einer wannenähnlichen Vertiefung. Im Takt marschierten sie auf der Stelle, eins, zwei, eins, zwei. Und dazu sangen sie. Das Lied schien ihnen die Arbeit außerordentlich zu erleichtern, denn sie strahlten. Vor der Vertiefung stand eine kleine Schüssel Wasser. Bevor die Männer in die Traubenwanne traten, tauchten sie ihre Füße kurz ins Wasser. Es war kaum mehr als die Idee einer Reinigung. Ihr Vater schöpfte indessen den so gewonnenen Traubensaft in einen kleinen Holzbottich, welchen er auf dem Kopf balancierend die Treppe hinauf- und gleich daneben wieder in den Raum mit den Fässern hinuntertrug. Aber ihr Onkel versicherte seiner Nichte stets, dass der Wein auf Ischia ganz ausgezeichnet war, süß, aromatisch und einer der köstlichsten, den er je getrunken hatte.

Tief unter dem Garten Rofano lag das Dorf, zum Teil verdeckt durch die vorspringende Terrasse eines Weinbergs. Nur der Torre und der schmale, ihn mit dem Dorf verbindende Sandstreifen waren zu sehen. Die Boote schienen klein, kaum länger als ein Finger.

Das Meer war ruhig, seine Fläche nur unterbrochen von Windflecken, der Horizont nicht erkennbar, dünne Schleierwolken verhüllten den Himmel. Die Hitze legte sich wie eine Decke über die Insel.

Irgendwann einmal waren die Ferien zu Ende. Während das Motorboot die Bucht verließ, nahm sich das junge Mädchen vor, nie die Farbe zu vergessen, die die Wellen annahmen, bevor sie an die Felsen des Torre schlugen. Blau, blaugrün bis zu einem hellen Türkis – Ischia.

Es war einmal auf der Insel Korsika (1957)

Die Insel Korsika war zuerst nur als dunkler Streifen am Horizont zu erahnen. Die Frau bildete sich ein, sie schon entdeckt zu haben, bevor sie wirklich als dünner Strich vor ihr aus dem Meer tauchte. Schon lange vorher hatte ihr der Wind als Willkommensgruß einen köstlichen Duft in die Nase geweht. Ihn schickte die Macchia, der Buschwald, der fast das ganze Land bedeckte. Er bestand aus Disteln, Wacholder, Ginster, Riesenfarn, Myrte, hochwachsender Erika, Mastix, Steinlorbeer, Buchs und Goldregen, aber auch aus Kamille, Pfefferminze, Eukalyptus, Rosmarin und Lavendel bedeckten fast überall das Land wie ein dichter, schwer zu durchdringender Pelz. Hie und da brachte ein schwerer Felsblock oder eine Gruppe von Korkeichen Abwechslung in die Eintönigkeit der Sträucherwildnis. Schon Napoleon hatte im Exil auf der Insel Helena festgestellt:

Mit geschlossenen Augen würde die Frau Korsika an seinem Duft erkennen.

Die Frau war mit einer Freundin und ihrem Motorroller unterwegs. Sie hatten Zelt, Schlafsäcke und das Kochgeschirr auf den Gepäckträger gepackt und waren einfach losgefahren. Das Schiff hatte sie zum Hafen von Île Rousse gebracht. Die Sonne war bereits untergegangen. Blaue, ins Violett gehende Schatten lagen zwischen den Hügeln. Hier, an der westlichen Küste hatte das Meer dem Land viele kleine Buchten abgerungen. Die Landzungen zwischen ihnen waren in der hereinbrechenden Nacht nur noch schwach auszumachen. Sie sahen aus wie dunkle Tiere, die gegen die Brandung kämpften. Ab und zu trugen sie verfallene Wachtürme auf ihren Rücken. In großen Kurven wand sich die Straße durch die Macchia. Ein Feuerschein unterbrach die Dunkelheit. Ein paar alte Korkeichen standen in hellen Flammen und das Licht war so grell, dass es die Frau blendete und sie langsamer fahren ließ. Warum brannten sie? Wer hatte sie angezündet? Waldbrände gehörten zu den Besonderheiten von Korsika, die man sich nur von Fall zu Fall, jedoch nicht als ständige Erscheinung, zu erklären versuchte. Die einen meinten, es wäre Brandstiftung, die anderen, es wäre eine Glasscherbe und wieder andere waren der Ansicht, zündelnde Kinder wären schuld.

Calvi. Durch den Pinienwald, in dem sie ihr Zelt aufgestellt hatten, schimmerte die Zitadelle. Eine hohe Festungsmauer verdeckte einige Häuser, die über die Mauer zu quellen schienen, im Kampf um ein bisschen Platz. Calvi stand bis 1768 unter genuesischer Herrschaft. Aus dieser Zeit stammen die meisten Festungen und Wachtürme.

Ein kleiner Engländer ritt auf einem Holzbrett über die Wellen am Strand.

»Look, daddy«, rief er seinem Vater zu. »That's our treasure island!«

Schatzinsel, schoss es der Frau durch den Kopf. Eigentlich ganz zutreffend für Korsika. Nur, welchen Schatz meinte er?

Nach Ajaccio führte die Straße über unendlich viele Kurven.

Der Himmel bedeckte sich mit Schleierwolken. Am Nachmittag begann es zu regnen. Felsig, wild zerklüftet war die Küste. Sie war die ungeschützte Wetterseite Korsikas. Sogar die Macchia getraute sich nicht bis zum Ufer zu wachsen. Kleine verlassene Steinmäuerchen, verlassene Häuser und Hausruinen schienen von einer früheren, fruchtbareren Periode zu berichten, zugleich aber auch von großer Armut, die die Menschen gezwungen hatte, ihre Heimat zu verlassen.

Es hatte aufgehört zu regnen und wurde heiß. Stundenlang begegnete ihnen keine Menschenseele, kein Auto, kein Radfahrer, kein Fußgänger. Nur ein paar Schafe ruhten im Schatten eines Kastanienbaums oder drängelten sich um eine Quelle. Kein Hirte, kein Hund, nichts. Einmal trug der Wind Flötentöne über die Macchia. Gedanken Vergils.

Die Geschichte Korsikas war eine einzige Chronik der Unterjochung: Römer, West- und Ostgoten, Langobarden, Byzantiner, Franken, Sarazenen aus Nordafrika, Mauren aus Spanien und

Genuesen haben die Korsen beherrscht. Es war ein Durcheinander an Überfällen, Herrschaftsansprüchen, friedlichen Abtretungen und verzweifeltem Bemühen um eine Lösung von der Abhängigkeit sowie Selbstständigkeit mit eigener Regierungshoheit.

Ajaccio, die Hauptstadt. Die Frau und ihre Freundin betrachteten das Geburtshaus des großen Korsen, Napoleon Bonaparte. Es war ein kleines, schmutzig-gelbes Häuschen in einer engen Gasse, das sich durch nichts von seinen Nachbarhäusern unterschied. Am Hafen flickten Fischer ihre Netze. Doch die Frau und ihre Freundin blieben nicht lange in dieser Stadt. Sie waren zum Schluss gekommen, dass die Sehenswürdigkeiten, die mit der menschlichen Kultur zusammenhängen, nicht ausschlaggebend waren für die Eigenart dieser Insel. Die Macchia, der Duft, die Korkeichenbäume und die Felsen, das war es.

Bonifacio. Sie schlugen am Golf de la Manza das Zelt auf. Es war eine große Bucht, sieben Kilometer entfernt von Bonifacio, drei Kilometer von der nächsten Quelle. Wasser war kostbar. In der Nacht weckte sie ein unheimlich tapsendes Geräusch. Schmatzend näherte es sich und entfernte sich wieder. Am Morgen jedoch entdeckten sie nur eine gemütlich grasende Eselfamilie: Hengst, Stute und ein kleines Fohlen. Wildgänse flogen in keilförmiger Formation über die Bucht.

Bonifacio am südlichsten Ende Korsikas war auf einem Felsen erbaut worden, der durch immerwährende Bewegung des Meeres von unten her langsam ausgehöhlt wird. Ein Teil der Zitadelle schwebte bereits über dem Abgrund. Ein altes Fischerboot ruhte sich mit zusammengerafften Segeln auf dem Wasser aus. Die Fischer hatten verwitterte, von Wind und Sonne gegerbte Gesichter. Die Frau stellte sich vor, dass ihre Urahnen früher einmal verwegene Piraten gewesen sein könnten. Sardinien lockte am Horizont. Sie fuhren weiter.

Kastanien- oder Olivenbaumalleen wechselten sich mit kleinen Salzfeldern oder moorigem Gelände ab. Der nackte Stamm der Korkeichen leuchtete in einem hellen, wunderbaren Rot. Auf der Suche nach einem Zeltplatz führte sie die Straße auf die Halbinsel von Picovaggia. Dort fanden sie einen Strand von einmaliger Schönheit: blütenweißer Sand und uralte Pinien. Das Meer hellgrün bis türkis, dazwischen feuerrote Steine. Bucht reihte sich an Bucht, davor im Meer weitverstreut die Gruppe der Îles Cerbicale. Die Frau lenkte ihren Roller landeinwärts in die Berge. Zweimal musste sie hart bremsen. Einmal brach eine Herde pechschwarzer Schweine, angeführt von einem mächtigen Eber aus den Büschen und überquerte die Straße. Das andere Mal hatte sich eine Gruppe Rinder die Straße als Ruheplatz ausgesucht. Gemächlich erhoben sie sich und ließen den Roller durch. Hier, im Inneren der Insel erlahmte der motorisierte Verkehr fast völlig. Kinder hüteten die langhaarigen, schwarzen Bergziegen. Die Böcke trugen große Hörner auf dem Kopf. Ab und zu sahen sie eine Frau auf einem Esel reitend.

Wovon lebten diese Korsen eigentlich? Ein kleines Reisebuch meinte, vom Korkhandel, von Obst- und Weinbau und von der Bienenzucht. Außer den Gärten rund um die Häuser gab es keine größeren bebauten Flächen. Natürlich lebten sie auch vom Fischfang und in den Bergen von der Jagd. Das musste ihnen genügen.

Corte, ehemalige Hauptstadt. In einem weiten Tal erhob sich ein schmaler hoher Hügel. Die Häuser klebten ähnlich Schwalbennestern an den Hängen ringsum. Die Zitadelle hoch oben beherrschte das Tal und sperrte das Inselinnere von der Öffnung zum Meer hin ab.

Die Frau lenkte ihr Gefährt nach Nordosten an die Küste und von dort nach Bastia. Sie musste sich beeilen, um das Schiff in Calvi um elf Uhr am Abend noch zu erreichen und wollte nur noch das Cap Corse umfahren, das sich wie ein mahnender Finger nach Norden ins Meer hin erstreckt. Und dort kamen sie wieder an brennender Macchia vorbei. Manchmal erstreckte sich die verbrannte Fläche etliche Kilometer an der Straße entlang. Es roch nach kokelndem Holz gemischt mit dem alten Macchiageruch.

Auf fast jedem Hügel stand ein alter genuesischer Wachturm. Sie standen in regelmäßigen Abständen, sodass Signale von einem

Turm zum anderen gegeben werden konnten. Jahrhundertelang wurde so die Bevölkerung vor drohenden Gefahren gewarnt.

Wieder war es heiß. Kleine verfallene Kapellen und blühende Eukalyptusbüsche, das prägte sich ein, wenn man an Cap Corse dachte. Sie fuhren über St. Florent und die Balagne, den Garten Korsikas zurück, um pünktlich zum Verladen des Rollers wieder am Schiff zu sein. Sie aßen noch einmal zu Abend in einem kleinen Restaurant am Hafen. Wein, Weißbrot, Trauben und viel Käse. In der Nacht Abschied mit lautem Geschrei von Seiten der Zurückbleibenden und nicht minder lautem von denen der Abfahrenden. Nur der Monte Cinto winkte still herüber.

Blubb blubb, schlugen die Wellen an die Schiffswand. Das war nun also Korsika, die Insel, die von vielen Menschen die *Insel der Schönheit* genannt wurde; einer herben Schönheit, die man nur versteht, wenn man sie durchstreift, ohne Anspruch auf den Luxus, den uns die Zivilisation bietet. Dann öffnet sie sich und erzählt aus einem Schatz schöpfend ihre Geschichte.

War das das »treasure island« des kleinen englischen Jungen, der auf seinem Brett über die Wellen geritten war?

Es war einmal in den Bergen Montenegros (1957)

Es war einmal, dass die Frau, zusammen mit einer Studienkollegin, einem Zelt und einem alten Volkswagen nach Jugoslawien reiste. Damals hieß Jugoslawien noch Jugoslawien. Heute heißt es Slowenien, Bosnien, Kroatien, Serbien, Mazedonien, Herzegowina und Montenegro. Sie fuhren auf meist steinigen Straßen und durch mehrere Flüsse an der Küste entlang, und je weiter sie nach Süden kamen, umso weniger Ferienreisende begegneten ihnen. Manchmal bauten sie ihr Zelt auf einem Zeltplatz auf und schlossen Freundschaften mit anderen Zeltlern, mit den Zeltplatzwächtern, mit Hunden, Katzen und vielen Kindern. Sie besuchten Split und Dubrovnik, das früher Ragusa hieß, und Kotor mit seinem Golf. Sie kamen auch nach Sveti Stefan, der künstlichen Stadt auf einer Halbinsel bei Budva. Dort drehten sie um, weil die albanische Grenze ihnen die Weiterfahrt versperrte.

Von der kleinen Ortschaft Risan aus fuhren sie auf einem steilen Bergpass, vermutlich einem ehemaligen Eselssteig, in die schwarzen Berge, Crna Gora. Es schien, als wände sich die Straße in einer Felswand nach oben. Dort hielt die Frau ihr Auto kurz an. Tief unter ihr lag der Golf. Eingerahmt von einem schmalen fruchtbaren Küstenstreifen zwängte er sich zwischen die hohen verkarsteten Berge. Nach Nordosten zu kam es ihr vor, wie wenn sie sich in einer steinernen Wüste befänden. Kaum ein paar kümmerliche Sträucher brachten etwas Abwechslung in die Landschaft. Mondlandschaft. Nur selten stand neben der Straße ein Haus. Einen strengen, verschlossenen Eindruck machten die Leute hier. Nur die Kinder waren herzlich und freundlich wie immer. Sie waren pausbäckig, kräftig, immer fröhlich und zu Scherzen aufgelegt. Im Gegensatz zu den oft blassen Italienern waren diese hier kleine Lausbuben und Mädchen mit struppigem Haarschopf und fliegenden Zöpfen.

Einsam war es in den Hochebenen Montenegros und der Herzegowina, kalt, windig und einsam. Wenn sie nicht von vielen kleinen Schafherden ein wenig belebt worden wäre, wirkte die Landschaft, als ob sie im Totenschlaf läge. Doch die Schafe waren oft weit von der Straße entfernt und wenn sie sich niederlegten, passten sie sich mit ihrem schmutzig-weißen Fell fast vollständig der Landschaft an und schienen, wenn sie sich zur Ruhe legten, zu unbeweglichen kleinen Felsblöcken zu erstarren. Ab und zu standen armselige schindelgedeckte Steinhütten am Straßenrand. In solchen Momenten waren die von einem starken Wind gehetzten Wolken das einzig Bewegliche. Es schien den beiden Frauen ein vergessener Landstrich zu sein, vergessen von den Bewohnern großer Städte. Natürlich hatten sie schon von den Hochebenen Montenegros gehört. Doch sie hatten keine Vorstellung davon, wie es dort aussah. Niemand konnte begreifen, wie es dort aussah, wenn er sie nicht einmal durchquerte.

Da schlichen die Ferienreisenden an der Küste entlang, schimpften vielleicht über die vielen Steine, das Benzin und über alles, was ihnen sonst noch einfiel, anstatt sich einmal nur wenige Kilometer in das Innere des Landes zu wagen.

Es konnte sein, dass man mehr als eine Stunde durch die Berge fuhr, ohne auch nur dem Giebel einer einsamen Hütte, ein paar Schafen oder einem anderen lebendigen Wesen zu begegnen, und entdeckte plötzlich einen auf einer mageren Ponystute reitenden alten Bauern, hinter dem sein Packesel trottete und in einigem Abstand sein Hund. Und dann fuhr man nochmals eine Stunde, ohne einen weiteren Menschen oder eine Wohnstätte zu sehen.

Auf einem Hügel standen zwei Frauen und hüteten Schafe. Bis zu den Knöcheln reichende Fellcapes schützten sie vor dem scharfen Wind. Die Gesichter waren fast nicht zu erkennen, so sehr hatten sie sich in ihre Kopftücher gehüllt. Die eine strickte. Die andere spann Wolle. Sie glichen lebenden Denkmälern.

Für Motorfahrzeuge waren die Straßen nicht geeignet. Zweimal mussten die Frauen mit ihrem Auto Flüsse durchqueren. Oft waren sie lange in blökende, verschreckte Schafherden eingekeilt, manchmal waren es auch Ziegen oder eine Gruppe Eselstuten mit ihren Fohlen. Auf einfachen, mit je vier Ochsen bespannten

Karren wurde das Heu eingefahren. Die Räder waren nur aus einer Baumscheibe gesägt. Plump erschienen sie und roh gezimmert und dennoch konnte man sich auf den steinigen Wegen dort oben kein anderes Fahrzeug vorstellen. Schwer mussten sie sein, schon des Windes wegen. Heugabeln waren abgeschälte Astgabeln. Landmaschinen gab es keine. Die Frauen trugen Pump- oder Pluderhosen, die an den Beinen ein Stück eingenäht waren. An den Schlupflöchern für die Füße war der Stoff zusammengerafft und fest um die Knöchel gebunden. Große Schritte konnten die Trägerinnen damit nicht machen. Sie ähnelten denen von gefesseltem Vieh. Diese Hosenröcke oder Rockhosen waren fast immer aus einem Stoff gemacht worden, der schon lange aus der Mode gekommen war, um schließlich von einer montenegrinischen Bäuerin zu einer Arbeitshose verarbeitet zu werden. Dazu trugen sie meistens ein großes, bis in die Kniekehlen fallendes Kopftuch, mit dem sie rasch ihr Gesicht verschleiern konnten, wenn sich ihnen ein Fremder näherte, denn je weiter man ins Innere des Landes kam, umso häufiger traf man auf Leute muslimischen Glaubens. Da hockte doch eine einsame Schafhirtin auf einem Felsen am Straßenrand und strickte. Das Mädchen, eifrig bemüht auf ihre Schafe zu achten und keine Masche fallen zu lassen, versäumte es den Fahrweg zu beobachten, auf dem sich ihr ein Auto näherte. Vielleicht hatte sie das Motorengeräusch auch überhört, weil ihr dieser harte, unerbittliche Wind so in den Ohren sauste, dass sie nichts bemerkte. Plötzlich erblickte sie dann das Auto und mit einer Hast, hinter der Angst zu stecken schien, schlang sie blitzschnell das Tuch um ihren Kopf, bis nur mehr ein schmaler Schlitz für die Augen offen blieb. Es bedeutete für sie die Einhaltung eines strengen muslimischen Gebotes und zugleich die Errettung ihrer Seele vor Sünde und Strafe.

In den kleinen Ortschaften standen Moscheen neben christlichen Kirchen und verfallende muslimische Friedhöfe neben denen von Christen. Gegen Sarajewo zu mehrte sich jedoch die Anzahl der Moscheen und christliche Kirchen sah man nur noch selten. Gegen Abend wurde die Landschaft wieder grün. Die Frau seufzte erleichtert auf. Vereinzelt tauchten grüne Felder zwischen den Steinen auf. Das empfand sie wie ein Geschenk. Die Bauernhäuser hatten am Giebel abgeschrägte Schindeldächer und kleine Balkone zogen sich rund um sie. Hier stand ein Baum und dort stand einer. Die grünen Felder grenzten aneinander, wurden zu Weiden, auf denen ab und zu auch Kühe oder Pferde grasten. Für eine Strecke von dreihundert Kilometern hatten die beiden Frauen ohne zu rasten ungefähr den ganzen Tag benötigt. Sie fanden es gut, dass es solche Straßen noch gab. Sie zwangen dem Besucher eine genauere Betrachtung der Gegend auf. Später schrieb die Frau das alles in ihr Tagebuch und bekämpfte damit die Angst, all diese Eindrücke wieder zu verlieren.

Was zurückblieb, war die Erinnerung.

Es war einmal in Apulien (1958)

Zu jener Zeit war es üblich, seine Ferien in Italien zu verbringen. Venedig, Florenz, Rom, Neapel und die Insel Capri waren begehrte Urlaubsziele. Doch über die Ostküste, den Sporn des Stiefels und den Absatz wussten nur wenige Leute Bescheid. Zwei Frauen war es wichtig, mehr darüber zu erfahren. Sie liehen sich ein winzig kleines Auto, packten ihr Zelt, das Kochgeschirr und was man sonst noch alles so zum Zelten braucht hinein, und fuhren los. Beiden erschien es wie ein Wunder, dass es in einem so viel besuchten Land Europas noch Landstriche geben sollte, die kaum bekannt waren, obwohl es dort einige der schönsten Kirchen Italiens gab. Sie fuhren über Ancona und Pescara, doch so richtig begann ihre Reise erst in der Stadt Termoli. Enge Gassen über grauweißen Häusern, der Gestank nach Fisch, heißem Olivenöl, Tang und Schweiß, menschlichem und tierischem Kot, dazu Kindergeschrei und von irgendwoher die Klänge eines jammernden und scheppernden Grammofons und außerdem die Menschen und ihre Lebensart, die für die Frauen das Besondere des Süditalienischen verkörperte. Die Italiener liebten die Straße und die Piazza. Schon der Norditaliener zeigte diese Neigung offen, viel mehr jedoch der Süditaliener. Kinder spielten, schrien, aßen, schliefen, erledigten ihre körperlichen Bedürfnisse auf den Straßen, während ihre Väter vor Bars und Cafés politischen Gesprächen nachgingen, die Mütter ihre Wäsche am öffentlichen Waschtrog wuschen und die Großmütter still mit dem Strickzeug im Schatten ihrer Häuser hockten. Oft wurde dort auch gekocht oder ein Kind gewickelt. Den beiden Frauen drängte sich manchmal der Eindruck auf, wozu denn überhaupt Häuser dastanden, wenn sich das ganze öffentliche Leben doch hauptsächlich auf der Straße abspielte.

Eine der Frauen hatte den Einfall, mit dem kleinen Auto zum Strand zu fahren, um zu baden, wobei das Auto bei der Rückfahrt im Sand stecken blieb. Seine Räder wühlten sich rasch bis zur Achse in den Sand. Die verzweifelte Lage hatten spielende Kinder beobachtet. Sie rannten fort und holten Hilfe. Schon bald umringten mehrere Männer das kleine Auto. Sie sparten nicht mit guten Ratschlägen. Doch erst als zufällig ein Maultierkarren vorbeikam, änderte sich die Lage. Das Muli wurde kurzerhand vor das kleine Auto gespannt und in weniger als fünf Minuten befand es sich wieder auf festem Boden. Keiner der Helfer wollte Geld. Sie waren fast beleidigt, als sie es angeboten bekamen.

»Siamo amici« – schreibt uns eine Postkarte, wenn ihr wieder daheim seid! Das war alles.

Links und rechts der Straße nach Süden erstreckten sich endlose Olivengärten. Selten, eigentlich nie waren sie eingefriedet, jeder Garten hatte jedoch als Einlass ein großes gemauertes Tor. Diese Tore waren häufig barock verschnörkelt und von wahrhaft höfischem Prunk. Am Anfang erwarteten die Frauen oft ein kleines Schlösschen oder einen vornehmen Landsitz dahinter zu entdecken, eines von jenen Landgütern, in denen adlige Familien lebten und die Boccaccio in seinem »Decamerone« so meisterhaft beschrieb. Meistens gab es aber nur einen schmaler Pfad und dahinter eine Hütte.

Ölbäume, was wäre der Süden ohne sie? Uralte, oft zopfartig ineinander verflochtene Stämme, fächerten sich in viele gedrehte Äste auf, die auf Umwegen dem Licht entgegenstrebten. Die schmalen lanzettförmigen Blätter hatten helle, fast weiße Unterseiten, die, durch den leisesten Lufthauch bewegt, jenes silbrige Blitzen verursachten, das viele Maler schon abzubilden versucht hatten. Es brauchte nur eine kleine Bewegung und die Spur des Windes war auf den Kronen der Bäume abzulesen.

Die erste der berühmten normannischen Kathedralen stand in Termoli, die nächste in Troia, dann kam Barletta, Molfetta, Canosa di Puglia, Trani, Bitonto, und auf der Strecke zwischen Foggia und Manfredonia das ehemalige Hospital der romanischen Kirche: San Leonardo.

Später, wenn die Frau sich an die apulischen Kirchen zu erinnern versuchte, so gelang ihr das nie, ohne die apulischen Kinderscharen mit ihnen in Verbindung zu bringen. Immer wenn sie mit ihrer Freundin eine Kirche besichtigen wollte, errieten Scharen von Kindern ihr Vorhaben schon bei der Einfahrt in die Ortschaft. Mit lautem Gejohle und Geschrei liefen sie hinter dem kleinen Auto her, was leicht war, da man wegen der engen Gassen und dem Verkehr nur langsam fahren konnte. Mussten sie anhalten, um sich nach dem Weg zu erkundigen, standen sofort mindestens drei Jungen auf jedem Trittbrett und versuchten sich selbst zu überschreien. Und waren sie schließlich vor dem Portal der Kirche angelangt, hatten einen schattigen Parkplatz gefunden in der Absicht auszusteigen, dann ging es erst richtig los. Einer bot sich an, auf das Auto aufzupassen, ein anderer die nächstliegenden Sehenswürdigkeiten zu zeigen, der Dritte wollte Postkarten verkaufen und alle anderen, die nichts anzubieten hatten, vereinigten sich in Sprechchören: »Dieci Lire! Dieci Lire! Sigarette! Sigarette!«

Als das beste Mittel erwies sich, einen der stärkeren Jungen zu beauftragen und ihm ein Trinkgeld zu versprechen, wenn es ihm gelänge, die beiden Frauen vor seinen Freunden zu beschützen. Es war auch die beste, wenn nicht einzige Methode zu verhindern, dass ihnen die ganze Meute durch die Kirche nachlief. Dabei war es ihnen gleich, ob dort gerade eine Hochzeit gefeiert, ein Trauergottesdienst abgehalten oder eine Messe gelesen wurde. Trotz alledem waren es sehr nette Kinder und die beiden Frauen führten viele ergötzliche Gespräche mit ihnen. Viele von ihnen waren blond und hatten blaue Augen.

Manchmal, wenn die Frau ihr Malbuch zur Hand nahm und zeichnete oder aquarellierte, schauten sie ihr zu und beobachteten genau, was auf dem Papier geschah.

»Jetzt malt sie unser Haus und jetzt das Schiff von Roberto.«

Einmal sagte ein kleines, etwa zehnjähriges Mädchen traurig: »Jetzt hat sie das Haus gemalt, in dem Elisa gestern gestorben ist.«

Danach waren sie eine Weile still.

Auf der Suche nach einem ruhigen Badeplatz erreichten die

Frauen eine unweit der Straße gelegene Bucht. Einsam und allein stand da ein Fischerhaus, eines jener Häuser, die wie rechteckige Kästen aussehen und direkt auf einen Felsen gebaut worden waren. Ausgenommen eines kümmerlichen Feigenbaumes, der sich schattensuchend an die Hausmauer drängte, war weit und breit keine Vegetation zu sehen. Nur Steine. Die absolute Stille während der glühenden Mittagshitze und die ausgewaschenen porösen Felsen, in denen Tausende von versteinerten Muscheln wie einzementiert waren, verstärkte den unheimlichen, drohenden Eindruck. Hinter dem Haus hockte eine alte Frau und schälte Nüsse. Während ihre Hände mechanisch die Arbeit verrichteten, ging ihr Blick ins Leere, durch die beiden Frauen hindurch. Sie hätten sich gleich denken können, dass sie von ihr keine Antwort erwarten konnten.

Nach einiger Zeit tauchte die Frau des Fischers auf und zeigte ihnen nicht nur den besten Badeplatz in der Bucht, sondern lud sie auch zum Mittagessen ein. Etwas entschuldigend meinte sie, es gäbe aber nur Fisch. Zögernd erzählte sie von sich und ihrer Familie. Ihr Mann war Fischer und ihr ältester Sohn war auf dem Meer verunglückt. In das zwanzig oder fünfundzwanzig Kilometer entfernt liegende Bari kam sie nur selten. Zum Laufen war der Weg zu weit und der Bus zu teuer. Was sollte sie auch dort? Ihr Mann verdiente nur das Notwendigste, das sie zum Leben brauchten, gerade so viel, dass sie nicht hungern mussten. Außer dem Feigenbaum besaß sie keinen Garten. Trotzdem hatte sie nichts Eiligeres zu tun, als den beiden Frauen zum Abschied ein Körbchen Feigen zu schenken. Eine Bezahlung lehnte sie entschieden ab.

Arbeitslosigkeit, Armut und Elend waren die anderen, die schlimmen Seiten Apuliens.

Das berühmteste und meistbesuchte Denkmal des Landes war das ehemalige Jagdschloss des Staufers Friedrich des Zweiten, Castel del Monte. Die Straße dorthin führte zunächst ein Stück am Meer entlang, später nach Westen abbiegend durch die weite apulische Ebene, die von einer roten Hügelkette begrenzt wurde. Dann, auf einer kleinen Erhebung: Castel del Monte. Die steinerne Krone Apuliens, wie sie lange Zeit genannt wurde. Ein achteckiger Bau mit seinen achteckigen Wehrtürmen. Achteckig waren auch der Felsendom Jerusalems, die Pfalzkapelle in Aachen und nicht zuletzt die Krone Friedrichs, von dem niemand weiß, ob und wie lange er sich jemals in diesem Schloss aufgehalten hatte.

Den Frauen ging es wie vielen Besuchern, sie kannten es von vielen Fotos und waren trotzdem überwältigt, als sie davorstanden. Kein Schnickschnack, keine Verzierungen, nur beeindruckende kahle Kalksteinmauern. Klein und verloren stiefelten die beiden Frauen durch die Säle, erbettelten sich vom Custoden den Schlüssel für die Tür, durch die sie aufs Dach kamen und standen schließlich vor dem weiten Ausblick auf die apulische Ebene. Wenn Friedrich der Zweite jemals dort gewohnt haben sollte, dann hatte im wahrsten Sinne des Wortes die Welt zu seinen Füßen gelegen. Es war ein Ausblick, wie ihn seine Falken liebten, wenn er mit ihnen jagen ging. Andria und Canosa di Puglia im Nordosten, im Osten hinter dem Dunst verborgen das Meer, im Südosten Bitonto und Bari und im Westen, weit sich ausbreitend, das Band der Abruzzen. Das waren die kleinen Punkte, die die Frauen kannten und die in ihrer Sichtweite lagen. Friedrichs Reich war viel größer.

Als sie das Schloss verließen, hatte auf den großen Steinblöcken, die um den Bau herumlagen, eine Winzerfamilie ihr Mittagsmahl ausgebreitet. Hammelfleisch gab es und dazu den köstlichen Wein, der auf den Hügeln des Castel del Monto wächst.

Es war einmal in den Bergen Südtirols (1960)

Es waren einmal ein Mann und eine Frau. Sie waren weit gefahren, hatten ihr Auto im Tal abgestellt und waren zu einer Hütte aufgestiegen, wo sie mehrere Tage bleiben wollten. Einmal wollten sie auch eine Skitour machen.

Sie standen früh auf, doch die Berge lagen noch im Dunkeln, als sie die Hütte verließen.

»Es ist warm«, sagte der Wirt, der mit ihnen vor die Tür getreten war. »Das Wetter wird umschlagen.«

Die Hütte stand auf einem flachen Felsen. Von der Terrasse aus hatte man einen guten Blick auf die Gletscher jenseits des Tals.

»Findest du auch, dass es heute besonders warm ist?«, fragte die Frau ihren Begleiter.

»Bis Mittag hält das Wetter auf jeden Fall«, entgegnete der Mann.

Mit klammen Fingern schnallten sie die Felle unter die Skier.

»Glaubst du, dass wir über den Steilhang gehen können?«

»Das kommt auf den Schnee an.« Der Mann zog eine Lederschlaufe über die Skispitze, stemmte das Fell gegen die Hüttenwand und zurrte es fest. »Bist du so weit?«

»Ja.«

»Dann geh vor, aber langsam!«

»Geh lieber du vor!«

»Nein. Ich bleib hinter dir. Fang bloß nicht zu rennen an!«

Der Himmel am östlichen Horizont wurde hell. Die Frau suchte sich aus dem Gewirr der Spuren diejenige aus, die ihr als die Beste erschien und lief los. Am Anfang waren ihre Beine noch steif. Sie fror.

»Geh langsam!«, rief der Mann hinter ihr. »Sonst wirst du zu schnell müde.«

Sie bemühte sich langsamer zu gehen. In der hartgefrorenen Spur fanden die Felle wenig Halt. Immer wieder rutschte ein Ski zurück.

»Verdammt!«

»Das wird gleich besser, wenn die Sonne herauskommt«, tröstete sie der Mann.

Die Frau betrachtete die vor ihr liegende Spur. Sie folgte ihr mit den Augen, bis sie hinter der nächsten Bodenerhebung verschwand und überlegte dabei, wie viele Stunden sie wohl unterwegs sein würden. Hinter ihr ging die Sonne auf und tauchte die obere Kante der Felswand in Licht. Langsam verfärbte sich der Himmel und die violetten Schatten der Dämmerung verblassten allmählich.

Sie hatten jetzt beide den richtigen Rhythmus gefunden: links – rechts – links – rechts. Außer dem Raspeln und Schleifen der Skier auf dem verharschten Schnee war nichts zu hören.

Hoffentlich halte ich durch, dachte die Frau. Vor ihr ragte der Steilhang auf. Es kam ihr vor, als würden sie gegen eine Wand anrennen.

Ich habe Angst. Sie versuchte an etwas anderes zu denken. Gestern waren wieder, wie an jedem schönen Tag, viele Touristen zu ihrer Hütte aufgestiegen. Sie hatten sich, erschöpft vom langen Anstieg und stöhnend vor Hitze, auf der Terrasse breitgemacht. Einige hatten sich mit dem Wirt unterhalten, andere bevorzugten ein Sonnenbad. Der Mann und die Frau konnten nicht wissen, dass man sie während der Abfahrt über den Gletschern mit dem langen Fernglas beobachtet hatte, das auf der Terrasse stand. Sie hatten Aufsehen erregt, als sie verschwitzt und müde die Hütte erreichten.

»Ein Bier und einen Liter Teewasser, bitte!«

Während die anderen Gäste hinter ihrem Rücken tuschelten, hatten sie sich die Schuhe ausgezogen und auf die Getränke gewartet.

»Hast du noch Tee? Und Zucker?«

»Ja, im Rucksack.« Sie hatte viel Zucker in den Tee getan und ihn dann heiß getrunken. Der Mann hatte sich ein zweites Bier bestellt.

»Möchten Sie ein Stück frischen Apfelstrudel?«, hatte der Wirt sie gefragt.

»Nein, danke!«

Später hatte sie sich auf einer Bank ausgestreckt. Zum Schutz vor der Sonne hatte sie ihre Arme über die Augen gelegt und zu schlafen versucht. Allmählich war das Gemurmel der Gäste ferner gerückt. Wenn jemand lachte, war sie hochgeschreckt. Der Mann hatte sich weiter unten auf die Bank gehockt. Er hatte die Beine weit von sich gestreckt, den Kopf an die Hüttenwand gelehnt und döste in der Sonne. Sie hatten eine schöne Abfahrt hinter sich und genossen die Erinnerung daran in müder Zufriedenheit. Am Abend waren die Touristen dann alle ins Tal zurückgekehrt. Der Mann und sie waren bei den Wirtsleuten allein zurückgeblieben.

Die Sonne stieg allmählich höher und die Frau begann sich auszurechnen, wie lange sie noch im Schatten gehen könnten. Sie blieb stehen, um ihre Jacke auszuziehen.

»Glaubst du wirklich, dass der Schnee hält?«, fragte sie den Mann.

»Wir werden es sehen.« Er wollte nicht so lange warten, bis sie ihre Jacke im Rucksack verstaut hatte. Deshalb verließ er die Spur und zog seitlich an ihr vorbei.

Die Lichtgrenze wanderte über den Gletscher auf sie zu. Es würde heiß werden. Die Frau hatte sich die Rucksackriemen wieder über die Schultern gestreift, den rechten schnallte sie etwas länger. Danach schlüpfte sie in die Schlaufen ihrer Skistöcke und folgte dem Mann, der schon ein großes Stück weitergegangen war. In einer Mulde des Gletschers spielten zwei Schneehasen. Über ihre drolligen hohen Sprünge, die aussahen als ob sie sich aus einer tieferen Schneeauflage befreien müssten, lächelte die Frau.

Langsam näherten sie sich dem Fuß des Steilhangs.

Warum tu ich das?, überlegte sie. Fast immer habe ich Angst davor. Aber sie fand es nicht heraus. Irgendetwas trieb sie dazu. Auf einmal war sie wieder das Kind, das jedes Mal schrie, wenn es in der Ferne einen Lastwagen sah.

»Komm weiter, Kind! Bleib nicht stehen!«

»Nein, nein. Ich geh da nicht vorbei! Das ist ein Untier, ein Drache!«

»Aber, aber, das ist doch kein Drache. Das ist doch nur ein Lastauto.«

Niemand außer ihr sah die glühenden Augen und den offenen Rachen, der nur darauf wartete, dass sie in seine Nähe kam. Sie erinnerte sich noch gut an das Grauen, das in ihr hochstieg und ihr die Kehle zuschnürte. Doch sie konnte nichts dagegen tun, denn niemand erkannte, dass dies ein Drache war.

»Komm, Kind, komm!«

Aber sie hatte sich nicht von der Stelle gerührt.

Als die Trennungslinie von Licht und Schatten ihren Weg kreuzte, blieb die Frau kurz stehen und suchte ihre Sonnenbrille heraus. Sie drehte sich um und entdeckte unter ihnen die Hütte klein und verloren auf der Felsplatte. Die Gletscher auf der anderen Seite des Tals begannen zu gleißen. Die Frau betrachtete den Hang. Sie beobachtete, dass der Mann die ersten Spitzkehren machte und prüfte mit den Augen den Schnee über ihm. Er musste wissen, ob sie es wagen konnten den Hang anzuschneiden, ohne eine Lawine auszulösen. Sie verließ sich auf seinen Instinkt.

Wieder nahm sie die Stöcke auf und ging weiter. Um sich abzulenken begann sie, die vor ihr liegenden Kehren zu zählen: fünf bis unter den rechten Felsen, dann hinüber bis fast auf die Mitte des Hanges. Das war eine sehr gefährliche Stelle. Von dort aus ging es wieder nach rechts und anschließend noch einmal neun kurz aufeinanderfolgende Kehren bis auf die Höhe des Gletscherbruchs. Da die Hangneigung oberhalb des Bruches flacher wurde, war der Abstand von dort bis zur Scharte nicht einzusehen. Auf dem Joch wollten sie eine Pause einlegen.

Langsamer als zu Beginn folgte die Frau der Spur von Kehre zu Kehre. Weit über ihr hatte der Mann schon die Höhe des Bruchs erreicht. Er querte nach links und verschwand aus ihrem Blickfeld.

Immer noch war der Himmel klar und tiefblau. Nur über dem Tal bildete sich leichter Dunst. Ein schwacher Luftzug brachte etwas Kühlung. Er kam schräg hangabwärts auf sie zu und wirbelte hie und da kleine Schneefahnen hoch. Abermals fanden die Skier keinen Halt und begannen zurückzurutschen. Es war nicht mehr weit, doch auf diesem Stück hatte der Wind den lockeren Schnee weggeblasen. An einigen Stellen führte die Spur über blankes Eis.

Der Mann war weiter oben stehen geblieben und die Frau beobachtete, wie er sich bückte und die Skier auszog. Sie beschloss das Gleiche zu tun. Vorsichtig stampfte sie sich einen Standplatz und löste die Bindungen. Ohne die Fangriemen loszulassen, stellte sie die Bretter auf und band sie zusammen.

»Halt sie gut fest!«, schrie der Mann über ihr.

Die Frau gab ihm keine Antwort. Sie stemmte sich die langen Bretter auf die Schulter und stapfte los. Nur jetzt nicht abrutschen, dachte sie. Nur das nicht. Starr, als wäre dort etwas zu hypnotisieren, beobachtete sie die weiße Fläche vor ihr, bevor sie ihren Stiefel daraufsetzte. Jede Kerbe, die der Schuh schlug, musste auf Anhieb halten. Andernfalls käme sie aus dem Takt.

Inzwischen hatte der Mann das Joch erreicht. Er stellte seine Skier ab, setzte sich auf einen Stein und wartete auf die Frau. Umständlich kramte er eine Apfelsine aus dem Rucksack und begann sie zu schälen. In den Felsen, die das Joch begrenzten, entdeckte er weiße, taubengroße Vögel mit dunklen Schnäbeln und einigen schwarzen Schwanzfedern.

Als die Frau ein paar Minuten nach dem Mann das Joch erreichte, warf sie die Skier erschöpft auf den Boden.

»Gib mir auch ein Stück Apfelsine!«, sagte sie.

»Hier. Hast du den Zucker dabei?«

Sie zog ein Röllchen Traubenzucker aus der Hosentasche und gab es ihm.

Ohne aufzusehen, sagte der Mann: »Dort drüben sind Schneehühner.«

»Wirklich, Schneehühner! Wo?«

Er machte mit dem Kopf eine Bewegung in Richtung des Felsens.

Die Frau beobachtete die Hühner eine Weile. Sie scharrten im Schnee. »Wovon leben die?«

Der Mann antwortete nicht. Er war damit beschäftigt, sich die Stiefel wieder festzuschnüren.

»Ist es noch weit?«

»Nein.«

Sie standen auf, zogen die Rucksäcke wieder an und schulterten die Skier.

»Hier geht's ganz gut«, sagte der Mann.

Zuerst mussten sie etwa hundert Meter absteigen, um den Rand des Gletschers zu erreichen, dazu mussten sie über große Felsblöcke balancieren. Ab und zu löste sich ein Stein, kippte nach außen und polterte talwärts. Als sie an ein Schneefeld kamen, schnallten sie die Skier wieder an und begannen mit der Überquerung. Es war sehr heiß. Der Schnee, der seitlich bis fast an den Grat heranreichte, reflektierte die Sonnenstrahlen. Die Berge ringsum versperrten jedem Luftzug den Weg. Nur nach Norden gab es eine Öffnung, durch die der Gletscher ins Tal strömte. Weiter unten befand sich eine Ortschaft. Der Mann und die Frau versuchten herauszufinden, um welches Tal es sich handelte und wie die Ortschaft hieß.

Wie schön das alles ist, dachte die Frau. Mit langen taktgleichen Schritten zogen sie über das Schneefeld. Trotz der Hitze fühlte sie sich jetzt besser. Der nur leicht bergan führende Anstieg war nicht anstrengend. Sie hatte Zeit, sich umzusehen. Weit hinten stand ein Wolkenband über den Bergen. Der Hüttenwirt würde recht behalten mit seiner Wettervorhersage. Wenn sich der Wind drehte, würde das Wetter schnell umschlagen.

Von der Stelle, an der sie die Ski zurücklassen mussten, war es nicht mehr weit bis zum Gipfel. Sie lösten die Felle, breiteten sie in der Sonne zum Trocknen aus; die Skier steckten sie in den Schnee.

»Wie spät ist es?«, erkundigte sich der Mann.

»Halb zwölf.«

»Dann wird es Zeit.«

Während sie über die Felsen nach oben kletterten, musste die Frau ab und zu stehen bleiben. Sie atmete rasch und unregelmäßig. Zweihundert, nein, dreihundert Schritte noch, schätzte sie. Der Schweiß lief ihr in die Augen und brannte dort wie ätzende Säure. Sie blieb abermals stehen und suchte ein Taschentuch heraus. Dann nahm sie die Brille ab, schloss die Augen und versuchte den Schweiß durch Abtupfen von den Lidern zu entfernen. Aber es wurde nur noch schlimmer.

»Wir sind gleich da!«, rief der Mann aufmunternd. Seine Stimme kam von weit oben.

Die Frau ging weiter. Ihre Augen tränten so stark, dass sie ihre Umgebung nur noch verschwommen erkennen konnte. Wie immer, wenn sie sehr erschöpft war, begann sie damit, in Gedanken ihre Schritte zu zählen.

... siebenundneunzig, achtundneunzig, neunundneunzig ... Bei hundert blieb sie stehen, um Atem zu holen. Es war wirklich nicht mehr weit.

Der Mann hockte schon am Gipfel. Auf seinen Knien lag die Karte. Er verglich sie mit der Lage der Berge, die er zu kennen glaubte. Zuerst stellte er mit ihrer Hilfe die Namen der Bergspitzen in seiner Umgebung fest, dann diejenigen der dahinter liegenden Bergzüge und immer weiter und immer weiter bis zum dunstverhangenen Horizont.

... einhundertzweiunddreißig, einhundertdreiunddreißig ..., zählte die Frau. An einem kleinen, künstlich aufgerichteten Turm aus Steinen erkannte sie, dass sie ihr Ziel erreicht hatten. Das war alles und doch war es viel. Es war der Beweis für viele Stunden anstrengenden Aufstiegs und zugleich auch das Zeichen für die Umkehr. Erschöpft ließ sie sich auf einem flachen Felsblock nieder.

Es ist gut, hier zu sein, dachte sie. Es gibt Kraft.

»Willst du etwas zum Essen?«

»Nein, danke«, erwiderte die Frau. »Ich hab noch den Zucker.«

Der Mann begann ihr die Gegend zu erklären. Er freute sich, wenn sie die Berge wiedererkannte, auf denen sie schon einmal zusammen gewesen waren.

»Warum steigen die Menschen auf Berge?«, wollte sie von ihm wissen, als er mit seinen Erklärungen fertig war.

»Das interessiert mich nicht. Vielleicht, weil es ihnen Spaß macht?«

»Glaubst du wirklich, dass es ihnen Spaß macht, stundenlang

in der Hitze bergauf zu steigen, immer gewärtig in eine Spalte zu stürzen oder in einen Wettersturz zu geraten und das alles nur, um einen Punkt zu erreichen, von dem aus es nicht mehr weiter aufwärts geht?«

»Wenn es ihnen keinen Spaß machen würde, würden sie ja unten bleiben«, sagte der Mann.

»Ich weiß nicht, ob du recht hast«, entgegnete ihm die Frau.

»Und warum nicht?«

»Ich weiß nicht, ob die Leute nur auf Berge steigen, weil es ihnen Spaß macht. Vielleicht genießen sie das Gefühl, etwas geleistet zu haben? Vielleicht betrachten sie es als Herausforderung oder suchen bloß ein Abenteuer, weil es ihnen zu Hause zu langweilig ist? Vielleicht steigert es auch ihr Selbstwertgefühl?«

»Aber ist es nicht gleich, ob sie es aus Spaß, Abenteuerlust oder Selbstbestätigung machen. Jeder wird einen anderen Grund haben.«

»Das ist nicht gleich.«

»Wieso nicht?«

»Das kannst du nicht verstehen.« Die Frau stand auf.

»Warum kann ich das nicht verstehen?«

»Weil es für mich nicht das Gleiche ist, ob sie aus Spaß auf die Berge steigen oder aus Geltungssucht.«

»So hab ich das auch nicht gemeint.«

»Ach, lass es. Komm, gehen wir.«

Abwärts kletterten sie rasch und mühelos. Die Hitze flirrte über dem Eis der Gletscherspalten und die Berge hüllten sich in einen Schleier aus Dunst.

»Wir müssen uns beeilen«, sagte der Mann mit einem Blick auf die näher rückenden Wolken.

In der Zwischenzeit war das Eis auf den Laufflächen der Skier geschmolzen. Sie verstauten die Felle und alles andere, das nicht benötigt wurde, in ihren Rucksäcken und schnallten an.

»Der Schnee scheint gut zu sein.«

»Pass auf, dass nichts passiert«, ermahnte sie der Mann. »Hier gibt es keinen Rettungshubschrauber.«

»Es wird schon nichts passieren.«

»Fahr langsam!«

Sie überquerten den Gletscher in einer einzigen langen Schussfahrt. Der Fahrtwind kühlte ihre sonnenverbrannten Gesichter und trocknete die durchschwitzten Hemden. Während sie das letzte Stück bis zum Joch zu Fuß zurücklegten, fiel der Frau wieder der Steilhang ein.

»Ich habe Angst!«

»Was hast du gesagt?«, rief der Mann, der vor ihr ging.

»Nichts.«

Von oben war das steilste Stück nicht einzusehen. Der kleine Gratrücken, auf dem sie bis zum Gletscherbruch fahren mussten, war immer noch hart und vereist. Bei einem Sturz würde man ins Rutschen kommen.

»Ich habe Angst«, sagte die Frau jetzt laut.

Der Mann drehte sich zu ihr um. »Wovor?«

»Vor dem Hang. Man kann abrutschen, wenn man hinfällt.«

Der Mann lachte. »Ach was! Du rutschst höchstens zwei oder drei Meter. Dann bleibst du stecken.« Er hatte die Skier bereits wieder angeschnallt und stieß sich ab.

»Das glaube ich nicht«, murmelte die Frau.

»Es ist griffig«, schrie der Mann ihr über die Schulter zu. Er fuhr nach rechts, stemmte kurz aus, um die Beschaffenheit des Schnees zu testen und machte dann den ersten Schwung. Seine Skier flatterten über ein Stück blankes Eis. »Komm!«

Die Frau kämpfte gegen Übelkeit. Sie schluckte zwei Mal und fuhr dann los, schwang unsicher, verkrampft und musste schon nach kurzer Zeit wieder stehen bleiben.

»Komm, Kind, komm!«

»Das ist kein Lastauto. Das ist ein Drache.«

»Ach was, er tut dir nichts. Komm weiter!«

Und wenn es doch ein Drache war?, schoss es ihr durch den Kopf.

Dieses Mal griffen die Kanten gut. Sie hielten die Bretter in der Spur und verhinderten das Abrutschen. Der Mann hatte bereits den Gletscherbruch erreicht. Er hielt an und wartete.

»Komm hierher!«, rief er ihr zu. »Es geht gut!« Er blieb stehen, bis die Frau bei ihm angelangt war. Von hier aus konnten sie das Steilstück übersehen.

»Denk an den Tal-Ski«, sagte der Mann. »Und bleib nicht so oft stehen!«

Die Frau beobachtete, wie er, vorsichtig die Beschaffenheit des Schnees testend, schräg in den Hang hineinfuhr, dann abschwang, jetzt etwas schneller nach links querte. Nach einigen Metern rammte er den Stock fest in den Schnee und sprang mit parallel gestellten Skiern in die Gegenrichtung. Danach zeichnete er, in immer kürzer werdenden Abständen, Bogen um Bogen in den Schnee. Noch bevor er am Fuß des Hangs angekommen war, stieß sich die Frau ab und folgte ihm. Sie regulierte ihr Tempo, indem sie die Skier in einem bestimmten Winkel zur Hangneigung hielt und bremste mit den Ski-Enden. So fuhr sie steiler, als der Mann vor ihr gefahren war und kreuzte seine Spur. Auch bei ihr war der erste Schwung kaum mehr als ein tastendes Ausprobieren gewesen. Der Schnee war tief und leicht und die Unterlage kräftig genug, um die Belastung des Schwungs auszuhalten. Der Frau begann die Abfahrt Freude zu machen. Sie fuhr hinüber bis kurz vor den Gletscherbruch und schwang wieder. Jetzt hatte sie das steilste Stück schon überwunden. Ohne stehen zu bleiben, kreuzte sie den Hang von links nach rechts und wieder zurück. Genoss das Gefühl, im Gleichgewicht zu sein und ihre Bretter zu beherrschen.

Der Mann kauerte unten auf dem abgestellten Rucksack und beobachtete sie. Er betrachtete die Spur, die sie hinterließ und sah hinauf zum Gletscherbruch. Der aufkommende Wind, der die Wolkenwand von Westen her bedrohlich schnell nähertrieb, kümmerte ihn nicht. Er war durstig und wünschte sich, die Frau würde schneller fahren, damit sie bald die Hütte erreichten und er sich ein Bier bestellen könnte. Das letzte Stück fuhr die Frau wieder im Schuss. Beinahe wäre sie an dem Mann vorbeigefahren, der stumm und regungslos dahockte und sich kaum von einem Felsblock unterschied.

»Komm!«, rief sie ihm zu. »Bleib nicht sitzen. Ich bin durstig.«

Der Mann lachte. Er stand auf und nahm den Rucksack hoch. »Ich auch.«

Hier unten war der Schnee aufgefirnt. Er war weich und das Fahren auf ihm ging leicht und schnell.

Während der Mann und die Frau das letzte Stück bis zur Hütte zurücklegten, fühlten sie sich erleichtert und glücklich.

Es war einmal im Zillertal (1961)

Es war einmal vor Ostern. Der Mann und die Frau wollten eine Skitour machen. Es war noch fast dunkel, als sie die Hütte verließen. Beide hatten einen Becher heißen Tee aus der Thermoskanne getrunken und danach die Felle an die Skier montiert. Über den Gletscher hochzusteigen war keine große Mühe gewesen. Das Wetter war gut. Wie immer hatte sich die Frau darüber gefreut, als die Sonne aufging und der Lichtschein ihnen gegenüber bis ins Tal fiel. Schon vom Joch aus hatten sie einen weiten Blick über die Dolomiten bis hinüber zur Marmolata. Hier hatten sie die Skier stehen gelassen, sich stattdessen Zwölfereisen unter die Schuhe geschnallt und so über den vereisten Grat den Gipfel erreicht. Der Wind hatte sich gelegt. Die Ruhe tat gut. Die Frau hatte eine einsame Schwalbe von oben beobachtet, die pfeilschnell und nicht höher als unbedingt nötig das Joch von Süden nach Norden überquerte. Der Vogel eilte von seinem Winterquartier nach Hause zu seinem alten Nest. Ein Frühlingszeichen.

»Sieh mal«, sagte die Frau, ohne sich zu dem Mann umzudrehen. »Der hat das Heimkommen in seinen Kuhstall ziemlich eilig.«

Der Mann brummte nur. Später waren sie wieder zum Joch hin abgestiegen, hatten ihre Sachen wie Felle und Eisen in den Rucksäcken verstaut und sich anschließend auf die lange Abfahrt über den Gletscher gemacht. Der Schnee war inzwischen aufgefirnt. Es knirschte und raspelte unter den Brettern. Die Sonne, der Schnee, es war eine genussvolle Abfahrt gewesen. Sie hatten nur kurz bei der Hütte angehalten und waren dann weiter ins Tal abgefahren, wo auf einem Parkplatz ihr Auto stand. Nachdem sie die Skier aufs Dach geschnallt und ihre Rucksäcke im Gepäckraum verstaut hatten, setzte sich der Mann ans Steuer und fuhr los. Der Weg nach Hause war lang. Sie würden mehrere Stunden brauchen.

Die Frau döste ein. Als sie wieder aufwachte, dämmerte es bereits. Links von ihnen war die Sonne bereits untergegangen. Nur die Spitzen der Berge waren noch erleuchtet. Im Tal nahm die Dämmerung rasch zu. Rechts der Straße am Hang entdeckte die Frau ein Feuer.

»Schau mal«, sagte sie zu dem Mann und berührte ihn an der Schulter.

Der Mann hatte seine Blicke starr auf die Straße gerichtet. Auch er war müde.

»Na und?«, brummte er.

»Dort, das Feuer! Und weiter hinten noch eines!«

In unregelmäßigen Abständen flammten jetzt überall Feuer auf, kleine, große, einmal tiefer, immer die Straße begleitend. Die Flammen flackerten, schossen in die Höhe und fielen wieder in sich zusammen.

»Schau mal! Schau mal!« Schon bald schien das ganze Tal in Flammen zu stehen. Es erschütterte die Frau, aber sie wusste nicht warum.

»Was ist los?«, brummte der Mann.

»Die Feuer! Was bedeuten sie?«

»Ostern«, erwiderte der Mann wortkarg.

»Ostern?«

»Es sind Osterfeuer. Heute ist Ostersamstag.«

Natürlich, sie hätte es wissen müssen. Sie fragte sich, was sie daran so beeindruckte, so als hätte es etwas mit Zauberei zu tun und stellte dabei fest, dass sich ihre Augen mit Tränen füllten. Es waren die dunklen Berge und der blauklare Himmel über ihnen und weiter unten die Feuer.

»Ist was?«, brummelte der Mann, ohne den Blick von der Straße zu wenden.

»Nein, nein«, versuchte die Frau ihn zu beruhigen. »Die Tour war schön! Fandest du nicht auch?«

Das war sie. Warum sie weinte, wusste sie nicht.

Es war einmal in Frankreich/Bretagne (1962)

Hirte, lass die Wolken wandern,
Wolken grau und Wolken weiß.
Sieh, sie wandern leicht und leis
Nach der Hirtenflötenweis.
Hirte, lass die Wolken wandern,
Wolken grau und Wolken weiß.

Bretonisch

Es war einmal in der Bretagne, einer der eigenwilligsten und sagenreichsten Provinzen Frankreichs. Es war das Land der Kelten, der kleinen Dörfer mit ihren Kalvarienbergen und der herben, zurückhaltenden Menschen, Fischer, Viehzüchter und Schlossbesitzer. Es war aber auch das Land von Asterix, Obelix und ihrem Kampf gegen die Gallier – Comicfiguren, die vielen Menschen Spaß machen; und zugleich auch das Land, das am 6. Juni 1944 zusammen mit der Normandie eine Invasion über sich hatte ergehen lassen müssen, die das Ende des Zweiten Weltkriegs einleitete. Es war ein Land der Gegensätze und Geheimnisse.

Die Frau fragte in ihrer Familie, wer Lust dazu hätte, sie auf einer Zeltreise durch die Bretagne zu begleiten? Es fand sich ein Vetter, jünger noch als sie und von allem begeistert, was sich französisch anhörte.

Sie begannen in einem Landschlösschen der Freundin ihrer Familie, gebaut zu Beginn des 19. Jahrhunderts. Einhundertdreißig Hektar Land, Wald, Wiesen und Äcker gehörten dazu, auf denen der Besitzer des Schlosses große, weiße Charolais-Rinder züchtete. Die Schlossherrin hatte das Haus neu eingerichtet. Wände, Vorhänge, Möbelbezugstoffe waren aufeinander abgestimmt. Ein weiches Ledersofa vor dem offenen Kamin, alte Bilder an den Wänden. Die Frau und ihr Vetter genossen die schöne Umgebung, auch den verwilderten Park, der auf sie wie ein verzauberter Garten wirkte.

Am nächsten Tag fuhren sie weiter zum Mont St. Michel, einer Klosterburg hoch aufragend in einer Meeresbucht zwischen der Normandie und der Bretagne gelegen, einem der bekanntesten Denkmale des an Denkmalen nicht armen Frankreichs, grauenhaft überfüllt von Touristen, die in Hunderterschüben durch die Abtei getrieben werden. Er ist eben ein nationales Monument und auf den meisten Souvenirs wie Totenköpfen aus Plastik, dickbäuchigen Mönchen als Sahnekännchen, Nachttöpfen, Wasserspeier, leicht bekleideten Mädchen, Blasebälgen und anderen Scheußlichkeiten mit dem Aufdruck des Klosters zu sehen und natürlich zu kaufen. Es war drei Tage nach Vollmond und gerade Flut, doch die Frau kam mit ihrem Begleiter noch trocken über den Damm zurück ans Festland. Sie waren froh, dass sie die vielen Touristen hinter sich lassen konnten.

Die Bretagne, durch die sie fuhren, bestand überwiegend aus Wiesen, eingezäunt von Büschen, die als Windschutz dienten, grauen Steinhäusern mit je einem dicken Kamin an der Giebelseite, dazu weißen oder roten Fensterläden, Geranien und Rittersporn. Die Küste sah aus, als ob ein riesiges Tier, vielleicht ein Drache, immer wieder am Land genagt hätte. Bei einem Spaziergang übers Wattenmeer bestand die Gefahr, im Schlamm stecken zu bleiben. Quallen lagen da, tote Krebse und Schuhe. Sie kletterten über einen vorgelagerten Felsen. Als sie nach zwanzig Minuten den Heimweg antreten wollten, hatte die Flut inzwischen eingesetzt und ihnen, bei einer Gezeitenhöhe von ungefähr zwölf Metern zwischen Ebbe und Flut, den Rückweg versperrt. Ein fremder Feriengast, der mit seinem Schlauchboot die Küste entlangfuhr, rettete sie.

Mit der Hilfe eines anderen Feriengastes, der mit seinem Schlauchboot am Ufer unterwegs war, erreichten sie glücklich wieder festes Land. Es war ihnen eine Warnung.

St. Malo umrundeten sie auf der Stadtmauer. Dinan war ein kleines verschlafenes Landstädtchen mit einer schönen gotischen Kirche. Die Häuser hier waren aus Granit gebaut, die Dächer mit Reet gedeckt. Zwischen großen Bauernhöfen entdeckten sie kleine versteckte Chateaus. Kletterrosen rankten an ihren Mauern. Bei Ebbe hockten die Menschen müßig am Strand. Das ganze Leben spielte sich dort ab. Die Kinder plantschten in Wasserlachen. Die Mama strickte und tauschte Klatsch mit der Nachbarsmama aus, Radios plärrten. Die Männer schnarchten oder spielten Karten und alle warteten auf das zurückkehrende Wasser. Musisches Frankreich.

Die Küste dort ist besonders schön. Rosafarbener Granit und grünblaues Wasser. In St.-Pol-de-Léon befindet sich eine spätgotische Kirche mit einer besonders schönen Rosette an einem der Querschiffe. Schloss Kerjean wurde von einem Bischof für seine Geliebte gebaut. Zwei Steinpilaster standen am Tor. Ihnen schloss sich eine drei-, an einigen Stellen sogar fünfreihige Eichenallee an. Das Schloss selbst war unwirklich schön, fast wie eine Fata Morgana. Das Liebesnest eines Bischofs.

Weiter, der Spitze der bretonischen Halbinsel zu. Die Küste wurde steiler, durchsetzt von einigen Bunkern und Schützengräben der deutschen Verteidigungslinie. Wie viele Soldaten, deutsche oder britische, hatten hier im Juni 1944 ihr Leben lassen müssen? Die Frau fröstelte. Sie betrachtete durch die Sehschlitze einer der Bunkeranlagen das Meer und stellte sich vor, dass Hunderte und Aberhunderte Landungsboote an diesem Tag die Küste angesteuert hatten und die Männer, die in den düsteren, zwischen die Felsen gebauten Bunker hockten, sehnlichst auf Verstärkung und Nachschub hoffen ließen.

Die Frau und ihr Vetter fuhren durchs Land. Sie zelteten, wo es ihnen gefiel, kochten sich ihr Essen auf einem Campingkocher oder kauften sich an einem Kiosk Crêpes. Crêpes waren dünne kleine Pfannkuchen mit einer mal süßen, mal salzigen Füllung, verschiedene Käse, ortsübliches Gemüse, Marmelade, Hackfleisch oder eine Wurst. Crêpes waren köstlich.

Die Dörfer an Land teilten sich in Pfarrbezirke auf, die aus einer Kirche, einem Beinhaus, einer Umfriedungsmauer, einem prächtigen, römisch inspirierten Triumphtor und einem Kalvarienberg bestanden. Diese Kalvarienberge waren etwas Besonderes. Das Baumaterial war fast immer grobkörniger, schwer zu bearbeitender Granit. Der Calvaire selbst bestand meistens aus drei hohen Steinsäulen, die mittlere zeigte fast immer den gekreuzigten Christus zwischen den beiden Schächern. Der Älteste stand in Saint-Thégonnec und wurde Mitte des 15. Jahrhunderts erbaut, der prächtigste in Guimiliau. Die einzelnen Pfarrbezirke wetteiferten gegeneinander, wer den prächtigsten Kalvarienberg besaß. Auf Sockeln, rund oder auf mehreren Stufen ansteigend, befanden sich meistens Figuren aus dem Leidensweg Christi, aber auch naive Szenen aus dem Alten und dem Neuen Testament. Es war bäuerliche Kunst. Obwohl die Plastiken von Flechten überwuchert und aus dem gleichen Stein geschlagen worden waren wie die Menhire, die sich überall in der Bretagne befanden, trugen sie mit ihren hingebungsvollen Figuren menschliches Leben in die Einsamkeit der Wiesen, Felder und der Küste. Um sie rankten sich viele Sagen und Geschichten. Die Frau und ihr Vetter zelteten in der Nähe von Nantes bei Nieselregen. Der Calvaire von Cléden-Poher war viel einfacher als die anderen. Auf zwei freistehenden altarähnlichen Trägern bewachten zwei Reiter das Kreuz in der Mitte. Am Fuß des Kreuzes trauerte eine Pieta. Unter dem Sockel wölbte sich ein mächtiges Tor. Die schmückenden Ornamente waren denen der irischen Mönche ähnlich. Später dann Plougastel-Daoulas ähnlich dem von Guimiliau. Wieder sehr schöne Reiter, auch eine Pieta unter dem Kreuz, allerdings auf halber Höhe.

Die Frau machte einen Spaziergang durch die Dünen. Sie besuchte zwei deutsche Bunker und konnte sich eines eigenartigen Gefühls nicht erwehren. Soldaten hockten hinter den Sehschlitzen und beobachteten die angreifenden Landungsboote, mit Angst im Nacken. Alte halbverfallene Schützengräben fand sie und Maschinengewehrnester mit einer Brustwehr. Sonst wuchs auf den Dünen nur Moos, Heidekraut und Ginster. Niemand war da. Der Wind kam vom Meer. Er war der einzige Angreifer.

Die Dörfer waren armselig und klein. Es kam ihr vor, als duckten sie sich vor dem Wind. Während der Nacht begann es wieder zu regnen. Von ihrem Zeltplatz aus hatte sie einen wunderbaren

Blick über die Halbinsel Crozon. Die Heide blühte hier in schönen Farben, rosa, violett und zyklam.

Dann Weiterfahrt zur Point du Van, an dem sich die Brandung weißschäumend brach, und zum Point du Raz. Dort hatte das Meer seine Zähne besonders heftig in die Felsen gebohrt. Es musste wütend gewesen sein, tobte, brauste, kochte, gischtete und schäumte. Die Sonne ging unter und sie schlugen ihr Zelt in der Bucht von Trepassier auf. Weiterfahrt Richtung Südosten.

Immer wieder begegneten ihnen bretonische Frauen in schwarzen Kleidern und gestärkten weißen Spitzenhäubchen auf dem Kopf. Sie gingen zur Kirche. Es war Sonntag. Es gab kleine Hauben, die nur den Knoten bedeckten und hohe turmartige, flügel- und pilzähnliche. So viele Formen und Ideen und alles aus gestärkter Spitze. Concarneau, gleich weiter nach Saint-Venec. Dort schlugen sie ihr Zelt auf. Dann weiter und weiter bis zu den Menhiren in Carnac, großen, hochaufgerichteten Steinsäulen, im Westen klein, nach Osten hin immer größer werdend, was so aussah, als ob diese letzten sich reckten, um auch einen Blick aufs Meer werfen zu können. Niemand weiß, wer sie aufgestellt hatte. Es wird vermutet, dass sie etwa vier- bis fünftausend Jahre alt wären. Waren es heilige Stätten? War es ein Friedhof? Ein Denkmal? Überall in der Bretagne befinden sich Menhire und Dolmen, denen ihre Erbauer als Dach einen riesigen Stein über die hochstehenden Granitsäulen gewuchtet hatten. Was war damals geschehen? Waren es Gräber? Wer hatte diese ungeheure Kraft aufgewendet, um solche Denkmale zu erschaffen? Die Frau beschlich ein merkwürdiges Gefühl zwischen Hochachtung und Schaudern. Es war so viel Zeit seit ihrer Erbauung vergangen. Hatte Pytheas von Marseille oder Tacitus sie schon gesehen? Was waren das nur für Menschen gewesen? Was hatten sie gedacht oder empfunden?

Am nächsten Morgen bauten sie ihr Zelt ab und lenkten ihr Auto heimwärts. Neben ihnen kroch die Loire träge nach Westen. Sie fuhren ihr entgegen und verließen die Bretagne und mit ihr eine der eigenartigsten und geheimnisvollsten Landschaften, die sie je gesehen hatten.

Es war einmal in Irland (1965)

Es war einmal an der Westküste der Insel Irland, in einem kleinen Ort namens Clifden. In jedem Jahr am dritten Donnerstag im August wurde dort ein Markt abgehalten, der anders war als viele andere Märkte. Schon früh am Morgen verstopften zahlreiche Viehanhänger die Straßen der kleinen Stadt. Frauen kamen mit Kuchenschachteln und Körben voll Obst und Gemüse. Sie breiteten handgestrickte Pullover, Socken, Täschchen, Gläser mit Marmelade sowie bestickte Tischdecken und Sofakissenbezüge auf den Tischen aus, die an der Umfassungsmauer aufgestellt worden waren. Auf einem Podium übten drei Musiker irische Tanzmusik. Die Töne flatterten über die Dächer der kleinen Stadt und mischten sich mit dem nahen rhythmischen Rauschen der Wellen, die über das felsige Ufer schlugen. Der Wind trieb die Wolken landeinwärts. Es würde Regen geben.

Irgendwo schrie ein Fohlen nach seiner Mutter. Die Männer luden Pferde aus. Graue Pferde, kleinwüchsig, mit zotteligen Mähnen, Connemara-Ponys. Einige von ihnen stürmten die Rampe hinunter, froh, dem engen Gefängnis entronnen zu sein. Außen an der Mauer, gleich neben dem Einlass, lagerte eine Tinkerfamilie. Verlottert aussehende Kinder lungerten um ein Zelt herum. Der Mann, der den Einlass bewachte, ließ eine Frau ein. Die Kinder mussten draußen bleiben.

Die Frau wollte ein Pferd kaufen. Sie war von weit her gekommen, hatte auf dem Campingplatz ebenfalls in einem Zelt übernachtet und war nun auf der Suche nach einem Jährlingsfohlen. Für mehr als einen Jährling würde ihr Geld nicht reichen. Sie hatte sich in den Tagen vorher bereits einige Fohlen angesehen, aber nie nach dem Preis gefragt. Die Pferde hatte sie überall auf den Weiden gesehen oder frei am Ufer des Meers, mitten zwischen großen Felsbrocken oder umgeben von Schafen. Wem sie gehörten, konnte sie nicht herausfinden.

»Wie viel soll es kosten?«, fragte sie einen Mann, der ein Fohlen am Zügel hielt. Es hatte einen zierlichen grauen Kopf und große, dunkle, lebhafte Augen. Das Fohlen gefiel ihr.

»Einhundertfünfzig Pfund.«

Nummer siebenundfünfzig, Stute, ein Jahr alt, Vater Clonkeehan Auratum, Besitzer Paddy McLaughlin, Louisburgh, Irland, las sie in ihrem Katalog.

»Einhundertfünfzig«, sagte die Frau. »Das ist mir zu viel.« Es war doppelt so viel wie sie ausgeben wollte. Das Fohlen war ziemlich klein. »Wie groß wird es, wenn es ausgewachsen ist?«

»Dreizehn Hands, zwei Inches«, erklärte ihr der Mann. »Später vielleicht mal dreizehn-drei oder dreizehn-vier. Das wären etwa Hundertvierzig Zentimeter Widerristhöhe.« Den Kopf des Mannes bedeckte eine Schiebermütze und seine Füße steckten wie bei den meisten Männern in Gummistiefeln.

Die Frau konnte nicht abschätzen, wie alt er war. Sie rechnete nach. Das Fohlen würde für sie zu klein bleiben. Schade.

Es ging schon auf Mittag zu. Die Prämierungen der Pferde und Schafe waren beendet. Der große Ring war leer. Doch auf der Wiese innerhalb der Mauer liefen noch viele Fohlen zwischen den Pferden und ihren Besitzern herum. Überall wurde gehandelt. Draußen auf der Straße schrie ein Losverkäufer: »Kaufen Sie ein Los! Es wird Ihr Glück sein!« Und dann wiederholte er immer wieder: »Ihr Glück! Ihr Glück!«

Die kleine Stute war müde. Sie hatte das Interesse an ihrer Umgebung verloren und schlief im Stehen. Langsam sank ihr Kopf nach unten. Sie gefiel der Frau, aber für einhundertfünfzig Pfund war sie ihr zu teuer.

»Sie hat einen ersten Preis bekommen«, sagte der Mann, dem ihr Interesse nicht entging. »In Louisburgh auf der Landwirtschaftsschau.«

Er zog eine schon etwas zerknitterte rote Schleife aus der Jackentasche und steckte sie der Stute ins Halfter. Für einen Moment öffnete sie die Augen. Dann schlief sie wieder ein. Die Schleife im Nasenriemen wirkte ein wenig lächerlich.

Die Frau ging weiter. Sie versuchte, sich die kleine Stute aus dem

Kopf zu schlagen. Es hatte keinen Sinn. Sie war ungeeignet für sie. Sie brauchte einen Jährling, den sie später einmal reiten konnte. Über dem Gemurmel der Menschen, dem ängstlichen Wiehern der Fohlen und dem Blöken der Schafe schwebte der monotone Klang einiger Fiedeln. Auf einem Podium tanzten kleine Mädchen um die Wette. Sie tanzten versunken die alten Tänze, sahen nicht die Menschen und nicht die Pferde und beachteten weder die aufmunternden Zurufe ihrer Familien noch das Geschrei des Losverkäufers. Ihre Augen blickten ins Leere. Nur die Fiedeln waren wichtig. Sie gaben den Takt an. Mit ruhigem Oberkörper und herunterhängenden Armen tanzten die Mädchen auf der Stelle. Ihre Füße steppten, klapperten und stampften im Takt der Melodie. Für die Bewohner der kleinen Stadt war dieser Wettbewerb ebenso wichtig wie die Prämierung der Tiere, der Feldfrüchte, der Marmeladen oder der Handarbeiten.

»Hat Ihnen Paddy McLaughlins kleine Stute nicht gefallen?«, fragte sie ein Mann. Es war Mister Kelly, der Tierarzt. Er kannte fast alle Pferde, die verkauft werden sollten.

»Sie war mir zu teuer«, sagte die Frau.

»Hoffentlich finden Sie bald das richtige.«

»Ihr Glück! Ihr Glück! Ihr Glück!«, rief der Losverkäufer. Der Wind trieb den Klang seiner Stimme in Wellen über den Platz.

Ein paar Touristen machten sich über die ausgestellten Gegenstände lustig. Die Kuchen lagen da neben den Marmeladengläsern, Kohlköpfen, rotwangigen Äpfeln, selbst gestrickten Pullovern, Schüsseln voller Hühnereier, Spitzendeckchen. Mrs Eilleen Hynes hatte einen Preis für ihre Butter erhalten und die Benediktinerinnen aus der Kylemore Abbey siegten mit den Tomaten aus ihrem Klostergarten.

Die Frau machte sich wieder auf die Suche nach einem Jährlingsfohlen. Gestern war ihr zwischen den Klippen eine Stute begegnet. Ein Saugfohlen und ein Jährling hatten sie begleitet. Bei der Prämierung hatte die Frau den Jährling wiedererkannt. Katalognummer zweiundsechzig, Stute, ein Jahr alt, Vater Dun Lorenzo, Besitzer Sean O'Toole, Clifden. Sie war ziemlich mager. Die Hüftknochen standen heraus, und die Rippen konnte man zählen. Das karge Gras zwischen den Steinen hatte zu wenig Kraft für ein heranwachsendes Pferd. Doch unter dem stumpfen, windzerzausten Fell verbarg sich der Adel seiner Rasse.

»Ist sie zu verkaufen?«

»Ja«, erwiderte Sean O'Toole.

»Für wie viel?«

»Einhundertfünfzig.«

»Sie hat einen weichen Rücken.«

»Hundertfünfzig und kein Pfund weniger.«

»Achtzig«, sagte die Frau.

»Hundertfünfzig. Sonst nehme ich sie wieder mit heim.« Sean O'Toole war arm und stolz. Er hauste in einer kleinen, strohgedeckten Hütte unten am Strand. Die Frau hatte ihn gestern in der Nähe seiner Pferde gesehen.

Plötzlich stand Paddy McLaughlin hinter ihr. »Wenn Sie wollen, gebe ich Ihnen meinen Jährling für hundert«, sagte er schnell, weil er Angst hatte, sie könnte das O'Toole-Fohlen kaufen.

»Im vergangenen Jahr hatte ich Pech«, fügte er hinzu. »Man bot mir hundert Pfund für ein Pferd, aber ich lehnte ab, weil ich hundertfünfzig haben wollte. Kurz drauf verkaufte ich es an einen Engländer.«

»Das war doch gut«, sagte die Frau.

»Nein. Das war es nicht. Er nahm es mit und ich hab bis heute noch keinen Cent von der Kaufsumme gesehen.« Paddy McLaughlin schnäuzte sich, indem er mit dem Zeigefinger ein Nasenloch zuhielt und das andere mit einem kräftigen Atemstoß durchblies. »Wenn Sie die graue Stute haben wollen, gebe ich sie Ihnen für hundert Pfund. Sie wird einmal ein gutes Springpferd.«

»Achtzig«, sagte die Frau. Der Transport würde sie noch viel Geld kosten.

»Das ist zu wenig«, stöhnte Paddy McLaughlin, »zu wenig für eine Stute, die in Louisburgh einen Preis gewonnen hat.«

Er drehte sich um und ging zu seinem Pferd zurück, das von

einem kleinen Jungen festgehalten wurde. Es sah so aus, als wäre er auf das Geld nicht angewiesen.

Er wird ein Haus mit einem festen Dach besitzen, vielleicht auch einen Laden, dachte die Frau. Vielleicht war der Pferdehandel für ihn nur eine Nebeneinnahme. Louisburgh war ein kleines Nest an der Nordküste der Connemara-Halbinsel. Vielleicht war Paddy McLaughlin dort ein angesehener Mann. Der fehlgeschlagene Handel mit dem Engländer hatte nur seinen Stolz verletzt.

»Kaufen Sie mein Pferd! Es ist besser als seins«, mischte sich Sean O'Toole in das Gespräch. Sein zahnloser Mund öffnete sich zu einem Grinsen.

»Nein. Für hundertfünfzig hat es einen zu schlechten Rücken«, sagte die Frau und beobachtete, dass Paddy McLaughlin inzwischen bei seinem Pferd angekommen war. Er nahm dem kleinen Jungen den Strick aus der Hand und hockte sich vor seinem Tier auf den Boden. Die Stute schlief immer noch.

Der Wind hatte gedreht. Er kam jetzt vom Meer und brachte den Geruch von Salz, Tang und faulen Fischen mit. Es wurde spät. Die Frau musste sich beeilen. Einige Händler hatten den Platz schon wieder verlassen.

Aufs Geratewohl fragte sie den Besitzer eines kräftigen gelben Jährlings: »Verkaufen Sie ihn?«

»Nein.«

Es begann zu regnen. Für kurze Zeit verstummte die Stimme des Losverkäufers und die kleinen Mädchen drängten sich ängstlich in einer Ecke des Podiums zusammen. Im Handumdrehen war der Platz fast leer. Einige Männer suchten mit ihren Pferden auf der windabgewandten Seite der großen Umfassungsmauer Schutz. Paddy McLaughlin war aufgestanden und hatte den Kragen seiner Jacke hochgestellt. Er und die kleine Stute ergaben sich ihrem Schicksal. Es blieb ihnen nichts anderes übrig. Sie würden nass werden und etwas später in der Sonne wieder trocknen. So war das eben. Daran war nichts zu ändern.

So schnell der Regen begonnen hatte, so schnell hört er auch wieder auf.

Der Wind trieb die Wolken weiter, die Leute kamen unter ihren Ständen hervor und der Losverkäufer begann von Neuem: »Kaufen Sie ein Los! Es wird Ihr Glück sein. Ihr Glück – Ihr Glück!«

Die Frau entdeckte Mister Kelly, den Tierarzt, der über den Platz ging. Er sprach zuerst mit einem Mann aus Ballyconneely und dann mit Sean O'Toole. Sie würde einen Tierarzt brauchen, wenn Sie ein Pferd gekauft hatte. Sein Gutachten brauchte sie zum Grenzübertritt. Allmählich musste sie sich entscheiden. Das Geschrei der Männer, die ihre Pferde wieder verluden, machte sie unruhig. Katalog Nummer siebenundfünfzig, Stute, ein Jahr alt, Vater Clonkeehan Auratum, der, wie sie inzwischen erfahren hatte, der Sohn eines Araberhengstes war, Besitzer Paddy McLaughlin, Louisburgh. Sie bekam das Fohlen nicht aus dem Kopf und machte sich erneut auf die Suche.

Auf dem Podium tanzten wieder die kleinen Mädchen. Sie schienen nicht zu bemerken, dass der Regen fast alle Zuschauer vertrieben hatte. Sie tanzten vor einem Stück leerer Wiese. In einer Ecke der Mauer saß ein kleiner Junge auf einem Pony. Er war vornüber gefallen und schlief, während sich sein Vater mit anderen Männern unterhielt. Mitten in einer Gruppe Pferde entdeckte sie die kleine graue Stute wieder. Sie war jetzt munter und spitzte die Ohren. Von den Enden der nassen Schleife in ihrem Nasenriemen tropfte rotgefärbtes Wasser auf den Boden.

Die Frau nahm sich ein Herz: »Achtzig«, sagte sie.

»Neunzig«, erwiderte Paddy McLaughlin grinsend. »Aber sagen Sie es nicht meiner Frau.«

Sie drehte sich um. »Das ist zu viel. Sie bleibt klein.«

»Ihre Mutter war vierundzwanzig, als das Fohlen geboren wurde«, sagte der Mann. »Leider hat sie sich vor einem halben Jahr ein Bein gebrochen. Sonst wäre sie noch am Leben.«

»Fünfundachtzig!«

Paddy McLaughlin fuhr mit den Fingern durch die Mähne der kleinen Stute. Er überlegte. Das Angebot reizte ihn. Die Chancen noch andere Kaufinteressenten zu finden wurden immer geringer und die Erfahrung vom letzten Jahr hatte ihm gezeigt, dass man vorsichtig sein musste.

»Gut«, sagte er schließlich. »Ich verkaufe sie Ihnen für fünfundachtzig Pfund, aber ich hätte gern einen Scheck über hundert. Fünfzehn bekommen Sie in bar zurück.« Und als die Frau ihn erstaunt ansah, flüsterte er ihr leise zu, dass er überall erzählt hätte, er würde das Fohlen nicht unter hundert verkaufen. Er brauchte den Scheck als Beweis für seine Standhaftigkeit.

Den Gefallen konnte ihm die Frau tun. Während sie schrieb, kramte er dreimal fünf Pfundnoten aus der Tasche.

»In Ordnung?«, fragte er.

»In Ordnung«, bestätigte ihm die Frau.

Er faltete den Scheck zusammen und steckte ihn in seine Brieftasche.

»Was ist mit der Schleife?«, wollte die Frau noch wissen.

»Die muss ich behalten«, sagte er und grinste. »Als Andenken.«

»Aber sie gehört doch zum Pferd?«

»Nein, nein. Sie gehört dem Züchter. Sie bringt ihm Glück.«

Da erst begriff die Frau, was es mit der Schleife für eine Bewandnis hatte. Sie würde im nächsten Jahr abermals im Nasenriemen eines Pferdes stecken, das er verkaufen wollte und er würde wieder jedem Kaufinteressenten erzählen, dass dies ein besonders gutes Pferd sei, weil es gerade irgendwo einen Preis gewonnen hätte. Das sei auch der Grund, warum er einen hohen Preis dafür verlangen müsste. Das Gleiche würde im übernächsten Jahr geschehen und immer weiter, so lange, bis die Schleife ihr glaubwürdiges Aussehen eingebüßt hätte.

Die Frau lachte. Der Halfterstrick des kleinen grauen Stutfohlens wechselte die Hand.

Es war einmal in Schottland (1967)

Es war einmal, dass die Frau zu einer Schottlandreise eingeladen wurde. Nach Ansicht vieler Leute war Schottland das Traumland aller Golfspieler, Dudelsackpfeifer und heiratslustiger jungen Leute. Dass es auch das Traumland vieler Shetlandponyzüchter war, wussten nur wenige. Wenn man heutzutage gute Shetties auf großen Gestüten sehen möchte, dann darf man nicht mehr auf die Shetlandinseln fahren, dann muss man eine Schottlandreise machen. Auf den Inseln regnet es meistens, und wenn es nicht regnet, dann ist es neblig, und wenn der Nebel sich verzogen hat, dann fegt fast immer ein wilder Wind über das Land. Nur wenige Bäume wachsen da und kaum Gras. Die Menschen, die dort wohnten, waren sehr arm. Sie hatten gerade genug, um satt zu werden. Für Viehfutter konnten sie kein Geld ausgeben. Deshalb mussten die Pferde, die auf den Inseln lebten, Moos und Flechten fressen, genau wie die Ziegen und die Schafe. Und weil kleine Pferde nicht so viel fressen wie große, blieben die Pferde dort besonders klein.

In Schottland war es ähnlich. Irgendwann einmal entdeckten die Leute in England, dass diese kleinen Pferde für bestimmte Arbeiten gut zu gebrauchen waren. Für die Gartenarbeit zum Beispiel, weil sie keine tiefen Hufabdrücke hinterließen, für die Bauern, die mit ihnen ihre Milch in die Molkereien fuhren, für Kinder, die auf ihnen reiten lernten und als Grubenponys für Bergwerke, in denen sie mit einem Aufzug in die Tiefe transportiert wurden, weil sie besser durch die niederen Schächte kamen als große Pferde. Dort blieben sie oft ihr ganzes Leben lang und viele von ihnen wurden blind. Die Schotten erkannten ihre vielen Vorzüge als erste. Einige von ihnen fuhren auf die Shetlandinseln. Sie kauften sich dort Ponys und brachten sie zu sich nach Hause, wo sie sie zu züchten begannen, weil sie die Fohlen später gut verkaufen konnten.

Die Frau fuhr also mit einer Gruppe von Züchtern nach Dänemark und von dort setzten sie mit einer Fähre nach Schottland über. Sie hatten sich vorgenommen mehrere große Gestüte zu besichtigen, von denen jedes mindestens einhundertfünfzig Ponys besaß, die sowohl im Sommer als auch im Winter auf unermesslich großen Weiden im Freien gehalten wurden. Das Gras stand so hoch, dass es stellenweise über ihren Rücken zusammenschlug. Es blieb nicht aus, dass dieses Leben im Schlaraffenland sie fett werden ließ.

Sie fuhren über Gretna Green, in dem sich viele Brautleute trauen ließen, auch und gerade wenn ihre Eltern nicht damit einverstanden waren. Anschließend über Glasgow, das von Bohrtürmen und Fabrikschloten fast erdrückt wurde. Dann erst erreichten sie ihr erstes Gestüt. Es war das Berühmteste auf ihrer Besichtigungsreise. Die Besitzer lebten in einem Herrenhaus. Der Herr begrüßte die ausländischen Gäste und stellte anschließend seine Hengste vor. Sie waren beeindruckend schön mit langen Schweifen und Zottelmähnen. Wie uns der Züchter erklärte, wurde auf dieses Merkmal besonders großen Wert gelegt. Sie wirkten überraschend gutartig und waren am Widerrist gemessen ungefähr einen Meter groß. Die Stuten waren etwas kleiner. Nach einem Rundgang über die Weiden lud der Züchter die Teilnehmer der Gruppe zu einem Tee und einigen Sandwiches ein, die von einem indischen Butler serviert wurden und ließ inzwischen einige Ponys vor schöne alte Kutschen spannen. Es waren Kutschmodelle aus dem neunzehnten Jahrhundert, die die Teilnehmer der Gruppe nur von alten Kupferstichen her kannten. Der Frau kam es vor, als befände sie sich mindestens in einer Zeit vor hundert oder mehr Jahren.

Anschließend fuhren sie weiter. Sie überquerten die Hügel, die oft kahl, manchmal auch bewaldet waren, viele Sümpfe, in denen die Adligen Moorhühner zu jagen pflegten und ließen Schloss Balmoral, den Sommersitz der Königin, hinter sich. Sie durchquerten Aberdeen und besichtigten weiter im Norden ein anderes Gestüt. Dann noch eines und noch eines, und als sie schließlich wieder in Edinburgh eintrafen, hatte sich die Frau beinahe sattgesehen an den vielen Ponys.

In Edinburgh war alles grau. Die Wolken hingen tief. Es regnete. Die Frau lief durch die Stadt über einige regennasse Straßen und rund um das mächtige Schloss, das ihr ein wenig Angst einjagte. Sie kaufte ein paar Dinge, die sie mit heimnehmen wollte: Eine Flasche echten alten schottischen Whisky sowie Musik, und sie besichtigte einen Laden, der nur karierte Stoffe anbot, und wo die Verkäuferin ihr genau erklärte, welches karierte Muster zu welchem schottischen Clan gehörte.

Am Ende der Reise dankten alle Gruppenteilnehmer ihren schottischen Gastgebern sehr herzlich für die erwiesene Gastfreundschaft. Obwohl ihre Fahrt eine Studienreise gewesen war und die Schotten dies wussten, war jede Besichtigung aufs Sorgfältigste vorbereitet worden. Die wichtigsten Hengste und Stuten jeder Herde waren extra für ihren Besuch sauber geputzt und hergerichtet worden. Sie wurden ausnahmslos von ihren Besitzern selbst musterhaft vorgestellt. Überall wurden Sherry, Tee und selbst gebackene kleine Kuchen angeboten. Von der sprichwörtlichen schottischen Sparsamkeit war nichts zu spüren gewesen.

Es war eine wunderschöne und sehr anregende Fahrt gewesen und man kann jedem Liebhaber von Shetlandponys nur empfehlen, wenigstens einmal in seinem Leben nach Schottland zu fahren.

So empfand es jedenfalls die Frau.

Es war einmal in Tunesien (1973)

Es war einmal eine junge Frau, die davon träumte in die Wüste zu fahren. In eine richtige Wüste mit Dünen, Wind und hie und da Palmen voller Datteln oder Kokosnüsse. Heiß müsste es dort sein und Kamele müsste es geben. Und als ihre Mutter sie eines Tages fragte, ob sie nicht Lust habe, sie auf einer Reise nach Tunesien zu begleiten, zögerte sie nicht lange und sagte ja.

Die Reise begann in Djerba, einer Insel weit im Süden. Sie fuhren mit dem Taxi über einen Damm nach Zarzis in ihr Hotel auf dem Festland. Von der Wüste war nichts zu sehen. Der Strand war schön, aber langweilig. Ab und zu beobachteten sie Männer mit einem Turban auf dem Kopf, die einen Esel vor sich hertrieben, und sonst nur Frauen in weichen weiten Gewändern. Am nächsten Tag mieteten sie einen Fahrer mit einem Jeep und machten eine Rundfahrt. Und da begegneten ihnen auf einmal Kamele. Sie ruhten unter Palmen, und schleppten Lasten durch die Siedlung. Als sie weiterfuhren, wurde die Vegetation spärlicher. Sand und Steine bedeckten den Wüstenboden. Es gab keine Palmengärten mehr, nur noch trockene Sträucher oder Wolfsmilchgewächse und Sand, viel Sand. Düne lag hinter Düne, und mittendrin zerrte ein Mann ein Kamel hinter sich her. Das war ein Bild wie die Frau es in ihren Träumen gesehen hatte. Der Mann trug ein weites Gewand und einen Turban. Da kam sie sich vor wie in einem Märchen von Wilhelm Hauf, wie in »Aladin und die Wunderlampe«, in »Ali Baba und die vierzig Räuber« oder in dem Buch »Durch die Wüste« von Karl May. Sie fuhren und fuhren, übernachteten in einem Höhlenhotel, dessen Zimmer in den oberen Stockwerken nur mit einer Leiter erreichbar waren, fuhren weiter, besuchten Märkte und durchquerten auch den Chott el Djerid, den riesigen Salzsee, durch den eine Straße führte, die man kennen musste, sonst versank man im Salzsumpf. Es war Wasser aus den Bergen, das sich in einer Niederung sammelte und von dort aus nicht abfließen konnte. Man konnte den Chott el Djerid nur mit einem erfahrenen Chauffeur durchqueren, der die Strecke genau kannte und auf ihr schon viele Male gefahren war. Karl May hat es genau beschrieben. Sie fuhren durch Nefza und Tozeur und landeten in Douz, von wo aus keine Straße weiter nach Süden führte. Dort begann die Wüste, die große Stille, das Auf und Ab der Dünen, in die der Wind seine Wellen gegraben hatte. Sie fuhren und fuhren und am Ende der Reise hatte die Frau alles gesehen, was sie sehen wollte und war hungrig auf mehr. Sie wollte weiter nach Süden bis zum Niger, der Afrika von Westen nach Osten durchquert, der in einem großen Bogen zuerst nach Norden strömt, dann nach Südosten abschwenkt und schließlich in Nigeria den Golf von Guinea erreicht und sich mit dem Meer vereinigt. Sie wollte und wünschte sich und sehnte sich danach, mehr von der Welt zu sehen, aber immer wieder heimzukehren in das Haus, in dem sie lebte, weil sie nur dort über ihre Reisen nachdenken konnte und sich auf die nächste vorbereiten konnte.

Es war einmal in Peru (1978)

Es war einmal in Peru. Die Maschine kam von der Urwaldstadt Iquitos und flog über die Anden. Die Berge waren an dieser Stelle sehr hoch. Sie waren schneebedeckt und voller Gletscher. Die Frau konnte sich nicht sattsehen an den verschneiten Hängen, den Felsen, Gipfeln und Graten. Weiter hinten in der Kabine begann eine Frau zu schreien.

»Was ist los?«, fragte jemand.

»Nichts«, beruhigte eine Stewardess die Passagiere. »Es ist eine Indianerin. Sie hat Angst. Ich habe ihr geraten, sich auf den Boden zu legen.«

Das Ziel der Maschine war Trujillo, eine Stadt an der Küste des Pazifiks. Beim Landeanflug entdeckte die Frau rechts und links der Landepiste viele Löcher im Boden.

»Was bedeutet das?«, fragte sie die Stewardess.

»Das waren alles einmal Gräber«, erwiderte diese und setzte nach einer Weile noch hinzu: »Sie wurden von Grabräubern geplündert.«

»Was machen sie mit dem Raubgut?«

»Es wird verkauft. Was sonst?«

»An wen?«

Doch die Stewardess hatte die Frage nicht mehr gehört.

Vom Flughafen in die Stadt fuhr die Gruppe mit dem Bus. Noch vor der Stadt musste der Fahrer tanken. Einige Fahrgäste stiegen aus, um sich etwas zum Trinken zu kaufen. Die Frau machte es ihnen nach. Im Kassenraum der Tankstelle wurde alles Mögliche angeboten: Zeitungen, Limonade in Dosen, Schokolade, alkoholische Getränke. Hinter der Kasse saß ein dicker Mann, bei dem die Autobesitzer ihren Kraftstoff bezahlten. Der Mann war ein Mischblut. Er trug einen kleinen Schnurrbart über der Oberlippe. Auf der linken Brustseite seines Overalls war das Logo der Firma eingestickt, deren Öl er verkaufte. Seine Finger waren dick und wulstig. Er und der Reiseleiter tuschelten miteinander. Als der Dicke nickte, reichte er dem Mann ein Tütchen und bekam Geld dafür. Offensichtlich war es ein gutes Geschäft gewesen. Er grinste zufrieden. Die Frau vermutete, dass sich Drogen in dem Tütchen befanden. Der Mann war ihr unsympathisch.

Nachdem alle Fahrgäste wieder ihre Plätze eingenommen hatten, fuhr sie der Bus in die Stadt bis vor ihr Hotel. Nach dem Abendessen stand der Reiseleiter auf und gab das Programm des nächsten Tages bekannt. Anschließend bot er ihnen noch einen kleinen Extraausflug an.

»Wenn jemand von Ihnen Interesse daran hat, eine alte Grabbeigabe zu kaufen, dann kann er sich mir anschließen und ich bringe ihn heute Abend noch zu einem Händler.«

»Das sind doch sicher alles Fälschungen?«, fragte ein Mann aus der Gruppe. »Airport Art? Kram für Touristen.«

Doch der Reiseleiter versicherte ihnen, dass sie nur echte Stücke zu sehen bekämen. Er würde ihnen helfen damit durch den Zoll zu kommen, und wenn sie es bei sich zu Hause einem Fachmann zeigen würden und der würde es nicht als Original erkennen, dann würde er ihnen persönlich das Geld zurückgeben. Das machte die Leute neugierig.

Sie fuhren nicht mit ihrem Bus, sondern quetschten sich alle in zwei alte amerikanische Chevrolets, die vor dem Hoteleingang gewartet hatten. Die Frau fuhr mit. Sie wollte nichts kaufen. Die Neugier trieb sie. Sie nahm auch kein Geld mit. Die Straßen waren leer. Nur wenige Lampen spendeten etwas Licht. Schon bald stellte sie mit Erstaunen fest, dass man sie zurück zu der Tankstelle brachte. Der Dicke schien sie bereits erwartet zu haben. Er führte sie zu einer Tür hinter dem Kassenraum, durch einen Gang, und von dort mehrere düstere enge Treppen hinunter in einen Keller. Überall stank es nach Öl. Sie landeten in einem kleinen, schwach beleuchteten und fensterlosen Kellerraum, in dessen Mitte ein Tisch und ein paar Stühle standen. Auf dem Tisch befanden sich viele Keramikobjekte. Die meisten waren schwarz, manchmal auch rot und alle hatten eines gemeinsam: Das war die Öffnung ähnlich eines Schornsteins oder einer Vase.

»Das sind echte Grabbeigaben«, erklärte ihnen der Reiseleiter. »Fünfhundert Jahre alt. Aus den Gräbern der Chimu.«

»Darf man so etwas überhaupt mit über die Grenze nehmen?«, wollte eine Frau wissen.

»Ich werde dafür sorgen, dass Sie alles gut durch den Zoll bekommen«, versicherte ihr der Reiseleiter. »Lassen Sie das meine Sorge sein.«

Auf einem der Gefäße war ein roter, liegender Hirsch und neben ihm ein Fisch zu sehen. Die Schuppen waren eingekratzt, neben ihm fischte ein Mann in einem Boot, das offensichtlich aus Balsaholz gefertigt worden war. Der Mann hatte ein fratzenhaftes Gesicht und eine Mütze auf dem Kopf, wie sie die Männer heute noch bei der Arbeit tragen. Dann gab es viele polierte schwarze Tontöpfe mit Bügelhenkelausguss mit Bildern von Frauen, die Wäsche wuschen und von Männern bei einfachen Arbeiten auf dem Feld.

Die Gruppe war begeistert und kaufte. Oft wurde die Frau gefragt, wie sie dieses oder jenes fände und sie sagte fast immer »schön«. Sie nahm auch den einen oder anderen Gegenstand in die Hand und begutachtete ihn, stellte ihn aber immer wieder zurück.

»Und was ist mit Ihnen?«, fragte sie der Reiseleiter. »Wollen Sie nichts mitnehmen?«

Die Frau wollte ihm nicht sagen, dass ihr diese Art von Geschäften leidtat und dass das nichts für sie war und sie auch kein Geld mitgenommen hatte. Dass Grabbeigaben immer den Toten mitgegeben worden waren, um ihnen das Leben im Totenreich zu erleichtern, dass sie ein Zeichen der Liebe ihrer Angehörigen gewesen waren und dass sie das Ganze als eine Art Leichenfledderei ansah. Sie gab keine Antwort.

Doch gleich darauf entdeckte sie einen kleinen schwarzen Vogel. Es war kein Raubvogel, das erkannte sie an dem kurzen Schnabel. Er trug auf seinem Rücken die vasenähnliche Öffnung. Seine Federn waren eingekratzt. Er war schwarz wie die meisten anderen Objekte. Sie wendete ihn vorsichtig hin und her und legte ihn wieder hin. Woher war er? War er aus einem Kindergrab? Was für eine Beziehung hatte er wohl zu dem Toten gehabt? Hatte er ihn gezähmt? Hatte er ihn geliebt? Oder hatte er sich einfach nur gewünscht, so fliegen zu können wie er? Die Flügel auszubreiten und frei über Land und Berge zu schweben, wie ein Geist, ein Dämon, ein Gott? Niemand würde es je erfahren.

»Na, wäre das nichts für Sie?«, fragte der Reiseleiter.

»Ich weiß nicht«, erwiderte die Frau. »Ich habe auch kein Geld bei mir.«

»Irgendwer von den anderen kann es Ihnen leihen.«

»Was kostet er denn?«

Der Reiseleiter erkundigte sich bei dem Dicken, was er für den Vogel haben wollte.

»Achtzig Dollar«, war die Auskunft.

»Und wenn es eine Fälschung ist?«

»Auch achtzig. Es ist keine Fälschung. Ich verspreche, Ihnen das Geld zurückzugeben, wenn bei Ihnen zu Hause ein Fachmann das Objekt als eine Fälschung bezeichnet«, erklärte ihr der Reiseleiter.

Es war schon spät. Die meisten hatten sich schon entschieden und bezahlten ihre Einkäufe beim Besitzer der Tankstelle.

»Ich gebe ihm siebzig, wenn mir jemand das Geld leiht«, sagte die Frau.

Der Dicke nickte und grinste dabei. Nur wenige der anderen hatten zu handeln versucht. Während sich die Frau bei den anderen Gästen das Geld auslieh, packte einer der Helfer des Tankstellenbesitzers den Vogel in dreckiges Zeitungspapier.

Er flog mit ihr über den Atlantik zurück. Es war vielleicht sein letzter Flug.

Ein Galerist bestätigte ihr seine Echtheit.

Es war einmal eine Reise im Ballon (1980)

Es war einmal, dass sich die Frau sehnlichst wünschte, sie könnte fliegen, schwerelos, sich erheben wie ein Vogel über den Wald, die Wiesen, die Berge, die Dörfer und Städte, schweben, völlig frei von Angst oder der Befürchtung abzustürzen, das wünschte sie sich.

Eines Tages erhielt sie die Einladung eines Bekannten von einem Bekannten, der einen Bruder hatte, dessen Freundin wieder jemanden kannte, der die Frau in einem Ballon auf eine Tagesfahrt mitnehmen würde.

Als sie früh am Morgen den Startplatz erreichte, blähten sich dort schon sechs Ballone. Ein großer, aus einem Schacht im Boden kommender Gasschlauch war an dem Füllansatz befestigt und so das Gas aus einer nahen Fabrik in die aus gummierter Baumwolle bestehende Hülle geleitet worden. Sandsäcke und Sandtonnenverankerung waren am Korb befestigt, um eine Flucht des Ballons zu verhindern, solange die Passagiere noch nicht eingestiegen waren. Der Ballonmeister war für das richtige Anbringen des Netzes, des Korbrings, der Füllansatzleinen sowie des zu einer Kugel aufgerollten und in einem Beutel außen am Korb angebrachten Schlepptaus verantwortlich. Natürlich auch für die Sandsäcke, mit denen der Pilot die Höhe regulieren konnte. Später kamen noch der Höhenmesser, der Fahrtenschreiber und das Funkgerät dazu.

Als alles fertig war, sagte der Ballonmeister: »Okay! Sie können starten!«

Der Pilot und die vier Passagiere kletterten in den Korb. Die zwei übrigen eilten dem Lieferwagen zu, der draußen vor dem Tor auf sie wartete. Auch sie hatten ein Funkgerät dabei. Im Anhänger des Lieferwagens sollten die leere Ballonhülle und der Korb wieder zurückgebracht werden.

Dann ging es los. Der Ballonmeister löste die Seile, eines nach dem anderen. Es kam der Frau so vor, als schüttle sich der riesige bunte Ball über ihr und als fühlte er sich von allen Fesseln befreit.

Langsam löste er sich vom Boden, erhob sich über die anderen, als freute er sich darüber, endlich den Morgendunst zu durchbrechen und dem Himmel entgegenzuschweben. Doch schon folgte ihm der nächste, dann wieder einer und wieder einer. Kiebitze flogen erschrocken über ein Feld mit Wintergetreide und zwei Hasen wussten nicht, in welche Richtung sie flüchten sollten. Schließlich duckten sie sich in eine Furche und stellten sich tot. Einer der später gestarteten Ballone überholte die anderen rasch, während derjenige, in dem sich die Frau befand, auf dem Weg nach oben fast zum Stillstand kam. Nur an seinem Schatten, der über die Baumspitzen kroch, wurde sichtbar, dass er sich bewegte. Lange Zeit schlich er laut Höhenmesser zwischen hundertfünfzig und zweihundert Metern über Grund, das bedeutete sieben- bis achthundert Meter über der Meereshöhe. Aufsteigen wurde durch das Ausschütten eines Sandsacks und die Luftschicht, die ihn trug, bedingt, ebenso wie durch die Bewegungen der einzelnen Schichten unter- oder übereinander. Ein Steuern war nur mit Hilfe dieser Schichten möglich, die sich in verschiedene Richtungen bewegen. Ein Ziel konnte nur im Ungefähren angepeilt werden. Der Ballonführer nahm über Funk Kontakt mit dem internationalen Flughafen am anderen Ende der Stadt auf, wo die Kontrolleure alles, was sich am Himmel bewegte, auf ihren Radarschirmen sehen konnten. Es gab Sperrgebiete und wenn sich das Luftschiff einem von ihnen näherte, ohne dass es rechtzeitig einen Umweg fand, war der Pilot gezwungen zu landen. Die Stadt war ein Sperrgebiet, natürlich auch militärische Anlagen wie Truppenübungsplätze, Atomkraftwerke und vieles mehr. Wenn sich aber der Himmel mit Wolken bedeckte, durfte es diese nicht durchstoßen. Je nach Windstärke kam der Ballon rascher vorwärts oder blieb einfach in der Luft stehen und musste warten, bis er von einem kleinen Hauch weitergetrieben wurde.

Ein Ballon unter ihnen trieb in nördlicher Richtung davon. Lerchengezwitscher war zu hören, ebenso der Klang der sonntäglichen Kirchenglocken. Der übrige Zivilisationslärm blieb zurück. Außer den Lerchen und den Glockentönen war kein Fahrgeräusch, kein Knarren der Seile, kein lautes Geschwätz zwischen den Fahrgästen zu hören. Es war still. Es war eine beruhigende Stille, keine bedrückende. Es wurde geflüstert. Störend war manchmal nur das Krachen und Knattern des Funkgeräts, durch das sich der Pilot mit der Begleitmannschaft unten am Boden oder dem Flugplatz unterhielt. Über einem Wald sank er ab. Die Luft wurde kühler. Von oben sahen die Spitzen der Bäume wie kleine Sterne im noch blattlosen Buchenwald aus. Unter ihnen kreisten Mäusebussarde, später auch ein Storch. Die Frau wollte es nicht glauben, doch einer der Fahrgäste zeigte ihr die schwarzen Flügelspitzen und wies sie auf die Spannbreite und den ausgestreckten Hals hin.

»Ein Reiher zieht den Hals s-förmig ein«, erklärte er ihr, »ein Storch dagegen hält ihn gestreckt.« Sie diskutierten miteinander über die lederbezogene Brüstung des Korbs hinweg, leise, weil die Stille kein lautes Wort ertrug. Einmal flüchteten Rehe vor dem, über ihren Ruheplatz huschenden Ballonschatten. Hie und da fuhr ein Auto über eine sandige Landstraße und zog eine Staubfahne hinter sich her. Hundegebell. Sie überquerten in mittlerer Höhe den Übungsplatz.

Es gibt Menschen, die es als eine Genugtuung betrachten, ihre Hunde auf andere Menschen zu hetzen, dachte die Frau.

Ein dritter Ballon näherte sich und blieb wieder zurück. Die Frau konnte hören, wie sich der Pilot über Sprechfunk mit dem Fahrer seines Begleitfahrzeugs unterhielt. Auf der linken Seite befand sich ein Atomkraftwerk. Heidenheim, Steinheim, Sontheim, schwäbisches Hinterland. Die Wiesen waren bereits grün. Einmal wusste der Ballonführer nicht mehr, welcher Ort vor ihm lag. Er zog an einer Reißleine, die durch das Innere des Ballons zu dem Ventil an der höchsten Stelle führte und ließ etwas Gas entweichen. Dadurch sank das Gefährt ab. Die Frau las auf einem gelben Schild den Ortsnamen. Kurz darauf entschied sich der Pilot für eine Zwischenlandung. Während des Absinkens entdeckte die Frau einen Reitplatz und einige Reiter. Sie erwartete, die Pferde würden scheuen, doch sie taten ihr den Gefallen nicht. Der Pilot zog noch einmal an der Leine. Die Frau nahm an, dass er hinter der Zufahrtsstraße am Dorfrand landen wollte. Aber er landete noch vorher, auf einer kleinen Wiese. Der Korb schrappte über ein Hausdach, dann berührte er den Boden, hüpfte wieder hoch. Er schleifte, getrieben vom Bodenwind, auf einen Zaun zu. Einige Männer eilten herbei und ergriffen das Schleppseil, das der Pilot ihnen zugeworfen hatte. Das bremste die Fahrt. Dann hängten sie sich als lebenden Ballast über den Korbrand.

»Ho! – Das war aber eine Landung!«, sagte der Ballonführer. »Also, weißt du …« Doch das Ende des Satzes behielt er für sich.

Nach zehn Minuten starteten sie wieder. Zwei Fahrgäste übernahmen das Begleitfahrzeug, einer stieg in den Korb. Die Männer zogen den Korb über die Straße. Als sie losließen, trieb er über einen Acker. Doch als der Pilot sich einiger Sandsäcke entledigte, stieg er rasch auf zweitausend Meter über Meereshöhe. Die Landschaft wurde klein. Es war Mittag und fast windstill. Ein weiterer Sandsack wurde geopfert, woraufhin es wieder in die Höhe ging und mitten durch eine Wolke. Dann weiter. Auf zweitausendzweihundert Metern überquerten sie Schwäbisch Gmünd, entdeckten auf einer Seite das kleine graue Begleitfahrzeug und auf der anderen einen Unfall. Die Martinshörner von Polizei und Rotem Kreuz waren zu hören. Ein Gewirr aus Straßen durchkreuzte die Landschaft und teilte sie in geometrische Muster. Quadratische, rechteckige und viereckige. Rundungen gab es nur bei Waldstücken.

Wie schrecklich zersiedelt ist das alles, dachte die Frau. Bald gibt es kaum mehr Platz für die vielen Menschen.

Der Ballonführer sprach mit dem Stuttgarter Flughafen. Er gab eine Positionsmeldung durch und versprach, sich in einer halben Stunde wieder zu melden. Er landete schließlich zum zweiten Mal in der Nähe eines Aussiedlerhofes. Wieder wurde er von vielen Leuten umringt.

Man kommt vom Himmel, überlegte die Frau, wird bewundert, gefragt wo man gestartet ist, wie hoch man war und ob man gleich wieder startet, ob man Angst hatte oder ob einem schwindlig wurde? Offensichtlich übt es eine große Faszination aus, wenn ein großer bunter Ballon vom Himmel schwebt und irgendwo auf einer Wiese landet. Ein Menschheitstraum.

Dieses Mal stiegen die Frau und zwei Fahrgäste aus. Sie übernahmen das Begleitfahrzeug und damit auch das Funkgerät. Der Ballon startete mit nur drei Passagieren und dem Piloten. Er gewann rasch an Höhe und wurde schnell von einer Wolke verdeckt.

»Hallo, hallo!«, rief die Frau ins Mikrofon. »D-Martini, wo seid ihr?«

Doch es blieb still. Vom Himmel kam keine Antwort.

Auf einmal drang eine fremde Stimme aus dem Mikrophon: »D-Martini sitzt im Gasthaus zur Sonne«, sagte sie. »Habt ihr eine Nachricht für ihn? Wir geben sie weiter.«

»Vielen Dank. Nicht nötig«, sagte die Frau. »Wir wissen Bescheid.« Sie erinnerte sich daran, dass das Über-die-Wolken-Fahren für große Ballone verboten war. Und als das Funkgerät völlig ausfiel, begleiteten sie ihr Luftschiff nach Sicht, schätzten Entfernung, Richtung und Windgeschwindigkeit und kamen nur wenige Minuten nach der Landung an.

Zusammenlegen und auf-dem-Hänger-verstauen war harte Arbeit, aber weil alle zusammenhalfen und berauscht waren von dem Erlebnis des Fliegens, schaffte man es in einer Stunde.

Sie fuhren heim. Beim Abschied bedankte sich die Frau bei dem Piloten, dass er sie mitgenommen hatte und bat ihn, ihren Dank der Freundin des Bruders und dessen Bekannten weiterzugeben, auf deren Empfehlungen hin, sich ihr Traum erfüllt hatte. Sie war mit den Vögeln um die Wette geflogen, und über eine Landschaft, die in Gefahr war, zerstört zu werden. Sie hatte den Wind gespürt, der ihr Luftschiff mitgenommen hatte und das leichte Schweben genossen, sowie die wunderbare Stille erfahren, die über allem lag.

Das war es, was sie sich so sehnlichst gewünscht hatte.

Es war einmal in Mexiko. Der Prozess (1980)

Es war einmal in Mexiko, genauer gesagt in der Gegend um Oaxaka auf der Halbinsel Yucatán, wo noch zahlreiche Ausgräber auf der Suche nach den Schätzen der Mayas sind.

Der Prozess gegen Juan Martinez begann am Morgen eines Tages, der außergewöhnlich heiß zu werden versprach. Allen, die an dieser Verhandlung teilnahmen, kam es so vor, als gäbe sich die Sonne gerade heute besondere Mühe, den letzten Rest Frische aus den schattigen Winkeln des Gerichtsgebäudes zu vertreiben. Die Menschen im Hochland waren an Hitze gewöhnt, nicht jedoch der fettleibige Richter, der erst kürzlich in diese Stadt versetzt worden war.

Der Prozess gegen Juan Martinez war kein Ereignis, das großes öffentliches Interesse erweckte, denn der Angeklagte war nur ein alter Indio, der auf frischer Tat ertappt worden war. Da dieser Termin der örtlichen Zeitung nur wenige Zeilen wert gewesen war, nahmen kaum mehr als eine Handvoll Zuschauer auf den Bänken Platz.

Mit unbewegter Miene und begleitet von zwei Polizisten betrat der Angeklagte den Gerichtssaal. Er war untersetzt, bekleidet mit einem karierten Hemd und blauen, ausgefransten Arbeitshosen, die eine Handbreit über den Knöcheln endeten. Die nackten Füße steckten in Plastiksandalen. Die auffallend vernarbte Gesichtshaut hatte die Farbe alten Leders, ausgenommen von einem hellen Streifen über den Augenbrauen, der gewöhnlich von der Krempe eines Strohhuts beschattet wurde. Mit unbewegter Miene und zusammengepressten Lippen, jedoch ohne eine Spur Unterwürfigkeit, folgte der Mann den Anweisungen der Polizisten, die sich links und rechts von ihm auf der Anklagebank niederließen, was den Anschein erweckte, sie hätten Angst, er könne fliehen, ein Gedanke, der ihm nie gekommen wäre.

Als der Gerichtsvorsitzende und einige Justizbeamte den Raum betraten, knuffte einer der Polizisten den Mann in die Seite, damit er aufstand, was er nach kurzem Zögern auch tat. Der Richter bestieg das kleine Podest und setzte sich, flankiert von seinen Beisitzern, an den Tisch, hinter dem ein Bild an der Wand hing, auf dem der amtierende Staatspräsident und darunter zwei kleine gekreuzte Flaggen zu sehen waren.

Bevor er die Verhandlung eröffnete, zog der Gerichtsvorsitzende ein Taschentuch aus seiner Aktenmappe und wischte sich den Schweiß, der ihm bereits in die Augen lief, von der Stirn. Sehnsüchtig dachte er an ein Glas kühles Bier und tröstete sich mit der Hoffnung auf einen kurzen Prozess, da das Vergehen des Indios von einigen Zeugen beobachtet worden war und die Strafe für dieses Vergehen kaum einen Spielraum freiließ. Deshalb beschränkte er sich auf wenige Worte, mit denen er die Verhandlung als eröffnet erklärte und gab zugleich dem Angeklagten mit einem Wink zu verstehen, er solle vortreten, da er ihn nach seinem Namen, seinem Alter und sonstigen Lebensumständen befragen wolle. Doch Juan Martinez beantwortete keine der vielen Fragen, die ihm gestellt wurden. Der einzige Ton, den er im Verlauf der Verhandlung von sich gab, war ein trockenes Hüsteln. Ob er nicht sprechen wollte oder aus unerfindlichen Gründen nicht dazu in der Lage war, fand der Richter nicht heraus. Da er sich keinen anderen Rat wusste, bat er den älteren der beiden Polizisten, die nötigen Angaben zu machen, soweit sie ihm bekannt waren.

»Name?«, fragte er.

»Juan Martinez.«

»Alter?«

»Sechsundsechzig.«

»Arbeitsstelle?«

»Zurzeit arbeitslos.«

»Wohnort?«

Der Polizist sah sich hilflos um und zuckte mit den Schultern.

»Lassen wir das«, fuhr der Richter fort. »Wer ist sein Anwalt?«

Der zweite Polizist hob die Schultern und zeigte dem Richter die nach außen gedrehten Handflächen.

»Also keinen Anwalt«, deutete der Gerichtsvorsitzende die Geste des Hüters der Ordnung und machte sich eine Notiz. »Kommen wir zum Anklagepunkt. Am ...« Er suchte in den Akten die Tatzeit und als er sie nirgendwo fand, murmelte er ein paar unverständliche Worte vor sich hin und fuhr fort: »... beobachteten zwei Zeugen, wie der Angeklagte in der Kirche Santa Maria Immaculata mit einem Stemmeisen eine Grabplatte anhob und zur Seite schob. Zeugen des Vorfalls waren Senior Enrique Fuentes, der Messner, und Seniora Maria Sanchez. Als die sofort alarmierte Polizei eintraf, war der Angeklagte gerade dabei, die Überreste des Toten auf den Kirchenboden zu werfen. Damit war der Tatbestand der Grabschändung erfüllt. Hat jemand etwas dagegen einzuwenden?«

Doch der alte Juan Martinez, der sich eigentlich angesprochen fühlen sollte, verzog keine Miene. Er drehte den Kopf zur Seite und sah aus dem Fenster hinaus mitten in das erbarmungslose Licht des Vormittags. Sein Blick schweifte über die Dächer der kleinen Stadt, über die Felder, auf denen der Mais verdorrte, über das ausgetrocknete Flussbett bis zu den fernen Hügeln, aus denen er vor vielen Jahren gekommen war, um sein Glück in der Stadt zu suchen. Er hatte einem Mädchen versprochen, als wohlhabender Mann zurückzukehren und sie zu heiraten. Er wollte ein Stück Land kaufen, auf dem sie Mais anpflanzen würden, denn sie träumten davon, viele Kinder zu bekommen und ein zufriedenes Leben zu führen. Er war nicht wählerisch gewesen bei seiner Arbeitssuche in der Stadt. Jede Arbeit, die man ihm anbot, hatte er angenommen, hatte Straßen gekehrt, auf dem Bau gearbeitet und eine Weile sogar in einer Zementfabrik, wo sich ihm der Staub in die Lunge gesetzt hatte, sodass ihm seitdem das Atmen schwerfiel. Doch das Geld, das er verdiente, hatte er gleich wieder ausgegeben oder beim Kartenspiel verloren. Wenn davon etwas übrig blieb, hatte er sich Tequila davon gekauft. Sein Wunsch, eine Stelle als Kellner zu erhalten, ging nicht in Erfüllung, da er weder lesen noch schreiben konnte. Außerdem war er ja bloß ein Indio und Indios wurden nur selten eingestellt. Hatte er keine Arbeit, dann trieb er sich herum, verbrachte die Nächte auf einer

Parkbank unter einer der alten Platanen, wenn es regnete auch unter einer Brücke oder dem Dach einer Busstation. Dann suchte er die Mülltonnen nach Essbarem ab oder bettelte die Passanten an. Wurde der Hunger übermächtig, dann stahl er auch manchmal etwas auf dem Markt, und schenkte ihm jemand eine Münze, kaufte er sich dafür Tequila. Zu einem Rausch reichte es nur sehr selten. Ein Rausch bedeutete für ihn so etwas wie das Glück, das die überall angebrachten Plakate jedem Menschen versprachen, der das auf ihnen angepriesene Produkt kaufte. Einmal träumte er im Rausch vom eigenen Maisfeld mit der Hütte und der Frau mit den Kindern, die es einmal besser haben sollten als er und die sich, wenn er alt war, um ihn kümmern würden. Dabei vergaß er sein Elend und das Elend um ihn herum.

»Zeugin Maria Sanchez«, rief der Richter, nachdem er die Polizisten angewiesen hatte, den Angeklagten wieder auf seinen Platz zu führen.

Maria Sanchez war eine dicke, etwa fünfzigjährige Frau, die einen eigenen Blumenstand besaß und im Verhältnis zu vielen anderen Bewohnern der Stadt als recht wohlhabend bezeichnet werden konnte. Als der Richter sie nach dem Vorfall in der Kirche Santa Maria Immaculata fragte, begann sie ohne Punkt und Komma zu reden und ließ sich auch nicht unterbrechen. Alles, was den Zuhörern klar wurde, war, dass sie, als sie gerade dabei war den Altar mit frischen Blumen zu schmücken, Juan Martinez dabei beobachtet hatte, wie er mit einem Brecheisen in der Hand das Gotteshaus betrat, sich suchend umsah, das Eisen an einigen Grabplatten ansetzte und weiterging. Zuerst nahm sie an, dass er ein Beauftragter des Priesters sei, der etwas überprüfen sollte. Doch dann, als er eine der Grabplatten hochhob und auf die Seite schob, als er in die Gruft stieg und die Knochen auf den Boden der Kirche zu werfen begann, kam ihr der Verdacht, dass da etwas nicht in Ordnung sein konnte. Sie rannte zur Sakristei, wo sie den Messner antraf und meldete den Vorfall. Nachdem sich der Messner kurz selbst von dem überzeugt hatte, was ihm Seniora Sanchez berichtete hatte, alarmierte er die Polizei, die auch schnell eintraf und den Grabschänder festnahm.

»Gracias«, sagte der Richter zu Maria Sanchez und stoppte damit ihren Wortschwall. »Haben Sie eine Ahnung, was der Angeklagte mit der Öffnung des Grabes bezwecken wollte?«

»Nein«, antwortete die Frau, »der muss verrückt sein.«

Daraufhin wandte sich der Richter direkt an Juan Martinez: »Und was haben Sie dazu zu sagen?«

Doch der alte Mann presste weiter die Lippen zusammen und ließ sich nicht in der Betrachtung des Bildes über den gekreuzten Flaggen an der Wand stören.

Seniora Sanchez drehte sich um und suchte sich einen Platz unter den Zuhörern, nicht ohne im Vorbeigehen dem Angeklagten einen bösen Blick zuzuwerfen.

Der alte Juan erinnerte sich daran, dass er nur ungern in die Kirche gegangen war. Natürlich war er getauft worden, aber solange ihm die alten Götter gegenwärtiger waren als der Christengott, blieben ihm die Kirche und alles, was dort gesprochen wurde, fremd.

Da war der Maisgott, von dem ihm seine Mutter erzählt hatte und dem sie alljährlich an den heiligen Plätzen Blumenopfer darbrachte, da waren die Götter des Regens und des Windes, die ihnen die Wolken schickten und die Feuchtigkeit, ohne die der Mais vertrocknen würde. Da war der allmächtige und oft unbarmherzige Sonnengott, der jeden Morgen am Himmelsberg hochstieg und am Abend im Westen wieder herunterglitt, und nicht zuletzt jenes halbgöttliche Wesen, das sie die »Gefiederte Schlange« nannten, und auf das sie warteten, bis es aus dem Osten über das große Wasser käme, um alle Indianer von ihrem Elend zu erlösen. So hatten es ihm seine Eltern erzählt, die hatten es wieder von ihren Eltern gehört. So war es weitergegeben worden von Generation zu Generation.

»Senior Enrique Fuentes!«

As der Messner den Saal betrat und an dem Angeklagten vorbeiging, blickte er schnell zu ihm hinüber. Dem Richter kam es so vor, als husche ein Schein des Erkennens über sein Gesicht, doch er führte es auf das Zusammentreffen zurück und schenkte ihm weiter keine Beachtung. Es stellte sich schnell heraus, dass Enrique Fuentes noch nicht lange als Messner in der Kirche Santa Maria Immaculata beschäftigt wurde. Er hatte diese Stelle durch einen entfernten Verwandten erhalten und war glücklich darüber, denn das war eine leichte und angenehme Arbeit und er kam mit seinem Verdienst gut aus, ganz im Gegenteil zu dem, was er vorher alles gemacht hatte.

»Was war das?«, fragte ihn der Gerichtsvorsitzende.

»Ich war Mitarbeiter in einer Kommission, die alte Tempelanlagen erforschte.« Das war zwar etwas übertrieben, denn alles, was er getan hatte, war Erde und Steine wegzuräumen. Doch das ging das Gericht nichts an.

»Berichten Sie von dem Vorfall, über den hier verhandelt wird!«, forderte ihn der Richter auf und die Zuhörer vernahmen zum zweiten Mal die Geschichte, wie der Indio ohne ersichtlichen Grund in der Kirche Santa Maria Immaculata ein Grab geöffnet und die Ruhe eines Toten gestört hatte.

»Können Sie sich vorstellen, warum der Angeklagte das getan hatte?«

Doch Enrique Fuentes schüttelte nur den Kopf. »Nein.«

Daraufhin stellte der Richter ihm eine Frage, die er nach einem Blick auf seine Uhr gleich wieder bereute. »Sind Sie dem Angeklagten früher schon einmal begegnet?«, fragte er.

»Allerdings«, antwortete der Messner. »Er war bei denselben Ausgrabungen beschäftigt wie ich. Doch nach einem merkwürdigen Vorfall verschwand er und tauchte nie wieder auf.«

»War er damals schon stumm?«, wollte der Richter wissen und fuhr dann, ohne auf eine Antwort zu warten, fort: »Was war das für ein Vorfall?«

»Wir hatten beim Wegräumen von Sand und Geröll am Tempelboden eine Art Öffnung entdeckt«, erzählte der Messner. »Es stellte sich rasch heraus, dass sie das Ende einer schmalen verschütteten Treppe war. Am Fuß dieser Treppe versperrte uns eine Steinplatte den Weg, hinter der sich ein kleiner Raum befand. Juan war dabei, als unsere Fackeln einen Sarkophag beleuchteten, der von einer Jaguarstatue bewacht wurde. Man nahm sofort an, dass dies das Grab eines alten Priesterkönigs sei und vermutete, dass in ihm Gold und Juwelen vergraben seien.« Senior Fuentes schwieg eine Weile und fuhr dann fort: »Da es schon gegen Abend ging, beschloss man, eine Wache aufzustellen und das Grab erst am nächsten Tag zu öffnen ...«

»Fassen Sie sich kurz«, unterbrach der Gerichtsvorsitzende den umständlichen Bericht des Zeugen.

»Der Rest ist schnell erzählt«, erwiderte der. »Juan hatte die letzte Wache übernommen und dabei muss er den Verstand verloren haben. Einige von uns vermuteten, dass ihm der Geist des Toten erschienen sei, andere meinten, er habe sich in Erwartung einer Sonderprämie betrunken. Tatsache ist, dass während der Nacht irgendjemand die Treppe wieder zugeschüttet hatte und dass auf dem Schuttberg eine rote Hibiskusblüte lag. Am darauffolgenden Morgen erschien Juan Martinez nicht bei der Arbeit.«

»Und was geschah dann?«

»Wir haben den Schutt wieder weggeräumt und den Sarkophag geöffnet. Und nachdem wir alles, was wir dort fanden – Gerätschaften aus Jade und Obsidian – verpackt hatten, weil es in ein Museum geschickt werden sollte, haben wir unsere Sonderprämie kassiert.«

»Gracias«, sagte der Richter. »Sie können gehen.«

Während der Messner vernommen wurde, ging der alte Juan im Geiste spazieren. Er wanderte auf dem steinigen Weg in die Wüste zurück und erinnerte sich daran, dass sich alle Indios erzählten, ihre Vorväter hätten die Schätze mit ins Grab bekommen, damit sie auch im Jenseits würdig auftreten könnten. Mit diesen Gedanken folgte er dem Pfad, als neben ihm ein Staubwirbel hochstieg. Der Staub breitete sich wie Nebel vor seinen Augen aus und die mit hoch aufragenden Kakteen bewachsene Umgebung verschwand hinter einem Schleier aus Sand, der ihm in die Lunge drang und einen heftigen Hustenanfall auslöste. Dieser Anfall brachte ihn in die Wirklichkeit zurück.

»Nachdem der Angeklagte von keinem Anwalt vertreten wird«,

sagte der Richter gerade, »entfallen die Plädoyers. Ich schreite also zur Urteilsverkündung.« Er setzte sich sein Barett auf den Kopf, das während der Verhandlung neben ihm gelegen hatte, und erhob sich.

Die beiden Polizisten knufften den alten Indio wieder in die Seiten, der daraufhin auch aufstand. Die meisten Zuschauer waren inzwischen vor der Hitze geflüchtet, aber Enrique Fuentes und Maria Sanchez waren noch da.

»Da kein Zweifel an der Tat besteht, deren der Angeklagte beschuldigt wird, erhält er mit Rücksicht auf sein hohes Alter die Mindeststrafe für sein Vergehen. Diese, vom Gesetz vorgesehene Strafe für Grabschändung beträgt vier Monate Zwangsarbeit.« Erleichtert seufzend schob der Richter die Akten in seine Mappe.

Während die beiden Polizisten den alten Mann aus dem Gerichtssaal führten, zischelte Seniora Sanchez Enrique Fuentes zu: »Was bedeutet diese Strafe für ihn?«

»Vier Monate Arbeit in einem Steinbruch«, antwortete der. »Vier Monate Hitze. Vier Monate Staub. Was er wohl kaum überleben wird.«

»Wenn man's genau nimmt«, sagte Maria Sanchez nachdenklich, »war die Arbeit bei den Ausgrabungen, für die er bezahlt wurde, nichts anderes als die Tat in der Kirche, für die er nun eine Strafe bekommt.«

Es war einmal in Ecuador (1981)

Es war einmal in Ecuador am Rio Napo auf einem hölzernen Schiff, das seinen Namen nach einem der ersten spanischen Entdecker erhalten hatte: Francisco de Orellana.

Außer der Frau waren noch sechs weitere Passagiere an Bord. Ein amerikanisches Ehepaar, das Vögel beobachten wollte und eine ecuadorianische Familie. Tagsüber fuhren zwei Besatzungsmitglieder mit den Gästen in einem Kanu durch die Altwasser des Napo.

Es war sehr heiß unter den Blättern der Bäume. Über dem Wasser waberte die Hitze. Der schwere süße Duft mischte sich mit dem Geruch nach Fäulnis und modrigem Wasser. Schillernde Falter, smaragdgrün gestreift mit riesigen kobaltblauen, schwarz eingefassten Flügeln, die man weit mit den Augen verfolgen konnte, flatterten über die dunkle Oberfläche, spielten miteinander, ließen sich ab und zu auf einem Ast nieder und ruhten sich aus.

»Morphofalter«, flüsterte die Amerikanerin ihrem Mann zu. »Sehen sie nicht aus wie fliegende Edelsteine?«

Bunte Vögel, schwarz mit gelbem Bauch und gelben Flecken auf den Flügeln, durchquerten das Gewässer vor dem Bug des Kanus von Ufer zu Ufer. Andere wichen ihnen aus, ebenfalls schwarz mit rotem Kopf und weißer Haube, türkisgrüne und weiße, braungelbe mit langen Schnäbeln. Dann auf einem kleinen Weiher mitten im Wald torkelten Schopfhühner zwischen den Ästen herum. Die Jungen hatten Krallen an den Füßen, um besser damit klettern zu können. Aus dem Schilf am Rand ragte ein schlanker, rot befiederter Vogelkopf, ein langer Hals auf braunem Körper. Ein grauer Eisvogel zischte übers Wasser, blaugrau mit weißem Halsring, dann ein Kardinal, rotschwarz mit weißer Brust, die alle an dieser sumpfigen Lagune lebten. Die Frau erinnerte das alles an die Bilder von Henri Rousseau, Blätter, dick und fleischig und dann wieder fein wie Nadeln, lanzettförmig, dazwischen ein toter Ast. Überbordende Vegetation. Eine fantastische grüne Welt.

Dazwischen die Schmetterlinge, Vögel oder eine Blüte und Grün in allen Variationen.

Man lief durch das Laub, das dem Boden neue Nahrung gab. Eine große Schnecke kreuzte den Pfad, braun gesprenkelt wie die toten Blätter. Achatea Achatea.

In den Wipfeln der riesigen Kapokbäume wuchsen Bromelien, aufrecht stehende rosafarbene Blütendolden. Es war eine Welt für sich dort oben, kleine Gärten in jeder Astgabel. Zwischen den dicken Brettwurzeln wucherten wilde Bananen neben Fächerpalmen und Balsabäumen, aus denen die Leute früher Flöße gebaut hatten, weil das Holz so besonders leicht ist. Auch südamerikanische Eichen. Das Wasser war immer noch dunkel, fast schwarz. Lianen und Luftwurzeln hingen hinein. Tote Bäume schufen Hohlräume, in denen Vögel brüteten. Wo das Ufer begann, war nicht genau erkennbar. In lang herunterhängenden Säckchen schaukelten Wespennester an den Ästen. Wenn sich Zikaden dort niedergelassen hatten, gaben sie bei dem geringsten Verdacht auf Gefahr Töne von sich, die der Frau wie eine Kompanie vorbeimarschierender Soldaten vorkamen. Nach wenigen Minuten ebbte der Chor wieder ab und verstummte. Der Rhythmus der Zikadenmusik begleitete den Urwaldgänger immerzu. Es wurde ziemlich düster. Nur dort, wo ein Baum umgestürzt war, drang etwas Licht bis zum Wasser durch. Eine kleine Schlange hing von einem Ast. Hinter ihr wucherte ein dünner Zweig mit gelbroten Orchideen.

Ab und zu sprang ein Fisch aus dem Wasser. Später, beim Bad in einer kleinen Bucht, machte sich die Bootsbesatzung einen Spaß daraus, Köder ins Wasser zu werfen, woraufhin zahlreiche Fische aus dem Wasser sprangen. Sie schnappten und hüpften und in Sekunden waren alle Köder verschluckt. Piranhas. Ein Junge fing einen von ihnen. Die bösen Augen des Piranhas verwünschten die Welt um ihn herum, während er starb. Schon halb tot, biss er in ein Blatt und riss ein großes Loch hinein. Sein Bauch war blutrot.

Einer der Männer schlug seine Machete in einen Baumstamm. Die Wunde blutete wie bei einem Menschen. Die Frau erschrak. War der Baum verwünscht? Warum blutete er? War er ein verwünschtes Lebewesen? Mensch oder Tier? Der Wald war geheimnisvoll, unerklärbar. Der Überlebenskampf endete meistens mit dem Tod eines der Kontrahenten.

Die Wetterstimmungen über dem Fluss wechselten ständig. Klar war es nur selten, halb bedeckt meistens. In der Ferne drohten dunkle Gewitterwolken. Kam der Regen, dann sah man ihn von einer erhöhten Stelle aus schon von Weitem. Der Wald verschwand dann Schicht für Schicht in Dunst und Regenschauern. Sie verfolgten das Boot und manchmal kamen sie ihm auch entgegen. Dann fielen die ersten schweren Tropfen und gleich darauf schüttete es wie aus Kübeln. Wasser, dem nichts standhielt, das seitlich über die Plane auf den Sitz rann, sich am Boden des Bootes sammelte und über die Füße schwappte. Die im Allgemeinen glatte Wasseroberfläche, nur von kleinen Wirbeln gekräuselt, wurde von den Tropfen aufgewühlt und wellig. Meistens ging es schnell vorbei. Wenn das Wasser anstieg, erschienen Schaumkronen auf seiner Oberfläche, das bedeutete, dass die schwache Strömung den Staub an seinen Rändern wegspülte.

Raubvögel kreisten über dem Wald, riesige schwarze Vögel mit gezackten Flügeln. Ein weißer Ibis hockte am Ufer. Über das Wasser huschten Schwalben. Der Nebel hob sich nur langsam. Bunte rotköpfige Spechte saßen auf einem toten Ast und hämmerten auf ihn ein. Ein gelbschnäbliger Tukan vertrieb sie. Dann ragten auf einmal zahlreiche tote Bäume aus dem Wasser, abgestorben bei der letzten Überschwemmung. Die Strömung bewegte ab und zu einen Stamm, der unter Wasser dahintrieb und das sah so aus, als ob ein Urwelttier an Land zu kommen versuchte. Die Bäume ragten wie Totengerippe aus dem Nebel. Der hob sich ungleichmäßig in Schwaden, blieb eine Weile in den Ästen hängen und löste sich dann ganz auf. Der Fluss führte Flachwasser. Der Bootsführer musste auf den Nebel, die Sandbänke und die Strömung achten. Manche Wirbel zeigten ihm, wo sich ein Baumstamm unter der Oberfläche verbarg. Er folgte den Biegungen, hielt sich an das Steilufer und querte über den Fluss, wenn der eine Kurve machte. Ab und zu bockte das Boot, schleifte über den Grund und wenn es ein Kanu mit Außenbordmotor war, musste der Bootsführer diesen aus dem Wasser heben. Es war fein gemahlener Vulkansand, den er hochwirbelte.

Hoch in den Bäumen hockte eine Gruppe Affen. Sie hielten sich an ihren langen Schwänzen fest und angelten nach Blättern. Ihre wolligen runden Gesichter starrten das Kanu und seine Insassen an. Kopfunter hingen sie, schwangen sich zum nächsten Ast, ergriffen ihn, packten ihn mit dem Schwanz, ließen ihn wieder los und liefen ein Stück auf ihm entlang. Wollaffen. Hier in der Nähe des Hauptstroms flatterten Horden von bunten Papageien, paarweise nebeneinander fliegend. Eine Libelle mit glasklaren Flügen, auf denen sich große gelbe Punkte befanden, schwirrte vorbei und ließ sich auf einer Blüte nieder, vibrierte, zitterte, schien auf etwas zu warten und flog weiter. Wieder ertönte das Konzert der Zikaden, kam näher, schlug fast über dem Kanu zusammen und schwächte sich ab. Dazwischen erklangen Vogelrufe, kreischten die Papageien, gluckernd, hoch anfangend, ein oder zwei tiefe Töne und hoch wieder endend im Tempo staccato, sich gegenseitig verständigend und von Baum zu Baum springend.

Wie schwere Tropfen plumpsten Käfer von den Blättern der Bäume. Manche Sträucher trugen leuchtend indigoblaue Beeren, an anderen wuchsen gelbe Blüten direkt aus dem Stamm. Viele Stämme wurden von Feigen als Kletterbäume benutzt. Schraubenartig strebten sie nach oben, dem Licht zu, das sie so notwendig brauchten. Dann gaben auf einmal die Wolken den Blick auf einen Vulkan in der Ferne frei, der das ganze Gebiet, den großen Fluss und den ihn umgebenden Wald beherrschte.

Es war einmal auf den Galapagosinseln (1981)

Es war einmal eine Insel inmitten von vielen anderen Inseln. Sie alle waren von den frühen Seefahrern »Verwunschene Inseln«, »Las Encantadas«, genannt worden, weil sich die Meeresströmung um sie herum immer wieder veränderte, mal kalt war oder warm. Aus diesem Grunde glaubten die meisten Kapitäne, diese Inseln seien verzaubert und daher in der Lage, immerzu ihren Standort zu wechseln. Niemals fände man sie an der gleichen Stelle. Später wurde ihnen der Name »Galapagosinseln« gegeben, weil dort zahlreiche auffallend große Schildkröten lebten.

Alle diese Inseln hatten etwas gemeinsam, und das war ein Vulkan in ihrer Mitte, umgeben von einer aus Lavasteinen und Sand bestehenden Einöde. Wind, Wellen und Vögel brachten in vielen hundert, vielleicht auch tausend Jahren Samen vom Festland herüber. Aus ihnen keimten zuerst Kakteen, dann Palmen, stacheliges Gestrüpp und andere Pflanzen. Es gab auch keine Quellen.

Eine dieser Inseln hieß Floreana.

Es war einmal, dass die Frau zusammen mit ihrem Freund auf einer kleinen Motorjacht in einer Bucht ankerte, die auf allen Seekarten als »Postoffice Bay« bezeichnet wurde, weil sich dort nichts anderes als ein großer Briefkasten befand. Die Frau und ihr Freund wurden von zwei Bootsmännern und einem einheimischen Biologen begleitet, denn ohne Biologen durfte niemand an Land gehen. So bestimmte es das Gesetz. Nur der Briefkasten befand sich dort, kein anderes Haus.

Eigentlich war der Briefkasten ursprünglich keine Kiste, sondern eine alte Tonne gewesen, mit einem ganz gewöhnlichen Deckel, der den Inhalt vor Regen schützen sollte. Doch als die Tonne auseinandergefallen war, wurde sie durch Pfosten und kleine Kästen ersetzt. Seit Ende des 16. Jahrhunderts war diese Stelle vielen Kapitänen als eine Art Postamt bekannt. Die Pfosten waren von zahlreichen Brettern, Brettchen, Tierschädeln und Knochen bedeckt, auf denen die Seefahrer die Namen ihrer Schiffe gekritzelt, gekratzt und gemalt hatten, um zu beweisen, dass sie irgendwann einmal in dieser Bucht mit ihrem Schiff geankert hatten. Der Inhalt der Kästen bestand aus Briefen und Karten. Die Absender hofften, dass ein anderer Seefahrer, der nach ihnen hierherkam, die Briefe weiterbefördern oder eine Briefmarke auf sie kleben und in den nächsten Postkasten auf dem Festland werfen würde, damit ihre Lieben daheim erführen, dass sie noch lebten.

Nachdem der Mann und die Frau an Land gegangen waren, durchwühlten sie die Kästen und zogen einige Karten heraus. Sie lasen die Adressen und das, was der Absender dem Empfänger mitteilen wollte. »Ich liebe dich«, lasen sie, und »Ich denke an Dich!« »Wir sind gut auf Floreana angekommen und unser nächstes Ziel sind die Osterinseln, das Wetter ist stürmisch« und so weiter und so weiter. Fast alles waren banale Postkartengrüße.

»Heute kommen fast nur noch Touristen hierher«, erklärte der Biologe, der die Frau und den Freund an Land begleitet hatte. »Früher war das anders. Da waren die Walfänger oft jahrelang unterwegs und viele von ihnen kamen auch nie mehr heim, weil ihr Schiff in einem Sturm untergegangen war. Dann war die Nachricht, die sie hier hinterlassen hatten, ihr letztes Lebenszeichen.«

»Und niemand kam auf die Idee, hierzubleiben und das Land urbar zu machen?«, fragte die Frau.

»Schauen Sie sich doch um, was wollen Sie hier anpflanzen? Es ist fast alles Wüste«, erwiderte der Biologe. »Von Sand und Steinen kann niemand leben, Wasser gibt's auch nicht. Nur das, was sich in den Zisternen sammelt.«

»Aber von Fischen kann man leben«, gab die Frau zu bedenken.

»Ja, auch von Schildkröten. Heute ist das sowieso alles anders.«

»Was ist anders?«, mischte sich ihr Freund in das Gespräch.

»Heute hat sich in der Mitte der Insel, dort, wo es mehr fruchtbare Erde gibt, ein Farmer niedergelassen«, erklärte ihnen der Biologe. »Und es gibt natürlich jede Menge Touristen.«

»Aber irgendeiner muss doch den Anfang gemacht haben?«

»Der erste Siedler auf dieser Insel soll ein Ire namens Patrik Watson gewesen sein. Ein schrecklicher Mensch. Er war von seinem Schiff desertiert und hatte sich als Einsiedler in der Nähe der Postoffice Bay niedergelassen. Irgendein Kapitän hatte behauptet, es sei nicht die Insel Floreana, sondern die weiter südlich gelegene Insel Española gewesen, aber die meisten anderen beteuerten, es könne nur hier gewesen sein. Man fand nämlich eine Lavahöhle in der Nähe des Briefkastens, die Anzeichen dafür aufwies, dass hier einmal jemand gewohnt haben musste. Dieser frühe Siedler habe hier teuflischere Gebräuche eingeführt, als sie bei den Kannibalenstämmen in der Nachbarschaft anzutreffen gewesen waren, sagt man. Der Schriftsteller Melville, der erst einige Jahrzehnte später die Galapagosinseln besuchte und ihn auch nur aus den Erzählungen der Walfischfänger kannte, beschreibt ihn als plump und gedrungen. Sein Gesicht sei verzerrt gewesen. Haare und Bart ungeschoren, üppig und von feurigem Rot. Er habe auf der einzigen, nicht ausgedörrten Stelle der Insel Kartoffeln, Gemüse, Kürbisse und Tabak angebaut, die er zum größten Teil bei den vorüberfahrenden Seeleuten gegen Branntwein und Dollars eintauschte. Oberlus soll sein Name gewesen sein und als er irgendwann einmal in den Besitz einer alten Muskete kam, fühlte er sich wie ein König. Doch er war ein König ohne Untertanen. Im Lauf der Zeit gelang es ihm, mehrere unvorsichtige Seeleute betrunken zu machen, zu fesseln und unter seine Herrschaft zu bringen. Er behandelte sie wie Sklaven. Eines Tages stahl er einem Walfänger ein Beiboot und segelte mit den gefesselten Männern in Richtung Festland los. Doch er kam allein in Ecuador an. Seine Gefährten waren unterwegs verdurstet, weil er vergessen hatte, genügend Wasser mitzunehmen.«

Die Frau und ihr Freund hatten sich unweit der Pfosten auf einem Stein niedergelassen. Dabei hatten sie einen Fregattvogel aufgescheucht und beobachtet, wie er mit seinem leuchtend roten Kehlsack einem Blaufußtölpel einen Fisch abjagte und mit weitausgebreiteten mächtigen Schwingen über die Bucht davonsegelte.

»Fünfundzwanzig Jahre später kam der Wissenschaftler Charles Darwin auf die Encantadas«, fuhr der Biologe mit seinen Erklärungen fort. »Er studierte vor allem die vielen verschiedenen

Finken, die dort in den Büschen lebten. Sie unterschieden sich stark voneinander und Charles Darwin, der große Biologe, interessierte sich dafür, warum das so war. Nach ihm kamen immer mehr Menschen hierher, unter ihnen viele Personen, die aus dem hektischen Europa fliehen wollten und sich ein Leben als Einsiedler paradiesisch vorstellten.«

»Was waren das für Personen?«, fragte der Freund die Frau, während sie einem Schwarm über die Bucht fliegender Möwen mit den Augen folgte.

»Komische Leute, Spinner, Neurotiker, Kriminelle, Schmuggler, Deserteure, denen die Arbeit auf ihrem Schiff zu anstrengend war und viele andere.«

»Ich dachte immer, dass es nur Menschen waren, die sich für die hier lebenden Tiere interessierten.«

»Touristen«, sagte der Freund.

»Nein, nein«, widersprach der Biologe.

Die Frau erinnerte sich daran, dass es ihr wie ein Wunder erschien, wie zahm die Tiere hier waren. Der kleine rote Vogel fiel ihr wieder ein, den sie bei einem Ausflug zu den Elefantenschildkröten auf einer anderen Insel beobachtet hatte. Er war ganz nah an sie herangekommen und auf den Zweigen vor ihr immer hin und her gehüpft, hatte sich ihr auf die Schulter gesetzt und war so zutraulich gewesen, dass sie den Verdacht hatte, er sei von Menschen aufgezogen worden.

»Das ist ein Rubintyrann«, hatte ihr der Biologe erklärt. »Die Tiere hier kennen nichts Böses.«

In der Nacht hatte die Frau lange wach gelegen und sich gefragt, ob auf diesen Inseln noch die gleichen Verhältnisse wie im Paradies vor dem Sündenfall herrschten? Auch die Echsen auf den Steinen am Strand, die Seelöwen und die vielen auf ihren Eiern sitzenden Blaufußtölpel waren nicht vor ihnen geflüchtet.

Ich habe Hunger, dachte die Frau, als sie so zwischen ihrem Freund und dem Biologen am Strand der Insel Floreana hockte und dann überlegte sie noch, warum diese Inseln wohl so viele Sonderlinge angezogen hatte, Spinner, Psychopaten und Räuber.

Doch ihr Führer ließ sich nicht stören, sondern setzte seinen Bericht fort, so als ob er ihn auswendig gelernt hätte.

»Am Ende der zwanziger Jahre landete dann ein Berliner Zahnarzt mit seiner Lebensgefährtin hier in der Postoffice Bay. Beide hatten sich alle Zähne ziehen lassen und durch ein Stahlgebiss ersetzt. Davon hatte die Presse erfahren und alles bekannt gemacht. Der Zahnarzt gefiel sich in seiner Rolle als Eremit, er war ein Eigenbrötler, wollte viel allein sein und meditieren. Doch daraus sollte nichts werden, denn drei Jahre später ankerte eine Jacht in der Bucht, die seine Ruhe gewaltig störte. An Bord befanden sich eine Frau und zwei Männer. Die Frau war eine Adlige, eine Baronin. Sie muss gut ausgesehen haben. Die Männer waren ihre Freunde. Sie fanden Gefallen an der Bucht und beschlossen, sich in der Nähe des Zahnarztes und seiner Frau niederzulassen. Diesem gefiel das überhaupt nicht. Er fühlte sich in seiner Eremitage gestört und fürchtete auch um die Einnahmen an Konserven und anderen Geschenken, die ihm von reichen amerikanischen Touristen mitgebracht wurden. Die tollsten Gerüchte wie die, dass eine Frau sich zur Königin von Floreana erhoben hätte und mit einer Schar mutiger Männer Ecuador bekriege, geisterten kurze Zeit durch die Zeitungen. Wahr daran ist nur, dass die Baronin ziemlich eifersüchtig und tyrannisch die Insel zu beherrschen versuchte. Unwillkommene Besucher verjagte sie. Einmal schoss sie einen Dänen an und ein schiffbrüchiges junges Ehepaar trieb sie mit ihrem Rettungsboot wieder auf See zurück. Der stärkere ihrer beiden Verehrer unterdrückte den Schwächeren.

Eines Tages verschwanden die Baronin und der stärkere der beiden Verehrer auf geheimnisvolle Weise. Der Schwächere, den man allein in ihrer Hütte vorfand, sagte, die beiden wären mit einer Jacht davongesegelt. Einige andere Inselbewohner gaben an, sie hätten diese Jacht planlos zwischen den Inseln kreuzen sehen. Andere vermuteten, der Zurückgebliebene habe sich der beiden entledigt, was auch immer das heißen mochte. Er bat, von der Insel fortgebracht zu werden. Ein Norweger nahm ihn mit. Vier Monate später fand ein Fischer die beiden als mumifizierte Leichen am Strand der Insel

Marchena. Niemand erfuhr jemals, was passiert war. Der Zahnarzt schrieb allerdings kurz nach dem Vorfall in einem Brief an einen mit ihm befreundeten Kapitän, er habe ihm etwas mitzuteilen, was er dem Brief nicht anvertrauen wolle. Doch am Tag vor der Ankunft dieses Freundes starb er an einer Fischvergiftung. Was aus seiner Frau geworden war, wusste niemand. Aus dieser Geschichte machte die Weltpresse einen Skandal, doch sie stand nur beispielhaft für andere Einwanderer, die auf Galapagos ihr Glück gesucht, es aber nicht gefunden hatten.«

Damit endete der Bericht des Biologen.

Ein sanfter Wind war aufgekommen. Er rieb die Blätter in den Büschen aneinander und kräuselte die Wellen in der Bucht. Die kleine Motorjacht der Besucher schaukelte auf dem Wasser und drehte sich um die Ankerkette. Die Frau war eingeschlafen.

Es war einmal in der Sahara (1982)

Es war einmal in der Wüste nördlich von Agadez im Air Gebirge. Die Frau hatte sich mit einer Freundin zu einem Ritt auf Kamelen verabredet, einem Ritt am Rand der Sahara, nur von Tuareg begleitet, und sie erinnerte sich später an alles das, was geblieben ist: Hitze, Wüste, Berge, viel Sand und Stille, das Schnaufen der Kamele oder das Knarren des Sattels und das Schleifen und Knirschen der Hufe auf dem Boden. Nachts leuchteten die Sterne anders als sie es gewöhnt war, der Himmel war heller, weiter und klarer bis zum Horizont. »Das über der Wüste liegende Schweigen ist unumschränkt wie der Raum«, sagte Albert Camus. Die Berge waren dunkel, wie Bollwerke, und mittags im Hitzenebel nur noch als Schattenrisse erkennbar. Die Entfernungen schienen sich mit der Tageszeit zu verändern. Auf der Suche nach einem Shangri-La war die Wüste eine gute Möglichkeit, es zu finden.

Am Flughafen von Niamey hockten verschleierte Männer auf dem Boden. Verschleiert bis hoch zu den Augen, mit weißen, schwarzen oder hellblauen Schechs, viele Meter Stoff um sich herum drapiert, kochten sie Tee auf kleinen Gaskochern, unberührt von der Hektik des Flughafenbetriebs, der Lautsprecherstimme, zwischen Touristen, hektisch umherlaufendem Flughafenpersonal und den Trägern, die alle fremden Fluggäste, weil sie die Sprache nicht verstanden, mit den Augen baten, Koffer und Taschen tragen zu dürfen.

Weiterflug nach Agadez in einer kleinen Maschine über Savannen, unterbrochen von Oasen und mit Hirsefeldern umgebenen Rundhütten. Ab und zu blinkte ein Wasserspiegel auf und Ziegen drängelten sich um ein dunkles Brunnenloch. Unberührt vom Elend oder auch der Zufriedenheit der Menschen flog das Flugzeug über sie hinweg und weiter über kleine Dornbuschwäldchen und kostbare Salinen, die Währung der Wüstenvölker.

Staub empfing die Passagiere und scharf kontrollierende Polizei. Alles wurde durchwühlt. Kein Argument half dagegen. Bis auf den Grund der Taschen tasteten und wühlten fremde Hände auf der Suche nach Waffen, Rauschgift oder Sprengstoff.

Agadez ist eine Wüstenstadt. Sie besteht fast nur aus braunen Lehmhäusern, fast ohne Fenster, abweisend nach außen. Das Minarett der Moschee, ihr Wahrzeichen, ist konisch gebaut, mit igelartig herausstehenden Holzbalken. Alles war braunrot, staubig auch das Hotel de l'Air, die Zufluchtsstätte vieler Saharadurchquerer, die sich wie der große Dichter Hemingway vorkommend, im Innenhof mit dem Whiskyglas in der Hand, gegenseitig den großen Einsamen vorspielten.

Auf dem Markt hockten in den mit Planen abgedeckten Buden Stoffverkäufer und Schneider, Händler, die Kochgeschirre verkauften, Plastikkanister, Eimer, Töpfe, dazwischen hübsch geformte Teekannen aus Email, Kamelsattelhersteller und Waffenhändler hinter Tischen voller Schwerter, die sie »Takubas« nennen, Dolche, aus Leder gearbeitete Amulette, in denen Koransprüche aufbewahrt wurden. Viele Marktbesucher trugen zehn und mehr Amulette um den Hals. Ab und zu lief ein Mann hinter den Touristen her und bot ihnen Silberkreuze an oder silberne Gazellen, schön, archaisch geschmiedet, hergestellt aus eingeschmolzenen Maria-Theresia-Talern. Dann wieder begegneten den Frauen seltsame Gestalten, hochgewachsene schlanke Männer, mit chinesisch anmutenden schwarzen Strohhüten auf dem Kopf, einer Takuba an der Seite, und in dunkle, gewickelte Hosen gewandet, die an große Babywindeln erinnern. Sie weckten in ihnen die Vorstellung an Räuber, wild gesetzlos, frei. Im Hotel erklärte ihnen später jemand, es seien Bororos, nomadisierende Fulbe.

Es war heiß in den Budenstraßen. Das Licht flimmerte, brannte, trocknete aus und dann überfiel die Frau plötzlich das Gefühl, unbedingt etwas trinken zu müssen. Die Zunge klebte am Gaumen. Am Rand des Marktes fand sie einen Getränkehändler, nestelte ihren Geldbeutel heraus und legte eine Münze auf den Tisch. Sie konnte es kaum erwarten, bis der Händler den Verschluss geöffnet hatte. Dann trank sie und trank ...

Sie bestellten sich bei einem Schneider Pluderhosen, hellblau ohne

Stickereien mit Gummizügen in der Taille und an den Beinen und bekamen sie pünktlich eine Stunde später ins Hotel geliefert. Die Hitze – 41 Grad Celsius im Schatten – setzte ihnen mehr zu, als sie erwartet hatten. Der Wind war heiß und trocken. Sie hatten keinen Hunger, nur Durst, Durst, Durst …

Das erste Lager war in einem Flussbett aufgestellt worden. Noch war die Gruppe beieinander. Einundzwanzig wollten mit Jeeps die Ténéré durchqueren, sieben eine Woche am Nordrand des Air Gebirges reiten. Mano Dayak, der legendäre Anführer der Tuareg, hatte alles organisiert. Er hatte vor, den größeren Teil der Gruppe zu begleiten.

Es war laut. Das Lager war umgeben von Geländewagen, heiß und verstaubt. Der pausenlose Wind verursachte Kopfweh. Geschlafen wurde in Zelten. Zwischen ihnen Tamariskenbüsche und großblättrige Wolfsmilchgewächse.

Am anderen Morgen war es frisch und alle hatten sich erholt. Der Wind hatte sich wieder gelegt. Irgendwo hinter den Stauden knarrte ein Brunnen. Ein Bauer zerrte eine magere Kuh an einem Strick hin und her. Das Seil führte über ein Holzrad in die Tiefe und beförderte einen dunklen, mit Wasser gefüllten Beutel aus Ziegenleder nach oben. Der Bauer entleerte ihn in eine Holzrinne. Das Wasser lief in einen Graben und von dort aus in die Furche eines Maisfelds.

Nach dem Frühstück, Aufbruch. Die Gruppen trennten sich. Die beiden Frauen und die fünf anderen Personen mit zwei schon etwas älteren Landrovern. Die Piste durch die Air Berge bestand aus einer, von vielen Ziegenpfaden durchkreuzten Fahrspur. Ausgewaschene Furchen, Steinplatten, Schotter und an den Seiten begleitet von vielen Dornbuschakazien, großen Wolfsmilchstauden, Agaven, ab und zu ein paar große Felsen und manchmal auch eine Palme. Dann wieder nichts, nur Steine. In der Nähe von Wasserlöchern wuchsen mehr Bäume. Eine riesige Affenhorde flüchtete über die Felsen. Mit der höher steigenden Sonne wurde der Himmel fast weiß. Die Berge verschwanden gegen den Horizont im Nebel. Die Felsen glasten in der Hitze.

El Meki war ein Dorf voll fröhlicher Kinder. Sie waren offensichtlich keine Tuareg, sondern gehörten zum Stamm der Haussa. Die Hütten bestanden entweder aus über hölzerne Gestelle gelegten Bastmatten oder zu Rundhütten zusammengebundenen Grasbüscheln. Im Gebirge waren keine Lehmhäuser zu sehen. Um Ziegel herzustellen, braucht man viel Wasser. Auf einem kleinen Markt wurden Säcke voll Mais und Hirse verkauft und auf dem Boden ausgebreitete Feldfrüchte. Die Männer hockten heftig miteinander diskutierend im Schatten, während die Frauen arbeiteten. Sie schleppten Wasser herbei, hüteten Kinder, Ziegen und kleine schwarze Schweine.

Mittagsrast im Schatten einer großen Dornbuschakazie.

Assodé war eine Ruinenstadt. Viele Ruinenstädte sind sich ähnlich. Ob die Menschen durch eine versiegende Quelle gezwungen worden waren, die Stadt zu verlassen oder ein Krieg ihre Häuser zerstört hatte, vielleicht auch ein Erdbeben, wusste niemand. Da die Häuser aus den Steinen der Umgebung errichtet werden, fallen sie nach einer gewissen Zeit einfach in sich zusammen, verlieren Farbe und werden schon bald wieder dem Erdboden gleich.

Erosion, Wind, Regen, Hitze und ab und zu auch Regen formen die Berge zu grotesken Gebilden. Einer sieht aus wie ein Kamelsattel mit Rückenlehne und Haltegriff. Das Joch ist die Sitzfläche. Der Doppelgipfel ist eine bekannte Wegmarke. Die Frau hatte seinen Namen vergessen. Vulkane waren sie alle.

Um einen Brunnen, bestehend aus einem tiefen, mit zwei dürren Ästen abgedeckten Loch, scharten sich halbwilde Esel und ein paar Kamele. Niemand schien sich darum zu kümmern, ob sie einen Besitzer hatten oder nicht. Eine Frau und ein Junge holten Wasser. Sie mussten oft auf geheimnisvollen, nur ihnen bekannten Pfaden in die Berge, um dort Wasserlöcher zu finden, die gutes Trinkwasser lieferten. Die sieben fremden Reiter gewöhnten sich an die Hitze. Sie machte ihnen nichts mehr aus. Sie tranken mit Wonne das kühle Wasser aus der Gerba, dem Ziegensack, der außen am Wagen hing und dessen Inhalt durch die Verdunstung stets kühl blieb. Das Wasser war rotbraun, wirkte unrein und schmeckte doch köstlich im Vergleich zum Wasser aus den Plastikkanistern, die auf den Dächern der Autos festgeschnallt waren. Die Gerba war eine neue Erfahrung für die Fremden. Die Sonne ging hinter riesigen alten Bäumen unter. Nach Osten hin wichen die Berge zurück. Dort lag die Ténéré-Wüste. Dort warteten die Kamele auf ihre neuen Reiter.

Die Frau lag auf einer Matte, um sich etwas auszuruhen. Fernes Hundegebell und das Geschwätz der Männer, die sich draußen unterhielten, vermischten sich. Der Mond stand als zunehmende Sichel am Himmel, neben ihm ein großer flimmernder Stern. Dann lag plötzlich ein Flötenlied in der Luft. Es war eine Folge von Tönen, die immer wiederholt wurden, so als rufe man Kinder heim oder Ziegen. Melodisch, einsam, traurig. Als das Lied abbrach, empfand es die Frau wie einen Verlust. Die Stille war leer. Sogar die Männer hatten aufgehört zu reden und die Hunde schwiegen für einen Moment. Die Frau trauerte dem Lied nach. Dunkelheit legte sich über das Flussbett. Eine Zeitlang standen die alten Bäume mit ihren vielen, sich wie Korallen verzweigenden Ästen noch wie Schattenbilder am Abendhimmel. Dann verschluckte die Dunkelheit auch sie. Nur die beiden Lagerfeuer spendeten noch etwas Licht. Am Rand des Lichtscheins, an der Grenze von Licht und Schatten, drückten sich einige Kinder herum und beäugten die Fremden. Einer der Begleiter forderte sie auf, näherzukommen. Er unterhielt sich mit ihnen auf Tamaschek. Sie erzählten ihm ein Märchen, das er für seine Gäste ins Französische übersetzte.

Am nächsten Tag kauften die Begleiter eine Ziege bei zwei Frauen, die mitten in der Wüste saßen und Wolle spannen. Sie banden das arme Tier auf eines der Autodächer und fuhren weiter.

Bäh, bäh!, jammerte die Ziege.

Dann kamen sie an den Treffpunkt. Das ruhige Heranziehen der Kamele hatte etwas Majestätisches. Ein Kamel zu reiten, gehört zu den Urformen der Reiterei. Ruhig und selbstbewusst lenkt der Reiter sein Tier an einem losen Strick, der durch eines von dessen Nasenlöchern gebohrt worden war. Geblöke beim Niederlegen. Der heisere Kamelschrei klang empört, manchmal aufsässig. Manche schrien überhaupt nicht und ließen nur geduldig alles über sich ergehen. Die Sättel hatten eine steile, hohe, auf ihrer Rückseite oft reich ornamentierte Lehne, einen kreuzförmigen, fast ebenso hohen und manchmal etwas nach vorne stehenden Haltegriff und eine runde, tellerförmige Sitzfläche, die durch ein gewebtes Tuch abgedeckt wurde. Wenn der Abstand von Lehne und Griff zu groß war, rutschte der Reiter vor und zurück, was unangenehme Folgen haben konnte. Daher ritten die Gäste vom zweiten Tag an auf ihren Schlafsäcken. Die Schnur, mit der das Kamel gelenkt wurde, sollte locker herunterhängen, damit das Tier seinen Kopf frei bewegen konnte. Sie ritten barfuß. Die nackten Füße im Genick des Kamels.

Wer weiß schon, dass Kamele Schwierigkeiten beim Überqueren höherer Dünen haben können? Das hieß Absteigen und führen, barfüßig durch den heißen Sand. Dabei stachen sie Cram-Crams, kleine, fast unsichtbare Stachelpflanzen, in die Fußsohlen, die sie im Weiterlaufen zu entfernen versuchten. Für die Frau waren Cram-Crams Werkzeuge der Dschinn, der Geister, um sie damit zu quälen.

Seitlich des Sattels hatte man ihrem Kamel ihr persönliches Reisegepäck aufgepackt, zusammen mit einem Vier-Liter-Kanister Wasser und einer Feldflasche. Wasser für einen Tag. Reiten in der Wüste, sobald die erste Unsicherheit überwunden, die richtige Balance gefunden war, sobald man die Persönlichkeit des Reittiers erfasst hatte, war kein Reiten mehr, sondern wurde zum Gleiten. Die parallel aufsetzenden Hufe waren kaum spürbar. Mit der Zeit vergrößerten sich die Abstände zwischen den einzelnen Reitern. Die Frau fand sich oft allein mit ihrem Kamel. Ihre Freundin blieb mit der Gruppe der anderen Reiter zurück. Sie folgte nur den Spuren der Anführer, nach ihr kam niemand. Auf einer Seite lag der Berg Adrar Tamgak, auf der anderen Dünen. Der Fuß des Bergzugs, dem sie entgegenritten, war weiß, weiße Kreidefelsen, blendend, schwebend. Ab und zu huschten Gazellen davon oder ein Strauß jagte in den Schutz einer Tamariskenhecke.

Die Begleitmannschaft bestand aus fünf Männern. Achmed war ihr Anführer. Sechs Küchenkamele wurden von zwei Männern über getrennte Wege geleitet. Man traf sie abends wieder. Sie trugen Wasser und Lebensmittel sowie Zelte, die nicht benötigt wurden. Außer Achmed war es Boum – Aldoboum, ein großer, dunkler Mann, der sich selbst als reinblütigen Targi bezeichnete. Er hatte einen runden Schädel, kurzes krauses Haar und wulstige Lippen. Er war nicht nur auffallend laut, sondern achtete sehr auf die Hierarchie unter den anderen, um die sich Achmed nicht kümmerte. Niemals sah man ihn ein Zelt aufstellen oder sonst eine untergeordnete Tätigkeit ausführen. Und später, als in langer, anstrengender Arbeit die Reifen aufgepumpt werden mussten, stand er nur daneben und passte auf. Während der Fahrt mit den Autos durchs Gebirge schnatterte und lachte er unentwegt mit den anderen, die ihn mit großem Respekt behandelten und ihm nur selten zu widersprechen schienen. Am wenigsten von ihm beeindrucken ließ sich offensichtlich Mohammed, der Koch, den sie Takajedu riefen. Sein Gesicht war grobknochig und seine Augen strahlten Güte und Warmherzigkeit aus. Wenn er grinste, zog er die breiten Lippen über einem Pferdegebiss hoch, das nicht nur seine beachtlichen goldenen Zähne, sondern auch viel rosafarbenes Zahnfleisch sehen ließ. Er bevorzugte einen flaschengrünen Schech, mit dem er während des Rittes dreiviertel seines Gesichts verdeckte. Einige Tage ritt er in einem prachtvollen, sandfarbenen Straßenanzug, dann in Sporthosen, ganz im Gegensatz zu den anderen, die die weiten, bequemen und meistens bestickten Tuareghosen allen anderen Kleidungsstücken vorzogen. Takajedu kochte vorzüglich: Reis, Hirse, Nachtisch. Man durfte ihm nur nicht zusehen, wie er es machte. Als es eines Tages Ziegenfleisch gab, wussten die Reiter, was mit der Ziege geschehen war. Abouli und Ahi waren seine Helfer. Abouli, der von den anderen »Le grand Marabout« genannt wurde, hatte vor, eine geistliche Laufbahn einzuschlagen. Er besuchte zu Hause eine Koranschule und nahm es mit den Gebetszeiten sehr genau, die ihm vorschrieben, fünfmal am Tag Allah zu preisen. Hielt die Gruppe einmal an und wurde er gerade nicht gebraucht, so lief er rasch zu einem Dornbusch und betete. In Ermangelung einer Perlenkette zeichnete er Striche in den Sand, um sich zu merken, wie viele Gebete er schon gesprochen hatte. Er hatte ein feines Gesicht, eine schmale Nase und dunkle hübsche Augen, die aus dem Faltenwurf seines Schech hervorblitzten wie Wassertropfen in der Sonne. Wer auch immer einen Fotoapparat in die Hand nahm konnte sicher sein, dass Abouli herbeieilte und sich vor ihm in Positur stellte. Er brachte den Gästen mit nie erlahmender Freundlichkeit heißes Wasser für die Bouillon zu Beginn jeder Mahlzeit, kochte Tuaregtee mit großer Sorgfalt und ertrug das ewige Abouligeschrei und die Hänseleien seiner Kollegen mit immer lächelnder und freundlicher Miene.

Der Jüngste von allen war Ahi – Abraham al Mustafa – dunkel, vielleicht fünfzehn Jahre alt. Auffallend an ihm war seine tiefe, leicht erregte Stimme, wenn er am Lagerfeuer langsame, schwermütige Lieder sang. Ahi war ein guter Reiter. Bei jeder Gelegenheit zeigte er allen, wie sicher er im Sattel saß, beim Trab, bei schnellen Wendungen. Tamtamreiter. Dauerte der Ritt länger als drei Stunden, dann verteilte er Kekse und kleine Dreieckskäse von Kamel zu Kamel. Er lachte fast immer, ausgenommen dann, wenn er zu viel Alkohol getrunken hatte. Ihn und Takajedu lachen zu hören war sehr ansteckend.

Der eigentliche Führer während des Rittes war Achmed. Niemals ließ er sich direkt ins Gesicht blicken. Er zeigte sich immer nur verschleiert und da er getrennt von den Fremden sein Essen zu sich nahm, hatten sie auch dabei keine Gelegenheit, sein Gesicht zu sehen. Bis zum Besuch des Wasserlochs von Tschoum Adeg-Adeg war sein Schech schmutzig. Dort wusch er ihn und einige der Gäste konnten ihn unverschleiert betrachten. Er sei wohl zwischen dreißig und vierzig Jahre alt, erzählten sie später. Die feine Nase zeuge von einer Berberabstammung. Die Frau, die ihn nie unverschleiert gesehen hatte, benutzte ihre Augen, um sich mit ihm zu unterhalten. Er war immer freundlich, hilfsbereit, nie grob zu seinen Kamelen, die er mit großer Sorgfalt sattelte und am Ende des Tages versorgte. Er besäße vierzig von ihnen, sei Nomade auf wechselnden Weidegründen und verwandt mit Mano Dayak, erzählte Boum. Achmed trug immer seine intensivblauen Tuareghosen, darüber einen roten, schon etwas ausgeblichenen Baumwollpullover und über Kopf und Schultern den weißen Schech. Um diesen schlang er sich oft noch einen schwarzen Schal. Er ritt ein weißes edles Kamel, an das ein zweites angebunden war. Es trug die Gerba und einen Koffer mit dem Mittagsmahl. Er lief oft zu Fuß und beherrschte die Kunst, während des Gehens aufzusitzen, ohne den Fluss der Bewegungen des Kamels zu stören. Dafür zog er den Kopf seines Reittiers mit dem Strick zur Seite, stieg ihm mit einem mächtigen Schritt in den Nacken und schwang sich in den Sattel. Wenn er zu Fuß vor der Gruppe herging, schritt er mehr, als dass er lief. Elastisch, federnd, rasch und ausdauernd. Er summte und sang fast den ganzen Tag, auch als wir zum großen Wasserloch von Tschoum Adeg-Adeg aufstiegen. Die Frau war müde und wollte nicht weiter. Eine Stunde Aufstieg über große Findlingsblöcke hatte sie erschöpft. Achmeds Versuch, sie zum Weitergehen zu bewegen, scheiterte. Aber da er das Wasser nur wenige Meter entfernt wusste und sich nicht so recht verständlich machen konnte, rief er und sang, um uns zu ermuntern. Es klang ein bisschen wie die ferne Flöte in Tintelloust und ein bisschen so, als riefe er seine Ziegen zusammen.

In der Zeit der größten Mittagshitze zwischen zwölf und drei Uhr tat es gut, sich im Schatten eines Dornbuschbaumes auszuruhen. Die Kamele wurden abgesattelt und die Matten im Rechteck um den Stamm eines Baums gelegt. Die Frau machte es den anderen nach. Sie legte sich auf den Rücken und sah in die Krone. Blutrote Prachtfinken hüpften von Ast zu Ast, flatterten näher, als wollten sie ihr in die Zehen picken, huschten davon, fanden einen Krümel steinhartes Weißbrot, flogen damit weg, kamen wieder.

Mittagshitze, die Frau dämmerte vor sich hin. Niemand sah auf die Uhr. Eine Uhr brauchte man nicht in der Wüste. Sie wurde durch die Sonne ersetzt. Die Gerba war voll Wasser. Alles Glück der Erde bedeutete das: Wüste, Mittagshitze, Schatten, frisches Gerbawasser. Abouli störte, als er den Tisch zu decken begann.

L'eau chaud! Die salzige Bouillon war wichtig für den Kreislauf. Das Sitzen auf den Matten war mühsam. Der Schatten wanderte um den Stamm. Die Matten mussten mitwandern. Außerhalb des Schattens konnte man nicht barfuß gehen, weil der Sand glühte. Große dunkle Vögel kreisten in der Luft. Irgendwo weiter hinten schrie ein Esel, halbwild oder zahm? Besitz oder Nicht-Besitz einer Nomadenfamilie?

Mittagshitze. Alle dösten, träumten und schwiegen.

Etwas später kochte Abouli einen Tuaregtee: Mit den Händen grub er eine Mulde in den Sand und mit einer Schaufel schüttete er Glut in die Mulde. Auf die Glut stellte er eine kleine emaillierte Teekanne voller Wasser. Bis es kochte, wurden Brocken von einem Zuckerhut geschlagen und kleine Gläschen in Reih und Glied aufgebaut. Der Teesack, in dem sich eine Mischung verschiedener Teesorten befand, wurde herausgekramt, überwiegend war es schwarzer und Pfefferminztee. Etwas davon kam in einen zweiten Kessel, dazu der Zucker und alles wurde mit dem heißen Wasser übergossen. Danach schenkte er ein Glas voll, probierte einen Schluck und goss alles wieder in die Teekanne zurück. Wieder kam etwas Zucker dazu. Wieder wurden die Gläser vollgefüllt, wobei er die Kanne hoch hob und den Tee von weit oben mit einem dünnen Strahl in die Gläser schüttete. Wieder goss er ihn zurück, jetzt in die zweite, die leere Kanne. Wieder und wieder dieselbe Prozedur. Und schließlich endgültig. Man konnte sich nichts Köstlicheres vorstellen, als in der Wüste heißen Tuaregtee zu schlürfen.

Während die Gruppe das tat, begann Achmed zu satteln und Takajedu die Küche zusammenzuräumen. Aufbruch, morgen würde es wieder eine Siesta geben, wieder kämen die Finken, wieder würde die Sonne durch die Äste einer Akazie glitzern und blinken, wieder würde Abouli Tuaregtee kochen.

Was suchen die Menschen in der Wüste? War es die Stille oder ein Ausruhen der überreizten Augen? War es die Möglichkeit den eigenen Gedanken zu folgen, ohne von einer Fülle an Informationen oder leerem Gerede manipuliert zu werden? Ein Abend auf der Düne war unwiederbringlich. Hinter den Bergen ging die Sonne unter. Windstöße trieben den Sand über die Dünenkante. Das flache Licht der letzten Strahlen tauchte alles in Rosa, später in Lila, dann in Düsternis. Ein Satellit zog seine Bahn über den Himmel. Auch hier gab es Maschinen. Während die anderen noch am Feuer hockten, nahm die Frau ihre Matte und den Schlafsack und ging in die Dünen. Das Lager ist zu voll, dachte sie. Die anderen reden zu viel. Es ist schön, draußen auf dem Sand zu liegen, unter dem unermesslich weiten und leuchtenden Himmel. Man bekommt einen anderen Bezug zu den Sternen, einen näheren, intimeren. Nichts zu spüren von der Verlassenheit des Weltraums. Man hat mehr davon, wenn man allein ist.

Am Brunnen Tezirzek trennte sich die Gruppe. Achmed und die anderen Begleiter zogen mit den Kamelen zurück in ihre derzeitigen Weidegebiete. Die Gäste wurden von den zwei Landrovern erwartet und fuhren über Iferouane zurück nach Agadez. Vor der Stadt trafen sie auf die Gruppe mit Mano Dayak, die von ihrer Ténéré-Durchquerung zurückkam. Sie waren mit ihren Autos dreitausend Kilometer durch die Wüste gerast, hatten die Oasen Fachi und Djado besucht, waren beim einsamen, inzwischen von einem Lkw umgefahrenen Baum der Ténéré gewesen und jetzt wieder da. Das war viel. Mit den Kamelen eine Woche durch die Wüste zu reiten, Siesta unter einem Baum zu machen, ohne Uhr, nur mit der Stille als Begleiterin, die klaren Nächte zu genießen war mehr. Die Frau stellte befriedigt fest: Sie hätte nicht tauschen wollen.

Es war ein gutes Gefühl, mehr gehabt zu haben.

Es war einmal in Sanaa (1982)

Es war einmal ein Gang durch die Altstadt von Sanaa: durch schmale, von Hochhäusern gesäumte Gassen, die mit einem weißen Muster überzogen worden waren und an Teppiche erinnerten, vorbei an kleinen sprudelnden Trinkbrunnen, bei denen man sich das Wasser direkt in den Mund sprudeln lassen konnte und alten Haustüren mit Türinschriften und Messingklopfern, erreichte die Frau schließlich den Bazar.

In zur Straße hin offenen Werkstätten wurden Stoffe angeboten, Teppiche, Körbe, Töpferwaren und vieles mehr. Die Frau bewunderte alles und ließ sich durch das »Nasrani«-Getuschel um sie herum nicht stören. Es war ihr gleich, dass man sie als Fremde oder Touristin erkannte. Viele in Burkas gehüllte Frauen begegneten ihr mit stolzen Schritten. Auch einen Laden mit Plastikwaren sah sie, einen, der nur Messer und Dschambyas verkaufte und einen Silberhändlerladen mit Frauenschmuck. Vor diesem blieb sie stehen. Der Händler verhandelte gerade mit den beiden schwarz gekleideten Frauen, denen sie vorher schon im Gedränge begegnet war. Doch als diese den Laden wieder verlassen hatten, nahm sich die Frau ein Herz und trat näher. Der Händler war ein unfreundlicher alter Mann mit einem Schnauzbart und einer prachtvollen Dschambya im Gürtel. Er hatte sich ein rotes Tuch um den Kopf geschlungen und kaute Qat. Offensichtlich war er nicht erfreut über die unverschleierte weiße Frau, die sich für den ausgestellten Schmuck interessierte.

»Salam aleikum«, begrüßte sie ihn.

»Aleikum salam«, nuschelte er zurück.

»Sprechen Sie englisch – ingles?«, erkundigte sie sich.

»A bit«, war die Antwort.

Ohne weitere Fragen wandte sich die Frau um und deutete auf ein schönes Silbergehänge. »Wie viel kostet das?«

Der Ladenbesitzer nannte eine Zahl und die Frau lächelte. Sie war sich darüber im Klaren, dass ihre weiße Hautfarbe und ihr unverschleiertes Gesicht den Preis für das Schmuckstück verdoppelt hatten. Der Händler holte es mit einer Stange von seinem Platz an der Wand und legte es auf den Tisch. Das Gehänge war schön. Aus Silberdraht war ein filigranes Muster zuerst gelegt und dann festgelötet worden. Am untersten Strang hingen einige kleine gegossene Silberösen, die bei jeder Bewegung aneinanderstießen und ein leises Klingelgeräusch von sich gaben.

Neben diesem Silbergeschmeide hing ein zweites an der Wand, bei dem mehrere Ketten in der Mitte unter einer viereckigen Platte zusammenliefen. Auch diese Kette bestand aus Silber, aufgelockert durch kleine Korallenperlen. Die Frau ließ sich noch mehrere Arm- und Fußketten zeigen und wandte sich dann den Amuletten zu. Es waren kleine, manchmal auch größere zylindrische Behälter, die zum größten Teil fest verschlossen waren. Ihr Inhalt bestand aus einem Papier, auf das der Silberschmied in kryptischer Schrift einen Koranvers geschrieben hatte, eine Sure vielleicht oder eine Bitte an Allah, den Träger oder die Trägerin zu beschützen. Kontrollieren konnte das niemand. Es gab auch Bernsteinketten und solche mit Türkisen und wunderbare Ohrgehänge und geschmückte Scheiben für Dschambyas und Messer und und und ... Der Bernstein musste wohl über die Seidenstraße in den Jemen gekommen sein. Die Griechen nannten ihn »Tränen der Götter«.

Die Frau ließ sich von vielen Stücken die Preise sagen, doch sie waren ihr viel zu hoch. Und sie wusste genau, warum der Preis hoch war. Bevor eine Frau heiratete, musste der Bräutigam dem Vater Brautgeld bezahlen. Der Vater setzte die Hälfte dieser Summe in Silberschmuck um, den er seiner Tochter am Tag der Hochzeit übergab. Diesen Schmuck trug sie meist auch bei der Feldarbeit, denn wenn ihr Mann einmal genug von ihr hatte und in die Hände klatschte und dazu ausrief: »Ab sofort sind wir geschieden!«, durfte die Frau nur das mitnehmen, was sie am Leib trug. Das war ihr Vermögen. Dass dieser Silberschmuck in großer Menge hier zum Verkauf angeboten wurde, dafür gab es mehrere Gründe. Zunächst einmal war es den Frauen zu mühsam, den

Schmuck während der Feldarbeit immer bei sich zu tragen, und außerdem war Gold schwerer und teurer. Deshalb verkauften sie ihre silbernen Gehänge und kauften dafür goldene Dutzendware, die nach Gewicht und nicht nach künstlerischen Erwägungen ausgesucht wurde. Was die Silberwaren aber immer noch wertvoll machte, war die Tatsache, dass die meisten Silberschmiede Juden waren und nach der Gründung des Staates Israel dorthin umsiedeln wollten. Die jemenitische Regierung verpflichtete sie zwar, für jeden Aussiedler einen jemenitischen Lehrling auszubilden, doch es war schwer, ein uraltes gewachsenes Handwerk zu vermitteln.

Wer konnte denn noch eine silberne Kugel schmieden? Sie wurde weder geprägt noch gegossen, sondern zwei Hälften passend geschmiedet und dabei verziert. Wer konnte noch klitzekleine Glöckchen an einem Gehänge anbringen, die Frauen mit ihrem Klingeln bei jedem Schritt begleiteten?

»Sugran«, Danke, sagte sie zu dem Händler und verließ das Geschäft mit einer Silberkugel, über die sie mit dem Händler handelseins geworden war. Der Händler hatte wohl nichts anderes erwartet. Er machte es sich auf seinem Hocker bequem und gab sich weiter dem Genuss von Qat hin. Obwohl die Frau hart gehandelt hatte, hatte er trotzdem viel mehr für das Schmuckstück erhalten, als eine Jemenitin dafür bezahlt hätte. Genüsslich wälzte er die Qatkugel von einer Backe in die andere und war zufrieden.

Die Frau war es auch.

Es war einmal im Jemen (1983)

Es war einmal in den Bergen mitten im Land Jemen. Die Frau besuchte mit ein paar anderen Leuten ein Heiligtum des Ismaelitenordens. Später machten sie sich zu einer Wanderung über die Berge auf. Noch hüllten diese sich in Dunst, karg, baumlos, nackt und gestuft durch Terrassenfelder. Auf ihnen wurde überwiegend Qat angebaut, die Droge der Jemeniten. Regelmäßig legt sie ab der Mittagszeit das Leben lahm. Die Männer ziehen sich dann in den obersten Stock ihrer Häuser zurück, den sie Madschraf nennen, kauen die Blätter und reden, reden, reden. Und wenn sie trotzdem arbeiten müssen, dann laufen sie mit einer dicken Wange herum, in der sich eine Kugel aus zerkauten Blättern befindet.

Auf dem schmalen Pfad begegneten der Gruppe Kinder auf Eseln, Frauen, die Lasten auf ihren Köpfen transportierten und ein Mann in schwarzem Schafpelz mit einem Krummschwert im Gürtel und Schnauzbart, außerdem viele grün- und blauschillernde kleine Eidechsen, die flink über die Steine huschten oder sich auf ihnen sonnten. Der schmale Pfad führte über die Terrassen bergauf, vorbei an rotblühender Aloe und begleitet von kleinen blauen und grünschillernden Vögeln. Die Frauen sangen. Die Melodien ihrer Lieder schwebten über die Berge, doch sie kamen nicht weit. Dazu war der Himmel viel zu groß.

Kahel war ein Dorf auf einem Felsen, eines von unzähligen Dörfern, die hoch oben auf den Bergen erbaut und schwer einzunehmen waren. Im letzten Kampf der Scheichs gegeneinander waren sie nur mit Hilfe von Bomben und Giftgas bezwungen worden. Der Einlass war nur eine schmale Tür, die leicht von einem einzigen Mann verteidigt werden konnte. Wie die meisten Männer trug dieser Mann eine Kalaschnikoff über der Schulter und natürlich eine Dschambya im Gürtel. Zusammen mit dem Turban und dem weißen Röckchen erschien er der Frau wie einer der Räuber aus den Erzählungen von tausendundeiner Nacht. Sie wurden ohne Zögern eingelassen und stiegen eine schmale steinerne Treppe empor, bis zu einer Terrasse, von der sie einen unfassbar schönen Blick über die Berge und die vielen anderen Dörfer hatten, die sich auf Gipfeln, Jochen und Graten befanden und genauso uneinnehmbar waren wie dieses.

Inzwischen huschte die Frau des Hauses in einem schwarzen Gewand und bis zu den Augen verschleiert zwischen den Gästen umher und bot ihnen mit Kardamom gewürzten Tee an, in dem ein kleiner Zweig Pfefferminze schwamm.

In Kahel war jedes Haus ein kleines Schloss und alle Häuser zusammen bildeten eine Festung, die nur zu Fuß zu erreichen und daher noch sehr ursprünglich war. Die Frau saß auf der Terrasse und betrachtete die Gegend voller Staunen. Weit unter ihnen verlief die Straße, auf der sie hergekommen waren. Sie war immer wieder von tiefen Rinnen durchzogen gewesen, die fremde Autos aufhalten sollten, damit sie von den Straßenräubern bequem ausgeraubt werden konnten.

Über den Bergen tanzten Vögel in Form einer Wolke, die sich ständig veränderte, anschwoll, größer und kleiner wurde und einmal hier ausbeulte und einmal da. Es war abenteuerlich, ihrem Tanz zuzuschauen. Auf den Terrassenfeldern arbeiteten Bauern, ernteten Qat, wo sie früher Kaffee geerntet hatten und pflanzten neuen an. Ein Mann aus der Gruppe zeigte einigen Leuten, wo sich im Osten das El-Dschauf-Gebiet befand. Sie hatten die Fahrzeuge der Bewohner gesehen: Jeeps oder Pick-ups mit fest aufmontierten Flakkanonen und ohne Kfz-Kennzeichen, denn niemand zahlte dort Steuern. Keine Regierung der Welt konnte sie dazu zwingen. Wenn man von Sanaa aus dort Truppen hinschickte, die erwirken sollten, dass sich die Menschen an die Gesetze hielten, wurde sofort scharf geschossen. Auch Hubschrauberpiloten war es nicht möglich, dort zu landen. Die Waffen kamen auf Schmuggelpfaden ins Land.

Der Scheich gestattete es auch nicht, dass in seinem Land Straßen gebaut wurden, denn auf Straßen konnten Panzer fahren und gegen Panzer waren sie hilflos.

Die Frau wäre gern noch länger dort sitzen geblieben, doch die Gruppe brach auf, bevor die Qatzeit begann, weil der Mann, dem das Haus gehörte, seine Ruhe haben wollte. Sie stand auf und folgte den anderen weiter auf dem schmalen Pfad über die Berge, den außer ihnen nur Esel, Schafe und Ziegen benutzten.

Es war einmal in Ägypten (1984)

Es war einmal, dass die Frau durch Ägypten reiste. Sie sah sich Tempel, Pyramiden, Götterstatuen, Reliefs, Goldschmuck aus den alten Königsgräbern, Waffen, Mumien und viele andere Grabbeigaben an, und mit der Zeit hatte sie sich an dem Gesehenen sattgesehen. Sie fuhr mit dem Zug von Kairo nach Assuan, segelte mit einer Feluke auf dem Nil und flog mit einem alten Flugzeug nach Abu Simbel, dem Höhlentempel am Nassersee.

Von der großen Plattform hoch über dem Wasserspiegel des Sees, wohin der Tempel als Rettung vor der Überflutung versetzt worden war, hatte man einen wahrhaft königlichen Blick. Die Frau folgte den Augen des mächtigen Königs Ramses II. Insgesamt waren es vier Kollosalfiguren, die alle Ramses als Gott Osiris darstellten und zwischen ihnen, ganz klein, die Figuren der Königsfamilie. In ihrer Mitte befand sich der Eingang zum Allerheiligsten. Genau zweimal im Jahr, am 21. Februar und am 21. Oktober, erreichte das Sonnenlicht für wenige Minuten den Altar an der rückwärtigen Tempelwand. Das war der Grund, warum Ramses II. so lange er lebte an diesen Tagen Abu Simbel besuchte. Seine Götterbarke, die ihn nilaufwärts gebracht hatte, legte dann kurz vor dem Eingang an, durch den Ramses den Tempel betrat und zu seinen Göttern betete.

Zu der Tageszeit, an der die Frau den Tempel besuchte, befanden sich nicht viele Touristen dort und doch waren es für sie immer noch zu viele. Sie trat ein wenig zur Seite, gerade so weit, dass die meisten Geräusche verstummten. Es war beinahe still. Die Sonne beschien die Götterfiguren. Die Frau folgte den Blicken der großen, den Eingang flankierenden Statuen, und betrachtete den Sonnenuntergang. Die bis dahin noch im Sonnendunst flimmernden Inseln verwandelten sich in schwarze Silhouetten. Sie beobachtete eine Weile, wie sie als dunkle Flecke im vergoldeten Wasser schwammen und für einen kurzen Augenblick verstand sie, warum dieser Platz für die alten Ägypter ein wahrhaft magischer Ort war. Er hatte offenbar nichts von seiner Magie verloren, als man ihn auf einen höheren Standpunkt verlegte, weil er sonst von den Fluten des Stausees verschluckt worden wäre.

Die Frau kehrte mit ihrer Gruppe nach Assuan zurück und fuhr am nächsten Tag mit dem Bus nilabwärts weiter. Zuckerrohrfelder wechselten sich mit Palmwäldchen ab. Doch seitdem die große Staumauer die jährlichen Überschwemmungen davon abhielt den fruchtbaren Schlamm über den Feldern auszubreiten, waren die Erträge nicht mehr so hoch wie vorher. Während der Fahrt erzählte der lokale Führer Ibrahim viel über das Land und seine Menschen. Er erklärte, dass man an der Art, wie Männer ihren Turban banden, viel über sie erfahren konnte. Er wusste dann, ob sie zufrieden, wütend, fröhlich oder gerade in Trauer waren, ob sie einer religiösen Bruderschaft angehörten oder ihr Stand über dem Stand eines armen Fellachen lag.

Der Bus machte in Kom Ombo halt und in Edfu, dem Tempel des falkenköpfigen Gottes Horus. Dann natürlich in Luxor und in Karnak mit seinen riesigen Heiligtümern, seinen Sphinxalleen, seinen Säulen und Inschriften.

Hier erlebte die Frau ihre zweite Überraschung. So sehr sie in Abu Simbel die Magie dieses Tempels mit seinen kolossalen Figuren beeindruckt hatte, gab es hier in Karnak einen anderen, winzigen Tempel, der den Zauber des Höhlentempels über dem Nassersee beinahe noch übertraf. Auch wenn ihn die riesigen Säulen des Haupttempels überwältigten und fast erdrückten. Vor dem Nordtor des Amuntempels, innerhalb der Umwallung befand sich ein kleiner, fast intimer und wenig beachteter Tempel des Schöpfergottes Ptah und seiner Gemahlin Sechmet. Nach dem Betreten des Inneren wurde die Tür geschlossen und es herrschte völlige Dunkelheit. Erst nachdem sich die Augen an die Finsternis gewöhnt hatten, bemerkten die Besucher den Lichtstrahl, der durch eine Dachluke die Statue in der Mitte beleuchtete. Es war die kopflose Statue des Ptah, dem Thutmosis III. hier ein Denkmal gesetzt hatte. Ihm war der mittlere der drei Räume gewidmet. Der rechte gehörte Sechmet, seiner löwenköpfigen Gattin, die ebenfalls von einem Lichtstrahl angeleuchtet wurde. Der konzentrierte Lichtstrahl auf den Statuen ließ sie wirklich überirdisch erscheinen. Die ganze Atmosphäre verzauberte die Frau, die die anderen Betrachter im Dunkeln nicht mehr wahrnahm und sie bekam eine Ahnung davon, wie heilig dieser Ort einmal gewesen war. Das Licht umschmeichelte grünlich schimmernd die Plastizität des gestalteten Steins und es kam der Augenblick, in dem man den Glauben der Pharaonen an die Kraft ihrer Götter und ihre Existenz verstehen konnte.

Es war einmal in einer Schule in Harrania/Ägypten (1984)

Es war einmal, dass die Frau von einer Schule in Ägypten hörte, in der Fellachenkindern das Weben beigebracht wurde. Die Schule befände sich in Harrania, einem Ort unweit der Pyramiden von Gizeh, sagte man ihr. Während sie also in Ägypten Urlaub machte, nahm sie die Gelegenheit wahr und bat einen Taxifahrer, sie nach Harranyia zu bringen.

»Wozu?«, fragte sie der Fahrer.

»Ich will mir Teppiche ansehen«, erklärte ihm die Frau.

»Das können Sie auch bei meinem Bruder. Er besitzt einen Laden und verkauft neben vielem anderem wunderschöne Teppiche.«

»Heißt Ihr Bruder Wissa Wassef?«, wollte die Frau von ihm wissen.

»Nein. Was wollen Sie denn von dem?«

»Er ist der Professor, der eine Schule gegründet hat, in der Kinder weben lernen. Diese Teppiche sollen so besonders schön sein.«

»Sie sind aber viel teurer als diejenigen, die mein Bruder verkauft«, brummte der Fahrer verärgert. »Doch wenn Sie unbedingt zu ihm wollen, dann fahre ich Sie halt dorthin. Sie wissen schon, dass er vor einigen Jahren gestorben ist?«

»Das weiß ich«, antwortete die Frau ein wenig einsilbig, weil sie solche Diskussionen nicht liebte.

Nachdem er seinen Wagen am Straßenrand abgestellt hatte, folgte er der Frau unaufgefordert zu einem größeren Grundstück mit einigen Lehmbauten. Die Teppiche wurden dort in einem Verkaufsraum gezeigt. Sie waren um ein Vielfaches schöner, subtiler in der Abstufung der Farben und einfallsreicher als alles, was sie vorher gesehen hatte. Sie deklassierten die anderen auf der Straße oder in Hotels feilgebotenen Tapisserien zu Repliken oder primitiven Nachahmungen.

Ramses Wissa Wassef war ursprünglich Professor für Architektur und Bildhauerei an der Universität in Kairo gewesen. 1952 startete er mit seiner Frau, der Kunsterzieherin Sophie Habib Gorgi, ein einzigartiges pädagogisches Experiment mit dem Ziel, Kunst, Erziehung und den täglichen Unterhalt in einem Akt zu vereinen, in dem er Bauernkinder zum Weben von Bildteppichen anzuregen versuchte.

»Ungeschulte Kinder können flüchtig irgendetwas mit dem Pinsel malen. Aber das ist zu einfach. Beim Weben sind sie gezwungen, langsam zu arbeiten. Sie müssen sich mit sich selbst auseinandersetzen und entwickeln dabei ihre eigenen Vorstellungen durch diesen Prozess. Nur die, die es ernsthaft betreiben, bleiben dabei«, sagte er.

Es wurde ein so großer Erfolg, dass bald das ganze Land den Stil seiner Schule zu kopieren versuchte und viele Menschen auf die gleiche Weise wie seine Schüler Teppiche herstellten.

Bei den originalen Teppichen war es anders: Bunte Vögel schwirrten auf blaugrauem Grund daher, Blätter wehten im Wind, Kakteen wuchsen in der Wüste und reckten ihre fleischigen Arme in den Himmel, Kinder hüteten Schafe und Ziegen und Bauern ihre Rinder, Tauben flatterten um ihre Taubenhäuser und Kamele wanderten durch die Wüste. Es wurde streng darauf geachtet, dass dies alles ohne Vorzeichnung geschah. Niemand durfte das Kind korrigieren. Das Weben geschah an einem hochgestellten Webstuhl, die Kettfäden waren aus Flachs, die Schussfäden aus selbst eingefärbter Wolle. Der gewebte Teil verschwand in der Rolle zu ihren Füßen. Der Weber oder die Weberin musste sein Motiv im Kopf entwickeln und es auch dort behalten. Er oder sie musste also ständig in seinem Inneren das erwünschte Bild vor sich sehen.

Die Frau beobachtete ein Mädchen bei der Arbeit.

»Wie lange braucht sie für so einen Teppich?«, erkundigte sie sich.

Viele Monate, manchmal ein Jahr, erklärte man ihr.

Die Wolle wurde mit Pflanzenfarben eingefärbt. Keine Farbe

war grell, synthetisch, störend. Aus Indigo wurde Blau, Reseda wurde Gelb, Cochenille oder Krapp wurde zu Rot, Indigo gemischt mit Reseda wurde zu Grün, Krapp und Reseda zu Schwarz und Braun. Die dafür notwendigen Pflanzen wurden in den eigenen Gärten angebaut. Die Bilder entstanden unmittelbar während des Webens. Sie gaben zum größten Teil die Lebenserfahrung der Kinder wieder, vermischt mit ihrer Fantasie oder mit Träumen. Natürlich wurden sie für ihre Arbeit entlohnt. Die fertige Arbeit wurde vermessen und je nach ihrer Kompliziertheit berechnet. Das machte die Arbeit wertvoll und stärkte das Selbstbewusstsein. Vor allem für die Mädchen war das wichtig, da sie sonst nur für Haus- und Feldarbeit zuständig waren. Eine feste Arbeitszeit gab es beim Weben nicht. Wer fleißig war, wurde früher fertig und erhielt auch früher seinen Verdienst. Die Arbeit war freiwillig. Die Kinder konnten kommen und gehen wann sie wollten. Manchmal machte Wissa Wassef oder seine Frau mit ihnen einen Ausflug, damit sie neue Anregungen sammeln konnten.

Während der ganzen Zeit, die die Frau beim Betrachten der Ausstellung und in den Werkstätten verbrachte, folgte ihr der Taxifahrer. Er gestikulierte und flüsterte auf sie ein, dass dies alles bei seinem Bruder viel billiger zu haben sei.

Also blieb ihr nichts anderes übrig, als auszusteigen, als er auf der Rückfahrt bei seinem Bruder haltmachte. Aber das, was sie dort zu sehen bekam, war alles nur Touristenkitsch. Trotzdem kaufte sie ihm zwar keinen Teppich, aber zwei Händchen aus Messing und ein mundgeblasenes Weinglas ab.

Die Frau dachte lange über diese Schule nach. Sie fand, dass einen Teppich zu weben, Ähnlichkeit mit dem Erfinden einer Geschichte hatte. Zuerst wurden die einzelnen Fäden gesponnen und eingefärbt. Dann wurde aus den Fäden ohne genaue Vorlage ein Bild gewebt. Es war wichtig, darauf zu achten, dass der Raum ausgefüllt wurde und eine sinnvolle Komposition entstand, dass die Farben in bestimmten Rhythmen wiederkehrten, Motive sich um ein Hauptmotiv gruppierten. Nirgends durfte in der Darstellung ein Loch entstehen, das das Bild aus dem Gleichgewicht bringen könnte. Die Komposition konnte sich um einen Spannungspunkt gruppieren, musste aber ausgeglichen sein. Nichts sollte man mehr hinzufügen können, sei es nun ornamental, figural oder eine Mischung aus beidem.

Ebenso sollte eine gute Geschichte sein.

Es war einmal im Land der Pharaonen (1984)

Es war einmal im Land der Pharaonen. Orangerot tauchte die Sonne in den Dunst, der die Berge am westlichen Nilufer einhüllte. Die den Fluss überquerenden Boote wurden zu Schattenrissen auf flüssigem Gold.

»Madame, Caleche?«, rief der Frau jemand zu.

Am Straßenrand stand eine Kutsche. Vor dem mit großen Messingnägeln, Silberhändchen und Troddeln aus roten und grünen Fransen geschmückten Wagen stand ein bejammernswertes kleines braunes Pferd. Sein mit grober Schnur zusammengeflicktes Geschirr hatte an vielen Stellen die Haut von den Knochen gescheuert. Überall waren blutige, vereiterte Wunden zu sehen, unter dem primitiven Kammdeckel, am Gurt, an den Beinen. Traurig ließ es die Ohren zur Seite hängen. Die Augen hielt es geschlossen.

»Madame, Caleche!«

Die Frau schüttelte den Kopf und ging weiter. Hinter ihr bestieg ein älteres Ehepaar die Kutsche. Der Kutscher nahm die Peitsche zur Hand. Er zog einmal fest an den Zügeln, um das Pferd aufzuwecken und schlug ihm die Peitsche dann auf den Rücken. Die dünne, verrostete Stange rutschte seitwärts aus dem Pferdemaul.

»Jalla, Jalla!« Vorwärts, schnell! Während die Peitschenschnur einen dünnen Striemen auf die Haut zeichnete, stolperte das Pferd der Straßenmitte zu.

Der Schmerz trieb es vorwärts. Allmählich kam der schwere Wagen in Fahrt. Das Pferd fiel in Galopp und jedes Mal, wenn es langsamer wurde, bekam es aufs Neue die Peitsche zu spüren. Das auf der Rückbank sitzende Ehepaar klatschte in die Hände vor Freude über die schnelle Fahrt. Es genoss den kühlen Fahrtwind nach einem heißen, anstrengenden Besichtigungstag.

»Jalla, Jalla!«, rief der Kutscher, der sich in Gedanken bereits den Spaß seiner Fahrgäste in ein Trinkgeld umrechnete, während das müde, ausgemergelte Pferd die Straße hinuntergaloppierte, vorbei an Hotels, deren Pracht bereits ein wenig abzubröckeln begann, vorbei an Ständen, in denen billig nachgemachte Ramsesstatuen, kleine Teppiche und Alabasterkitsch angeboten wurden und vorbei an vielen Touristen, die, müde aus dem Tal der Könige kommend, ihren Nobelherbergen zustrebten.

Vor über dreitausendzweihundert Jahren gewann der Pharao Ramses II. die Schlacht bei Kadesch hauptsächlich wegen seiner Streitwagen. Auch in Tut-anch-Amuns Grab hatte man Streitwagen gefunden, damit er im Jenseits nicht auf sie verzichten musste. Pferde waren für die Pharaonen kostbare Tiere. Sie konnten Kriege entscheiden. Es waren stolze Pferde mit hohem Halsaufsatz und kleinen edlen Köpfen. Es waren mutige Pferde, voller Vorwärtsdrang. So jedenfalls wurden sie in unzähligen Reliefs dargestellt, nicht nur in den Tempeln von Luxor und Karnak. Auch heute noch ist die Rasse des arabischen Pferdes, deren Hauptzuchtstätten in der Umgebung von Kairo zu finden sind, eine der bekanntesten auf der ganzen Welt. Doch nicht nur das arabische Pferd hat Ägypten zu einem der beliebtesten Reiseländer der Erde werden lassen, es war die Kunst und Kultur der Pharaonen, die alljährlich zahlreiche Besucher anlockten.

Es war nicht zu erwarten, dass sich die Einstellung der Pharaonen zu ihren Pferden, die sie von den Garamanten und später auch von den Hethitern übernommen hatten, über dreitausend Jahre hätte halten können. Aber es war auch nicht einzusehen, warum heute niemand in der Lage war, den jetzigen Zustand zu ändern. Bei allem Verständnis für die Armut der Besitzer, denen nicht nur die Mittel, sondern auch die Kenntnisse fehlten, ihre Pferde ausreichend zu füttern und ihre Wunden zu behandeln, war es schwer zu verstehen, warum dermaßen elende Tiere mit Peitschenhieben ausschließlich im Galopp, und dieses oft auch wenn keine Fahrgäste im Wagen saßen, angetrieben wurden. Die Frau, die Fotoaufnahmen von ihren Wunden zu machen versuchte, riskierte es, angegriffen zu werden. Einer der Kutscher wollte ihr die Kamera aus der Hand schlagen. Sie konnte nur hoffen, dass es möglichst vielen Touristen wie ihr erginge, dass es ihnen nämlich den Aufenthalt in Luxor vergällen würde und sie in der Nacht immer wieder vom Hufschlag eines über den Asphalt galoppierenden Pferdes geweckt würden.

Es waren einmal zwei Klöster in der ägyptischen Wüste (1984)

Es waren einmal zwei Klöster in der ägyptischen Wüste, genauer gesagt im Wadi Natrun zwischen Kairo und Alexandria. Die Frau war mit ein paar anderen Leuten im Taxi dorthin gefahren, um sie zu besichtigen. Unglücklicherweise herrschte gerade ein Sandsturm über der Gegend. Flach, horizontal fegte der Sand über die Straße, knisterte und prasselte auf die Längsseite des Autos. Er verschleierte die fernen Hügel. Die Palmen verneigten sich, richteten sich schüttelnd wieder auf, streckten jammervoll ihre Zweige nach Süden, so als winkten sie jemandem nach, einem Menschen, der schon lange verschwunden war und dessen Fortgehen sie nicht verschmerzen konnten.

Als das Taxi vor dem Makarioskloster hielt, nahm der Sturm an Heftigkeit zu. Sand drang in die Augen, die Haare, knirschte zwischen den Zähnen. Es wurde düster und der Fahrer musste kurz das Licht einschalten, damit er einen Stellplatz finden konnte. Die alten Teile in der Mitte des Gebäudes stammten aus dem vierten Jahrhundert nach Christus. Man schickte einen Mönch, der die Gäste führen sollte. Es gab zuerst Tee, dann erzählte er die alten Legenden. Seinen Erzählungen nach reihten sich Wunder an Wunder. An diesem Platz habe einst der Heilige Makarios als Einsiedler in der Wüste gelebt. Das schwarze Kleid des Mannes flatterte im Wind, als er vom Wehrturm aus mit einer weiten Armbewegung auf die Wüste zeigte und dabei erklärte, dass überall heute noch die Höhlen zu sehen wären, in denen die Eremiten unter dem Boden gefastet, gebetet und gehungert hätten. Ja, er behauptete, dass auch heute noch Eremiten in ihnen lebten. Dabei riss ein heftiger Windstoß ihm beinahe die Kappe vom Kopf.

Der koptische Mönch im Kloster sei frei, erklärte er. »Er kann seine Zeit einteilen, wie er will. Um zwei Uhr in der Nacht ertönt eine Glocke. Dann steht er auf und sammelt sich in seiner Zelle zu einem persönlichen Gebet. Ein zweites Glockenzeichen ruft ihn um drei Uhr in die Kirche. Dort singen die Mönche gemeinsam das Gotteslob der Nachtmitte. Gegen sechs Uhr beschließen sie die Morgenfeier mit einer Messe. Nach dieser begibt sich jeder Mönch an eine Arbeit, die ihm der geistliche Vater aufgetragen hat. Alle Arbeiten werden so in Aktivität umgewandelt, seien es die Arbeiten auf den Bauplätzen, in den Maschinenräumen, in der Schreinerei oder in der Schmiede, sei es in den Plantagen oder in der Landwirtschaft, sei es im Gastflügel oder in der Großküche.«

Im Refektorium zeigte er auf ein von der Decke hängendes Straußenei, aber er verschwieg, dass für die Mönche das Ei auch ein Zeichen der Wiedergeburt bedeutete und ein Symbol für das Sammeln der Gedanken, der Konzentration und der Urschöpfung. In gewisser Weise ist ein Ei unendlich.

»Der koptische Mönch ist frei«, wiederholte der Führer. »Er kann tun und lassen, was er will!«

Der Taxifahrer murrte. Der Sandsturm nahm zu und er hatte Angst, stecken zu bleiben. Die Leute, die mit dem Taxi gekommen waren, hielten sich nur kurz im Makarioskloster auf. Danach fuhr sie der Taxifahrer noch weiter bis zum Baramuskloster. Sandwehen lagen auf der Straße, die schon lange keine Betondecke mehr hatte. Auch dort wurden die Gäste zum Tee eingeladen.

Danach kehrte das Taxi nach Kairo zurück und der einzige Eindruck, der den Fahrgästen von den beiden Klöstern blieb, waren ein schwarzer Mönch und Sand, Sand, Sand.

Es war einmal im Land der Dogon (1985)

Es lebte einmal ein schwarzer Stamm mitten in Afrika und verborgen hinter einer großen Felswand. Die Menschen, die dort wohnten, wurden »Dogon« genannt. Am Fuß dieser Felswand begann eine weite Ebene, auf der nur einige Affenbrotbäume, ein paar Dornbuschakazien und niedere Büsche wuchsen. Sonst gab es nur Sand und viele Steine. Wenn man diese Ebene durchquerte, überschritt man die Grenze ins Land Burkina Faso.

Die Frau hatte sich einer Gruppe angeschlossen. Sie waren zu neunt. Eine deutsche Familie, Vater, Mutter und ihre beiden Kinder, ein italienischer Antiquitätenhändler mit einer Vorliebe für afrikanische Kunst sowie eine italienische Krankenschwester, die einmal etwas erleben wollte, ein Schweizer Journalist und die Frau mit einer Bekannten, mit der sie schon viele Reisen gemacht hatte.

Sie waren zusammen durch Mali gereist, waren mit einer Pinasse von Mopti aus den Niger abwärts gefahren und hatten Timbuktu, die Stadt die »La Mystérieuse« genannt wurde, besichtigt. Mit einem starken Jeep waren sie dann über eine Wüste zurück nach Hombori gefahren und hatten, umgeben von zahlreichen Skorpionen, dort gezeltet. In Hombori waren sie in eine Bar gegangen, die im Allgemeinen nur von Truckern besucht wurde, die auf der Straße von Bamako, der Hauptstadt Malis, bis nach Niamey, der Hauptstadt des Landes Niger, unterwegs waren. Sie hatten mit ihrem kleinen Bus die vierzig Kilometer lange Strecke bis Sangha hinter sich gebracht und waren von dort auf einem schmalen Pfad in das Land der Dogon hinuntergestiegen. Dabei durchquerten sie einen Hain voller alter Akazienbäume, in denen viele Familien ihre Ahnen verehrten und denen sie deshalb auch Namen gegeben hatten. Anschließend kletterten sie über große Felsbrocken in die Ebene hinunter. Fahrstraßen gab es hier nicht. Man kam nur zu Fuß dorthin.

Von unten hatten sie einen guten Blick auf die Begräbnisstätten der Tellem, der Vorgänger der Dogon. Sie befanden sich hoch oben in den Felsen und ähnelten Wespennestern.

In der Ebene war es sehr heiß. Der Himmel bedeckte sich mit Schleierwolken. Ab und zu begegneten ihnen Frauen, die auf ihren Köpfen schwere Wasserkrüge schleppten oder kleine Babys in einem Tuch auf ihrem Rücken. Jedes Kind trug eine blaue Perle um den Hals, die als Amulett diente und es vor Krankheiten und sonstigem Unheil beschützen sollte.

Die Gruppe lief an vielen Dörfern vorbei, bis sie in Ireli, einem etwas größeren Ort, zu einem Lager kam, das aus zwei Holzbaracken bestand. In der Mitte zwischen den beiden befand sich ein Tisch, auf dem kleine hölzerne Figuren, Menschen und Tiere, schöne Masken, geschnitzte Türen, vor allem auch Nachbildungen von Schildkröten ausgestellt waren, die den Touristen von Dogonkünstlern angeboten wurden.

Sie waren müde. Nach dem Abendessen hatte niemand mehr Lust, noch einen Spaziergang zum Dorf zu machen. Alle gingen schlafen. Zuerst die deutsche Familie mit den beiden Kindern. Der Vater hatte ihnen diese Reise geschenkt, weil er sie anregen wollte, sich für andere Dinge zu interessieren als für ihre Computer, aber sie beschäftigten sich nur mit Comics und nichts anderem. Dann noch die beiden Italiener und der Journalist aus der Schweiz, ein etwas mürrisch aussehender junger Mann, der ständig damit prahlte, dass er daheim ein schweres Motorrad besitze. Er war klein, hatte ein unfreundliches Gesicht und sein Lächeln zeugte von einem gesunden Selbstbewusstsein. Außerdem schrieb er seinen Mitreisenden oft vor, wie sie sich zu benehmen hatten.

Das Dorf bestand aus wenigen an den Fels gebauten, kubischen Lehmhäusern mit Dächern aus Stroh und weiter oben aus ebenfalls mit Stroh gedeckten runden, sich nach oben hin verjüngenden Hirsespeichern. Häuser und Speicher waren so dicht aneinander gebaut, dass das Ganze wie eine Ritterburg wirkte. Im oberen Teil befand sich ein größerer Bau zwischen den Häusern. Es war eine »Toguna«, wie man der Frau erklärt hatte, ein Versammlungshaus der Männer. Sie trafen sich dort, um dörfliche Probleme zu besprechen, manchmal auch nur, um zusammen zu schweigen. Frauen hatten keinen Zutritt. Überhaupt waren viele kleine Wege im Dorf für fremde Besucher verboten. Heilige Bezirke, hieß es. Man hörte von dort Musik und das Weinen eines Kindes, dazwischen Glockenläuten. Man hatte ihnen erzählt, dass es eine christliche Kirche im Dogonland gab. Sonst hörte man nur Hundegebell und ab und zu das Meckern einer Ziege. Über den Himmel schwirrten Fledermäuse. Die Hitze hatte nachgelassen. Auch die beiden Frauen suchten ihre Lager auf und legten sich schlafen.

Am nächsten Morgen wurde die Gruppe von zwei Männern abgeholt. Sie wussten, dass die Fremden das Dorf besichtigen wollten. Zuerst erklärten sie ihnen genau, welche Teile des Dorfes zu betrachten erlaubt waren und welche nicht. Die Gärten lagen außerhalb. Sie waren mit Dornenzweigen eingezäunt, damit Ziegen und Hühner keine Schäden anrichten konnten. Mehrere Beete befanden sich außerhalb des Zauns. Sie waren mit Steinen eingefasst und mit der Hand geglättet worden. In unregelmäßigen Abständen steckten Stöckchen im Boden und dazwischen befanden sich kleine Mulden, in die der Medizinmann Erdnüsse gelegt hatte. Es war ein geheimnisvolles Muster, das keinen Sinn ergab. Magische Zeichen, die allgemein das »Schakalorakel« genannt wurden. Der Medizinmann richtete es am Abend her. Am nächsten Morgen betrachtete er zusammen mit dem Mann oder der Frau, die ihm diesen Auftrag erteilt hatten, das Ergebnis. Ein oder auch mehrere Schakale waren in der Nacht, angelockt durch den Duft der Nüsse, über das Feld gelaufen und hatten mit ihrer Spur neue Zeichen zwischen die alten gesetzt. Aus diesen Spuren las der Medizinmann, wie die Zukunft desjenigen, der ihn darum gebeten hatte, möglicherweise aussehen würde. Er erzählte uns, dass viele Menschen von weit her ins Dogonland kamen, um das Orakel zu befragen. Aus der ganzen Welt kamen sie.

Ireli war eines der größten Dörfer am Fuß der Felswand. Es gab dort einen wunderschönen Dorfplatz, von dem aus man weit über die Gondo-Ebene blicken konnte. Irgendwo noch vor dem Horizont verlief die Grenze zu Obervolta, das jetzt Burkina Faso heißt. Die Toguna, das Versammlungshaus der Männer, war ein viereckiger, dicht mit mehreren Lagen Hirsestroh überdeckter Bau. Das Dach ruhte auf vier stämmigen, sich nach oben hin verjüngenden Lehmpfeilern. Für Fremde war das Betreten strengstens verboten. Nichtsdestotrotz machte sich der junge Mann aus der Schweiz selbstständig und lief allein im Dorf umher. Unwissentlich betrat er dabei einen sogenannten »Heiligen Bezirk« und winkte von dort der Gruppe fröhlich zu. Darauf reagierten ihre Begleiter ziemlich aufgebracht. Zwei alte Männer tauchten auf. Sie schimpften und wollten Geld für ein Opfertier, um diese Übertretung des Gesetzes zu sühnen. Die Gruppe verhandelte heimlich mit ihnen. Man einigte sich auf 560 CMF und ein Päckchen Zigaretten. Damit war das Gesicht gewahrt. Die Männer waren zufrieden und einem Schaf hat es das Leben gerettet.

Treppauf und treppab ging es weiter durch die erlaubten Viertel des Ortes. Omar, einer der Männer, die die Gruppe begleiteten, erklärte den Gästen, dass es zwar gut geregnet hätte, genug Wasser sei also da, dass aber trotzdem zahlreiche Insekten über die Hirse hergefallen wären. Dadurch wurden die Kolben schwarz und ungenießbar. Sie könnten zwar DDT einsetzen, aber das verseuche das Wasser und den Boden und außerdem könnten sie es nicht bezahlen.

Kinder liefen neben der Gruppe her. »Ça va?«, flüsterten sie den Fremden zu. Das gehörte zu den wenigen Wörtern, die sie kannten. Natürlich kannten sie auch »Bonbon« und »Pen«, was Kugelschreiber bedeutet oder einfach nur »Cadeaux«.

Wenn aber Omar jemanden begrüßte, dann ging es hin und her und hin und her:

»Wie geht es dir?«

»Gut, und dir?«

»Gut, und wie geht's deiner Mutter?«

»Gut, und wie geht es deinem Vater?«

»Gut, und deinem Onkel?«

»Gut, und deiner Tante?«

»Gut, und deinem Bruder?«

»Gut, und deiner Schwester?«

Und so weiter und so weiter …

Nach einem kurzen Gang durch die Hirsefelder begann der steile Aufstieg durch die Felswand der Falaise wieder zurück auf das Plateau. Zuerst durch ein Dorf, dann über steile Felsblöcke nach oben. Oft waren es nur kleine Stufen, die den Füßen Halt boten. Undenkbar, dass dieser Weg auch von den Frauen benutzt wurde, die schwere Lasten auf den Köpfen balancierten. Manchmal, wenn der Stein zu glatt und zu hoch oder die Kluft zwischen ihm und dem nächsten zu tief war, stand eine Dogontreppe da, das war ein Baumstamm, in den mit einer Axt oder einem scharfen Messer Stufen gekerbt worden waren. In einem kaminartigen Spalt ging es nach oben. Es wurde eng, fast wie in einem Tunnel. Hinter dem Tunnelgang befand sich noch eine Dogontreppe und danach noch eine, dann hatte es die Gruppe geschafft. Zurückblickend lag die Ebene in der Mittagssonne, mit ihren alten Affenbrot-, den Dornbusch- und Schirmakazienbäumen. Der Himmel war klarer als an den anderen Tagen. Die Sonne glühte die Landschaft aus.

Dogonland.

Es war einmal in Mali (1985)

Es war einmal ein Mann aus dem Stamm der Songhai, der mitten in der afrikanischen Wüste lebte. Einst hörte er einem berühmten Sänger zu. Er sang ein Lied übers Meer, doch der Songhai-Mann wusste nicht, wie das Meer aussah. Er stellte es sich wie eine riesengroße Schüssel voll Wasser vor. Diese Vorstellung ließ ihm keine Ruhe und weil er es ganz genau wissen wollte, war es von da an sein sehnlichster Wunsch, einmal in seinem Leben das Meer zu sehen.

Ohne von irgendjemandem Abschied zu nehmen machte er sich auf den Weg. Alles, was er mitnahm war sein Speer, eine wassergefüllte Ziegenhaut und ein paar trockene Brotfladen, denn er hatte keine Ahnung wie lange es dauern würde, bis er sein Ziel erreicht hätte.

In jener Zeit herrschten in seinem Land die Franzosen und weil er ihnen nicht begegnen wollte, nahm er viele Umwege in Kauf. Er stapfte durch den Sand der Wüste und als er in die Steppe kam, kletterte er nachts auf einen Affenbrotbaum, um nicht von einem Löwen angefallen zu werden. Er zwängte sich durch dichten Regenwald, überquerte Flüsse auf schwankenden, aus Lianen gebauten Hängebrücken und versteckte sich im Gras, wenn er einem Mann in Uniform begegnete. Ab und zu fand er einen Brunnen, aus dem er Wasser schöpfte und als er seine Fladen aufgegessen hatte, sammelte er Schnecken und Ameisen und stillte seinen Hunger mit ihnen. Hitze und Regenstürme störten ihn nicht. An sie war er gewöhnt.

Eines Tages entdeckte er von einem Hügel aus eine riesige glänzende Fläche und blieb überwältigt stehen. Die Fläche rauschte und schwappte in Wellen an Land und da er nicht wusste, dass er das Meer vor sich hatte, hielt er sie zuerst für flüssiges Silber. So rasch er konnte eilte er zum Ufer und tauchte einen Finger hinein. Die Flüssigkeit war kühl und schmeckte salzig. Da wurde ihm bewusst, dass er sein Ziel erreicht hatte.

Voll Staunen und Bewunderung hockte er sich ans Ufer und starrte auf das Meer, das sich bis an den Horizont erstreckte. Zu Hause hatte er das Wasser Tag für Tag schwitzend und keuchend mit Hilfe eines Beutels aus einem tiefen Brunnen schöpfen müssen, um mit ihm seine Felder zu bewässern, denn ohne es wären Hirse, Bohnen, Mais und Yamswurzeln verdorrt. Das hätte bedeutet, dass seine Eltern und seine zahlreichen Brüder und Schwestern nichts zu essen gehabt hätten.

Tief versunken in den Anblick des Meeres hockte er den ganzen Tag mit angezogenen Knien da und rührte sich nicht von der Stelle. Zärtlich strich ihm der Wind übers Gesicht, und das kam ihm so vor, als streichle und liebkose ihn ein Mädchen.

Gegen Abend wurde er hungrig. Er raffte sich auf und suchte nach etwas Essbarem. Schon nach kurzer Zeit fand er eine Kokosnuss. Er bohrte mit seinem Speer ein Loch in die harte Schale, trank ihre Milch und nachdem er das Loch erweitert hatte und die Nuss auseinanderfiel, zerkaute er auch das harte Fleisch. Dann legte er sich hin, schlief ein, und während der Wind in den Zweigen der Palmen raschelte und die Wellen ans Ufer schwappten, träumte er von dem Mädchen, das er einmal heiraten wollte. Er sah sie mit einem schweren Krug auf dem Kopf in königlicher Haltung durchs Dorf schreiten und hörte sie fröhlich lachen. Da kam ihm, dass ihr sein wortloses Weggehen Kummer bereitet haben könnte und er wachte mit einem Schuldgefühl wieder auf.

Umschwärmt von unzähligen Sternen trieb die Gondel des Mondes über den Himmel. Nach einer Weile schlief der Songhai-Mann wieder ein und als er am nächsten Morgen aufstand, beschloss er, bei seiner Rückkehr der Liebsten ein Geschenk mitzubringen, um ihr damit eine Freude zu machen. Nur, was er ihr schenken könnte, wusste er nicht. Er hatte kein Geld, um ihr ein Baumwolltuch oder eine Glasperlenkette zu kaufen und außer seinem Lendenschurz, dem Wassersack und einem Speer besaß er nichts, was er ihr hätte geben können.

Da fiel ihm auf einmal ein, er könnte das Meer fragen, ob es ein Geschenk für sie hätte, und das tat er dann auch: »Kannst du mir nicht etwas geben, das ich meinem Mädchen mitbringen kann?«, fragte er es und ging dabei am Ufer entlang.

Er fand viele Muscheln, doch die Wellen hatten sie alle zerbrochen. Er fand abgerissene Schwämme, Krebsgehäuse, weißgebleichte Korallenäste, Tonscherben, getrocknete Algenbüschel und Schwemmholz, doch das alles war ihm nicht gut genug als Geschenk für die Frau, die einmal die Mutter seiner Kinder werden sollte.

Auf einmal entdeckte er eine kleine braune Kugel, die von einer Welle über den Sand gerollt wurde und es durchfuhr ihn wie ein Blitz, dass sie genau das war, was er zu finden gehofft hatte. Es war die Samenkapsel eines Baumes, den er nicht kannte. In seiner Fantasie wurde er zum wunderbarsten Baum auf der ganzen Welt, zum Baum des Lebens und zugleich einer Gabe des Meeres. Glücklich hob der Songhai-Mann die Kapsel auf und stellte fest, dass sie auf einer Seite ein Loch hatte und leer war. Sie war rund und vollkommen, aber nur eine Hülle.

»Ich werde sie mit anderen Samen füllen«, überlegte er, »dann ist sie wie früher.«

Er bohrte mit seiner Speerspitze ein zweites Loch in die Kapsel und band sie sich mit einem Grashalm um den Hals. Dann machte er sich auf den Heimweg.

Es dauerte nicht lange, bis er zu einem Dorf kam. Die Dorfbewohner ernteten gerade Mais und Bohnen.

»Bitte schenkt mir ein Maiskorn und eine Bohne!«, bat sie der Songhai-Mann.

»Was willst du mit nur einem Maiskorn und einer Bohne? Davon wirst du nicht satt«, erwiderten die Bauern lachend.

»Wenn ich sie hinter meinem Haus in den Boden stecke und jeden Tag mit Wasser begieße, dann werden die Samen in kurzer Zeit keimen und zu kräftigen Pflanzen heranwachsen. Und wenn ich alle Samen noch einmal aussäe, habe ich bald ein Feld voller Mais und zwischen ihnen viele Bohnensträucher. Dann übergebe ich die eine Hälfte meiner Ernte abermals der Erde und von der anderen kann meine Frau viele Suppen kochen.«

Die Bauern bewunderten die Klugheit des Songhai-Mannes und gaben ihm das, worum er sie gebeten hatte. Der Mann bedankte sich bei ihnen, schob das Maiskorn und die Bohne durch eines der beiden Löcher in die Samenkapsel und verschloss das Loch dann wieder mit einem Harztropfen, den er von einem Baumstamm abgekratzt hatte. Danach setzte er seinen Weg fort.

Als nächstes kam er an einem Hirsefeld vorbei. Und weil die Hirse gerade reif war, stand eine Frau auf dem Feld und erntete sie mit einer Sichel. Ihr Baby trug sie in einem Tuch auf dem Rücken.

»Dürfte ich mir aus einer deiner Ähren ein Hirsekorn pflücken?«, fragte der Songhai-Mann sie.

Die Frau nickte bloß und arbeitete weiter. Da zupfte sich der Mann ein Hirsekorn aus einer Ähre, löste das Harz von einem der beiden Löcher und schob den Samen zu der Bohne und dem Maiskorn in das Innere der Hülse. Nachdem er sich bei der Frau bedankt hatte, setzte er seinen Weg fort.

Einmal lud ihn ein alter Mann dazu ein, eine Papayafrucht mit ihm zu essen. Er teilte sie in zwei Hälften und ließ ihn eine davon auswählen. Laut schmatzend verzehrte der Songhai-Mann seinen Anteil. Die Kerne spuckte er auf den Boden und behielt nur einen zurück, den er in die Kapsel steckte. Ein anderes Mal sammelte er unter einer Palme eine Dattel auf, deren Kern er ebenfalls der um seinen Hals hängenden Hülse anvertraute. Zu all diesen Samen fügte er noch ein Weizen-, ein Reis- und ein Gerstenkorn sowie die winzigen Samen einiger Gewürzpflanzen hinzu.

Als er schließlich zu Hause eintraf, war die am Strand gefundene Samenkapsel des Lebensbaumes zu einem Behälter für viele andere nützliche Samen geworden. Da ging der Songhai-Mann zu dem Haus, in dem seine zukünftige Frau wohnte und übergab ihr die Kapsel mit den Worten:

»In dieser Perle ist der kostbarste Zauber verborgen, den die Erdmutter den Menschen anvertraut hat. Fädle sie auf deine Perlenschnur, halte sie in großen Ehren und behüte sie. Solltest du irgendwann einmal in Not geraten, stecke den Inhalt in die Erde und gieße ihn fleißig. Dann wird deine Not bald gelindert werden.

Spürst du jedoch, dass der Tod nahe ist, dann gib die Perle weiter an deine älteste Tochter oder die deines Bruders, deiner Schwester, deines Vetters oder deiner Base, aber verkaufen darfst du die Perle nie!«

Die Frau freute sich über das Geschenk fast ebenso wie über die Ankunft des Mannes. Sie tat, was er gesagt hatte und fädelte die Samenkapsel auf ihre Perlenschnur, die sie immer um den Hals trug. Weil sie aber etwas größer als ihre anderen Perlen war, kam sie in die Mitte. An ihrem Hochzeitstag trug sie die Kette mit all ihrem anderen Schmuck, den großen goldenen Ohrringen, die wie gebogene Bananen aussahen, sowie den Arm- und den Fußreifen. Sie hielt sie von da an in großen Ehren, weil sie der festen Überzeugung war, dass sie das Glück ihrer Ehe nur dieser Perle zu verdanken hatte. Auch als ihr Mann starb und sie mit ihren acht Kindern allein zurückließ, war sie sicher, dass ihre Familie immer genug zum Essen haben würde und sie arbeitete härter als andere Frauen, um die Zauberkraft der Perle nicht zu vergeuden.

Erst, als auch sie spürte, dass ihr Leben zu Ende ging, rief sie ihre älteste Tochter zu sich an ihr Lager und sagte zu ihr:

»Nimm diese Perlenschnur, deren mittlere Perle einmal ein Samen vom Baum des Lebens gewesen ist. Alle anderen Perlen kannst du verkaufen oder gegen etwas Nützliches eintauschen, wenn du in Not geraten solltest – nur diese nicht. Dein Vater hat sie mir zur Hochzeit geschenkt und dabei versichert, dass derjenige, der sie achtet und ständig am Hals trägt, niemals Hunger leiden muss: Denn bevor das geschieht, kann er sie in die Erde stecken und wenn er sie fleißig mit Wasser begießt, werden in seinem Garten viele Pflanzen und Bäume gedeihen, deren Früchte ihm immer genug Nahrung spenden.«

Danach schloss sie die Augen und starb.

Die Tochter merkte sich die Worte der Mutter gut. Sie glaubte fest an den Samen des Lebens und als einmal viele Wochen lang der Regen ausblieb und die Brunnen in der Nähe des Hauses versiegten, als in ihrem Garten Bohnen und Hirse zu verdorren drohten und ihre hungrigen Kinder zu jammern begannen, da nahm sie einen längeren Weg in Kauf als die anderen Frauen, bis sie einen Brunnen fand, der noch nicht ausgetrocknet war. So konnte sie ihren Garten trotzdem bewässern, ohne die Zauberkraft der Perle in Anspruch nehmen zu müssen.

Auch sie übergab die Perle ihrer einzigen Tochter, als sie spürte, dass es mit ihr zu Ende ging.

»Nimm sie und halte sie hoch in Ehren«, flüsterte sie. »Die große Perle in der Mitte war einmal die Hülle eines Samens vom Baum des Lebens …« Aber dann wurde sie zu schwach um weiterzusprechen und starb.

Die Tochter nahm die Kette und hielt sie hoch in Ehren, ohne die Geschichte zu Ende gehört zu haben. Nur ihr ältester Bruder wusste Bescheid, denn er hatte einst hinter der Mutter gestanden, als die Großmutter ihr die Geschichte erzählte.

Die Tochter heiratete und bekam viele Kinder. Doch dann wurde eines Tages ihr Mann im Streit von einem anderen erschlagen und ihre inzwischen erwachsenen Kinder zogen in die Stadt, weil sie hofften, dass es ihnen dort besser erginge als in ihrem Dorf mitten in der Wüste. Schließlich verlor sie durch einen unglücklichen Sturz auch noch ein Auge. Und weil sie nichts von der Zauberkraft der Perle wusste, konnte sie auch nichts mit ihr anfangen. Sie verkaufte ihre Hütte mitsamt dem Garten und zog zu ihren beiden Brüdern, die beide keine Frauen gefunden hatten, weil sie zu arm gewesen waren, um das Brautgeld für sie aufzubringen. Die drei Geschwister waren alt, viel zu alt, um noch ein Feld bewirtschaften und für seine Bewässerung sorgen zu können. Sie lebten von dem Geld, das ihnen die Kinder der Frau aus der Stadt schickten und von den Almosen, die ihnen die Gläubigen schenkten, wenn sie am Freitag aus der Moschee kamen.

Doch den Kindern ging es in der Stadt nicht immer gut. Sie hatten selbst nicht genug um zu überleben und die Almosen der Gläubigen waren eine unsichere Einnahmequelle. So litten die drei oft an Hunger und deshalb war es kein Wunder, dass der älteste Bruder schon bald zu schwach war, um sich von seinem Lager zu erheben. Längst hatte er die Geschichte der Perle unter seinen

Sorgen begraben. Sie fiel ihm erst wieder ein, als er wissen wollte, womit seine Geschwister die Frau bezahlt hätte, die sie geholt hatten, um ihn von seinen Gebrechen zu heilen. Da erzählte ihm sein jüngerer Bruder, dass er die Kette mit der großen Perle in der Mitte an Touristen verkauft hätte, um an das Geld zu kommen.

»Und der Samen des Lebens?«, fragte ihn der alte Mann. »Hast du den etwa mit verkauft?«

»Welcher Samen des Lebens?«

Da erzählte der Kranke ihm und seiner Schwester die Geschichte der Samenperle. »Holt sie zurück!«, bat er sie zum Schluss. »Einen Samen vom Baum des Lebens darf man niemals verkaufen. Das verschlimmert das Unglück einer Familie. Vielleicht könnt ihr den Fehler wiedergutmachen, wenn es euch gelingt, die Perle wieder zurückzukaufen und einem Mädchen in unserem Dorf zur Hochzeit zu schenken? Wir sind zu alt und brauchen sie nicht mehr und die Kinder, die heute in der Stadt leben, würden uns auslachen, wenn wir ihnen die Geschichte vom Samen des Lebens erzählten.«

Seine Geschwister versprachen ihm, ihr Bestes zu tun, um ihren Fehler wiedergutzumachen und weil sie wussten, dass in ihrem Dorf schon bald eine Hochzeit gefeiert werden sollte, beschlossen sie gleich, die Perle wiederzubeschaffen und der Braut zur Hochzeit zu schenken. Sie durften nur nicht vergessen, ihr die Geschichte zu erzählen.

Und so machten sie es dann auch. Sie holten die Perle zurück und schenkten sie der Braut an ihrem Hochzeitstag. Dazu erzählten sie ihr die Geschichte, die ihr Ahne seiner künftigen Frau erzählt hatte, als er ihr damals die Perle überreichte. Die Frau fädelte die Perle zu ihren anderen auf die Perlenkette und hielt sie hoch in Ehren. Sie war fleißig auf ihrem Feld und hatte dadurch immer genug zu Essen und als sie ihr Ende kommen spürte, gab sie diese an ihre Tochter weiter, als diese heiraten wollte und erzählte ihr auch die Geschichte dazu.

Und so ging es immer weiter und weiter.

Es war einmal in Marokko (1985)

Es war einmal in Marokko, genauer gesagt auf dem Djemaa el Fna, dem Platz der Gehängten in Marrakesch. Die Frau wanderte mit großen staunenden Augen zwischen den Ständen und kleinen Bühnen umher, sie kaufte sich ein Glas Tee und lernte so nebenbei, dass Pfefferminze erst gepflückt werden darf, wenn die Sonne den Tau auf deren Blättern getrocknet hat. Dann erst sind die Poren geschlossen und der volle Geschmack kommt dem Tee zugute. Ohne Pfefferminze ist der marokkanische Tee nicht gewürzt und ohne Tee ist ein Leben in Marokko nicht möglich.

Die Frau sah einen Schreiber, der auf einem niederen Hocker saß, vor sich eine Art von Pult und einen zweiten Hocker für seine Auftraggeber. Auf dem Pult lag ein Blatt Papier, daneben Tinte, Tusche oder ein Pinsel. Er wartete auf einen Auftraggeber, der ihm einen Brief diktieren sollte, sei es nun ein Liebesbrief, eine Beschwerde, einen Kaufvertrag, eine Bestellung oder ein Dankesschreiben für ein Geschenk. Kurz danach beobachtete sie eine verschleierte Berberfrau, die sich ihm gegenüber niederließ. Sie diktierte, der Schreiber schrieb. Die Frau hätte gern gewusst, was es war.

Neben dem Schreiber wartete ein Zahnarzt auf einen Kunden. Auf einem Tischchen neben ihm lagen zum Zeichen seines Könnens verschiedene Zähne, mehrere Gebisse und beißzangenähnliche Werkzeuge, mit deren Hilfe er seinen Kunden die Zähne aus dem Kiefer zerrte.

Ein Wasserträger bot der Frau einen Becher Wasser an. Er hatte sich Becher, Tassen und mehrere kleine, blankpolierte Schüsseln um den Hals gebunden und trug auf dem Kopf einen roten, breitrandigen Hut. Als die Frau dankend ablehnte, ging er beleidigt weiter und sie hörte noch eine Weile ein leises Klingklang, wenn die Becher und Schüsseln aneinanderstießen. Gleich drauf wurde das Klingklang von einer Musikkapelle übertönt. Die Musiker begleiteten sich mit Trommeln und Kastagnetten, spielten auf zwei-

oder dreiseitigen Berbergitarren und einfachen Rohrflöten. Haratins aus den Oasen, dem schwarzen Süden Marokkos, tanzten. Um sie herum hatte sich ein Kreis von Zuschauern gebildet. In einem anderen Zuschauerkreis erzählte ein Märchenerzähler den Besuchern Geschichten. Die Frau hatte den Eindruck, dass er sie mehr vorspielte, als sie zu erzählen. Er tanzte vor und zurück, drehte sich um sich selbst, gestikulierte mit den Händen und hatte etwas von einem Pantomimen. Sie glaubte, seine Geschichten zu verstehen ohne die Sprache zu können.

Sie beobachtete auch einen blinden alten Mann, der seine Geschichten einem großen Zuschauerkreis erzählte. Er stand still, stützte sich auf seinen Stock und bewegte nur eine Hand. Dabei blickte er ins Leere. Die Zuschauer ahmten die Handbewegungen nach, wie sie es immer taten. Es musste eine spannende Geschichte sein, die der Blinde zu berichten hatte.

Ein Mann lief durch die Menge. Auf seinem Kopf saß eine Eule, eine andere auf seiner Schulter und ein Falke hockte auf seiner Faust. Mitten auf der Nase klammerte sich ein Skorpion fest. Ob er etwas vorführen wollte, wusste die Frau nicht. Zwei andere Männer sangen zusammen ein Lied. Einer von ihnen begleitete sich mit einem Tamburin, der andere mit einer Art Kalebassenxylofon. Abwechselnd sang einer von ihnen eine Strophe. Beim Refrain stimmte dann der andere mit ein und dazu machten sie seltsame Bewegungen, die von den Zuhörern wiederholt wurden. Die Frau beobachtete Kartenlegerinnen, die all denen, die es wissen wollten, die Zukunft vorhersagten und Apotheker, die gegen alle Leiden ein Pulver zusammenmischten. Händlerinnen mit Bauchladen liefen durch die Menge und boten kosmetische Mittel wie Henna, Schminke und verschiedene Salben an, die der Schönheit dienten. Sie sah einsame Fiedler, die eine Art Topf, manchmal war es nur ein Kopftuch, vor sich stehen hatten, in denen sie Münzen sammelten, von denen die Frau aber den Eindruck hatte, dass sie nur für sich selbst spielten und ihre Melodien während des Spiels erst erfanden.

Sie sah Feuerschlucker und Akrobaten, auch Männer, die den Leuten Glücksspiele anboten und Schlangenbeschwörer. Dann hörte sie einem Guide zu, der seiner Gruppe erklärte, dass der Beruf des Schlangenbeschwörers auf eine über hundertjährige Tradition zurückginge. Vor ihrem ersten Auftritt müssten sie eine Schulung durchmachen. Ihre Schule läge weit im Süden hinter dem hohen Atlas, wo es vor Schlangen nur so wimmeln sollte.

»Die Schlangenbeschwörer gehören einem Orden an, dessen Angehörige an die Baraka, das unfehlbare Glück, glauben«, erklärte der Guide seiner Gruppe. »Sicher kennen sie auch geheime Mittel, mit denen sie Bisswunden erfolgreich behandeln können. Fest steht jedoch, dass der marokkanische Schlangenbeschwörer fest annimmt, dass er seine Sicherheit und sein Selbstvertrauen im Umgang mit den Schlangen der Baraka verdankt. Die Schlange, die sein Flötenspiel aus dem Korb lockt und die er reizt, bis sich ihr Körper an Hinterkopf und Hals verbreitert und sie böse zu zischen beginnt. Er bricht ihr nicht die Giftzähne aus, sie würden auch schnell wieder nachwachsen, sondern vermeidet nur geschickt jede Möglichkeit, gebissen zu werden. Vielen Schlangenbeschwörern sagt man hypnotische Fähigkeiten nach. Sie wiegen sich hin und her im Rhythmus des Schlangenkörpers und lassen sie nicht aus den Augen.«

Am Rand des großen Platzes blieb die Frau lange vor den Ständen der Sattler, Schlosser und Messingschmiede stehen. Alle hatten ihren festen Platz. Keiner war auf den anderen eifersüchtig. Auch die Schuhmacher mit ihren buntbestickten Papuschen nicht. Die Schuhe hatten sie dekorativ an den Wänden befestigt. Das sah aus wie ein großer orientalischer Teppich. Die Brautschuhe der Berberfrauen verschönerten ihn mit ihrer Farbe. Immer wieder kam sie an kleinen Gebetsräumen vorbei. Strohmatten lagen auf dem Boden. Männer und Frauen knieten auf ihnen und verneigten sich nach Osten gegen Mekka. Gerüche drangen aus den Gassen des Souk und verteilten sich über dem Platz. Gerüche nach Rosenwasser, Zimt, Eselsmist, frisch gebackenem Fladenbrot, Schweiß, gegerbtem Leder, gegorener Milch, verfaultem Gemüse, Zedernholz und über allem der köstliche Geruch nach frischer Pfefferminze.

Auf der dem Souk zugewandten Seite befanden sich einige Garküchen, in denen die Köche Paella, Hammelspieße oder -gulasch mit Zwiebelscheiben und Peperoni vor den Augen ihrer Besucher zubereiteten.

Für die Frau war der Djemaa el Fna oder der »Platz der Gehängten«, wie er einmal genannt wurde, der fantastischste und schönste Ort, den sie je gesehen hatte.

Es war einmal in Indien (1986)

Es war einmal in Indien, genauer gesagt auf einem Markt in Puskar. Das war ein Markt mit einem Ausmaß, wie es die Frau nicht für möglich gehalten hatte. Er fand nur einmal im Jahr statt und dehnte sich über mehrere Hügel aus, fast bis zur Grenze des Himmels. Siebzigtausend Kamele sollten dort aufgetrieben worden sein. Die Menschen lagerten in Gruppen bei ihren Tieren, neben ihnen standen grobe zweirädrige Karren. Sie waren tage-, vielleicht sogar wochenlang unterwegs gewesen, um genau an diesem Tag in Puskar sein zu können. Über der riesigen Fläche schwebten einige Geier. Die Männer trugen Turbane in allen Farben, in rot, rosafarben, gelb oder orange. Die Gesichter waren schmal, scharf geschnitten mit glühenden schwarzen Augen über oft weißen Schnurrbärten. Wenn die Frau in ihre Nähe kam, luden sie sie freundlich zu Jai ein, dem traditionellen indischen Tee. Am Rand der Stadt war eine Zeltstadt aufgebaut worden. Eine Gruppe Zigeuner zog zwischen den Tieren umher. Ein Mädchen tanzte, drei Männer spielten. Die Musik schwebte über den Köpfen der Menschen und Tiere und vermischte sich mit dem Blöken der Schafe und Kamele, dem Gemecker der Ziegen und dem Geschwätz der Händler. Ein Teil des Marktes war den Gauklern vorbehalten. Ein Riesenrad stand da und ein Zirkuszelt. Buden, vor denen Männer in Frauenkleidern tanzten. Karussells mit hölzernen Pferden, Elefanten und immer wieder Kamele, Kamele, Kamele. Dazwischen und davor sandige Wege, auf denen wild sich gebärdende Jungtiere entlanggetrieben wurden. Sie weigerten sich weiterzugehen, begehrten auf und wurden nur durch ihre Fußfesseln und die sie umgebenden Männer daran gehindert, in Panik auszubrechen und davonzustürmen. Ein Mann warf sich der Frau vor die Füße, versuchte sie zu küssen und zu streicheln. Hatte er ein Gelübde abgelegt? Die Frau wehrte ihn ab und ging ruhig weiter. In einer Arena wurden Pferde, Rinder und Kamele prämiert. Zigeunerinnen traten auf, Kamelreiter zogen vorbei.

Männer führten Pferde vor. Wettspiele wurden angeboten. Die Sonne ging unter. Auf den Kuppen der Hügel verwandelten sich die Kamele in Schattenrisse. Überall stiegen Rauchsäulen auf. Es wurde Tee gekocht und Brot gebacken. Die Nacht näherte sich.

Die Frau musste zurück zu ihrem Bus. An den Straßenecken standen Sadhus, heilige, mit Asche beschmierte Männer. Einer hing kopfüber an einer Schaukel. Die Frau hörte zu, als ein anderer Passant seiner Frau erklärte, dass dieser Mann angeblich nach einem selbst auferlegten Gelübde schon seit vier Jahren dort hinge. Krüppel, anscheinend Leprakranke, lagen auf den Gehwegen. Auch sie mit weißer Asche beschmiert. Manchmal waren ihnen Beine, manchmal auch Finger abgefallen. Einmal zog ein Mann einen Wagen hinter sich her, auf dem ein zugedeckter Mensch lag, der sich im Takt seiner Schreie unter der Decke bewegte. Sie alle bettelten um Almosen.

Auch das ist Indien, schoss es der Frau durch den Kopf. Nicht nur Kamele und Gaukler, viele Menschen, Tiere und Musik, sondern auch Armut und Elend. Sie selbst war nur ein kleines Sandkorn in einer großen Wüste.

Es war einmal in Rajasthan (1986)

Es war einmal in Rajasthan, das ist eine Provinz im Nordwesten Indiens. In früheren Zeiten lebten dort viele reiche Maharadschahs. Ihre prächtigen Paläste sind heute noch zu sehen. Deshalb ist Rajasthan das Land der Paläste. Aber es ist auch das Land der freundlichen Menschen, der Kamelfuhrwerke und der weißen Buckelrinder. Büffelkühe verbringen die Mittagshitze im Wasser liegend. In den Palmen hängen fliegende Hunde, die zur Familie der Fledermäuse gehören, und es gibt so viele Papageien dort wie Spatzen in der Heimat der Frau. In den Städten hausen Horden wilder Affen. Oft stehlen sie den Frauen die Wäsche von den Balkonen oder ärgern sie auf andere Weise. Mitten in Rajasthan befindet sich eine kleine Stadt, die Mandawa heißt. Durch sie führte einmal eine bedeutende Handelsstraße, eine Abzweigung der Seidenstraße, auf der Handelsgüter wie Seide, Teppiche und Porzellan von China nach Europa transportiert worden waren. Dort hatten viele Kaufleute zu Beginn des letzten Jahrhunderts großartige Häuser gebaut, die sie »Havelis« nannten. Leider versank nach der Unabhängigkeitserklärung Pakistans von Indien die Gegend in Bedeutungslosigkeit. Die Kaufleute verarmten und verließen ihre Häuser, die allmählich verfielen. Da aber die Besitzer weggezogen und nicht mehr auffindbar waren, konnte niemand anderer sie erwerben und schon gar nicht der Indische Staat, dem die Mittel fehlten, sie wieder instand zu setzen. Diese Häuser mit ihren Innenhöfen, Galerien und großen Salons waren flächendeckend mit Bildern bemalt, in denen man lesen konnte wie in einem Buch. Eisenbahnen, frühe Flugmaschinen, Götter und Elefantenkarawanen, Kamele, britische Soldaten und vornehme Ladys beim Tee oder in einer Kutsche sitzend, naiv mit einer schwarzen Linie vorgezeichnet, danach flächig koloriert oder ähnlich alten Fotografien plastisch schattiert, vieles auch nach Schablonen. Ablesbar waren der Beginn des technischen Zeitalters, das der ersten Kolonisatoren sowie die Geschichte der alten indischen Mythen mit den Gestalten des Gottes Rama, seiner Geliebten Sitah und Hanuman, dem Affengeneral.

In einigen dieser leeren Paläste hatten sich Romafamilien niedergelassen. Sie hatten Schutz gesucht vor Regen und Sturm. Ihre Herdfeuer hatten die Bilder geschwärzt und zum großen Teil unkenntlich gemacht. An die Außenmauern waren Wahl- oder Filmplakate geklebt worden. Manchmal standen Kühe davor oder Kinder ritzten ihre Namen hinein. Die ganze Stadt war einmal ein wunderbar illustriertes Geschichtsbuch gewesen, aber nun war sie dem Verfall preisgegeben.

Noch im Gebrauch war einer der alten Ziehbrunnen: Vier minarettähnliche Pfeiler waren mit einer hölzernen Querstange verbunden. Das Rad war in der Mitte dieser Stangen befestigt. An einem Ende hing ein Ledersack, den der Treiber ins Wasser ließ und am anderen ein Waagscheit, an dem die Sielen eines Büffels befestigt waren. Während ein Treiber das Zugtier antrieb, wurde der gefüllte Sack nach oben gezogen und anschließend in einem Becken ausgeleert. Von dort floss das Wasser in schmalen Gräben bis auf die Felder.

Die Frau wanderte traurig durch die Ruinen der Häuser. Verfallende, dem Verderben preisgegebene Kunst gab es überall, überlegte sie. Dass daraus etwas Neues entstand, wurde immer behauptet, war in diesem Fall aber unwahrscheinlich.

Vor einer Mauer half ein kleiner Junge seinem Großvater eine Bühne aufzubauen. Er war vielleicht zehn Jahre alt, hatte einen Strubbelkopf und trug Hosen, die ihm bis zu den Knien reichten. Die Frau sah ihm zu, wie er mit großem Eifer die Vorhänge anbrachte und dem alten Mann das Werkzeug reichte, denn an diesem Abend durfte er anstelle der Mutter den Zuschauern die Handlung vorsingen und dabei die Trommel schlagen.

Es war ein Puppentheater. Wie ein Zelt hatte der Großvater die bunte Kulisse vor der Mauer aufgespannt. In den aus Stoffresten zusammengesetzten Vorhang waren Arkaden geschnitten, in denen prächtige, mit glitzernden Bändern geschmückte Puppen auf ihren Auftritt warteten. Der Alte stellte einige Petroleumlampen auf den Boden, die den Auftritt der Puppen beleuchten sollten. Fast alle radschasthanischen Puppentheater spielten mit Vorliebe ein Stück, in dem die verschiedensten Gaukler auftreten konnten. Nur in der Ausdruckskraft der selbst gefertigten Figuren und dem Einfallsreichtum der Gauklerauftritte unterschieden sich die einzelnen Theater voneinander.

In Radschasthan heißen die Puppen »Kathputlis«. Das kommt von Putli (Puppe) und Katha (Erzählung). Ein Kathputli-Wallah bedeutet so viel wie »ein-Mensch-der-mit-Puppen-Geschichten-erzählt«.

Erst als sich genügend Zuschauer eingefunden hatten, gab der Großvater dem vor der Bühne hockenden Jungen das Zeichen für den Beginn. Er begann mit einem mächtigen Trommelwirbel. Die Petroleumlampen beleuchteten die Szene, und auf der Mauer hinter der Bühne erschien der riesige Schatten des Puppenspielers. Die Frau sah seine Schattenhände, die zuerst die Fäden einer Tänzerin ergriffen. Mit ihrem Auftritt begann ein Fest des Mogulkaisers Akbar.

Nach der Darbietung der Tänzerin trat eine kleine Trommlerpuppe auf und mit ihr begann die Pfeiferei. Mit ihr pfiff der Puppenspieler die Rede der Puppen. Hinter der Bühne nahm er ein kleines Holzpfeifchen zwischen die Lippen und das klang, als sprächen seine Puppen eine eigene Sprache. Der Junge antwortete singend und die Handlung weitererzählend. Auch wenn seine Worte oft schwer zu verstehen waren, so schienen die Zuschauer doch zu wissen, wer gerade eine Frage gestellt hatte und wer antwortete. Der Junge gab sich große Mühe, alles richtig zu machen, denn es lag ihm offensichtlich viel daran, seinem Großvater zu beweisen, dass er schon ein vollwertiger Kathputli-Wallah sein konnte. Der kleine Trommler schien so etwas wie ein Hofnarr in Akbars Palast zu sein. Nach ihm traten weitere Gaukler auf und unterhielten die Gäste. Ein Reiter ritt auf die Bühne und tauchte blitzschnell unter dem Bauch seines Pferdes durch auf die andere Seite. Ein Jongleur jonglierte mit Bällen, ein Magier verlor seinen Kopf. Dazwischen traten Musikanten auf, nach ihnen ein Gewichtheber und in den Pausen immer wieder der kleine Trommler.

Zwei Ringer kämpften gegeneinander und gegen andere Männer, die zu Akbars Hofstaat gehörten. Sie kämpften auch mit der kleinen Trommlerpuppe, die am Ende Sieger blieb. Mit einem Trommelwirbel beendete der Junge das Theaterstück. Der Schatten des Großvaters, der während des ganzen Spiels über die Mauer hinter der Bühne gegeistert war, sank in sich zusammen. Während die Zuschauer heftig Beifall klatschten, trat der alte Mann vor die Kulisse. Er legte die Handflächen aneinander und verbeugte sich tief. Danach schickte er seinen Enkel mit einem Teller herum, um Geld einzusammeln.

Viele Geschichten kursieren im radschasthanischen Puppenspiel über Puppen, die nachts zum Leben erwachen, die imstande sind Kranke zu heilen oder andere Wunder zu vollbringen. Nur in der allergrößten Not trennen sich die Spieler von ihren Figuren. Sie vererben sie ihren Kindern, und wenn eine Puppe wirklich so beschädigt ist, dass sie nicht mehr zu gebrauchen ist, wird sie häufig mit den gleichen Zeremonien beerdigt wie ein Mensch.

Es gibt viele hundert Familien, die das radschasthanische Puppenspiel berufsmäßig betreiben. Sie reisen von Dorf zu Dorf und führen dort ihre Puppen vor, und deshalb ist Radschastan nicht nur das Land der Paläste, der Kamele, der weißen Buckelrinder, der Papageien und der fliegenden Hunde, sondern auch das Land der Kathputli-Wallahs.

Es war einmal in Nepal (1987)

Es war einmal in Nepal. Die Kinder im Kathmandu-Tal mit ihren staubverkrusteten Gesichtern und der braunen Haut glichen der Erde, auf der sie aufwuchsen. Ganz anders als die Kinder am Trisuli-Fluss. Sie glänzten vor Sauberkeit, plantschten den ganzen Tag im Wasser, spritzten sich nass und bauten Bewässerungskanäle im Sand. Auf dem Weg nach Fishling, wo die Schlauchboote warteten, begegneten dem Auto lange Kolonnen von Frauen in festlichen Gewändern. Sie kamen aus den Bergen, um das einmal im Jahr stattfindende große Fest zu Ehren des Gottes Vishnu zu feiern. Die Frauen trugen prächtige feuerrote Gewänder, hatten ihren Goldschmuck angelegt und sich rote Bänder in ihre Zöpfe geflochten. Einige hatten sich ein zusammengefaltetes Tuch auf den Kopf gelegt oder es irgendwie auf abenteuerliche Weise ins Haar geschlungen, um sich gegen die Sonne zu schützen. Die meisten liefen barfuß am Rand der Straße entlang.

Bei diesem Fest warfen viele Menschen gelbe Blüten in den Fluss, und als die Frau auf einem Schlauchboot den Fluss hinunterfuhr, trieben diese Blüten neben ihr her, drehten sich in den Strudeln und tanzten über die Stromschnellen. Die Blumen erschienen ihr wie Gebete der Menschen, die sie der Strömung übergaben, damit sie der Fluss in den Ganges trage, den heiligen Fluss Indiens.

Die Frau hatte eine Schlauchbootfahrt auf dem Trisuli-River gebucht, die sie vom Hochland Nepals ins indische Tiefland bringen sollte, ein Rafting über die Stromschnellen nicht nur des Trisuli, sondern auch des Kali Gandaki bis ins Wildschutzgebiet Chitwan.

Das Boot trieb zuerst gemächlich dahin, später auch über dem schnellen reißenden Wasser, gesteuert von einem Bootsmann, der einmal »paddle foward!«, dann wieder »paddle back!« schrie, woraufhin die Frau folgsam mit den anderen Fahrgästen vorwärts oder rückwärts paddelte. Wurde es aber gefährlich, brüllte er: »Hang on!« Dann sollten die Bootsinsassen sich nur irgendwo festklammern, damit sie nicht herausgeschleudert wurden. Einmal wurde die Frau durch die Wucht einer Welle rückwärts ins Boot katapultiert, weil sie dem Befehl des Bootsmanns nicht rasch genug Folge geleistet hatte.

Sie lagerten in Zelten am Ufer.

Um sechs Uhr morgens wurden alle durch ein Tuten und Läuten geweckt. Dorfbewohner näherten sich in einer Prozession. Mit sich trugen sie ein aus Blumenketten geflochtenes Symbol, das wohl einen Tempel darstellen sollte. Es war der krönende Abschluss des Festes vom Vortag. Die Frauen ließen kleine Flöße aus Blumen auf dem Fluss schwimmen. Die Lichterboote bestanden aus großen zusammengesteckten Blättern, auf denen sich etwas rotes und etwas gelbes Pulver befand, außerdem Weihrauch und ein kleiner brennender Kerzenstummel.

Der Nebel stieg nur langsam höher, aber die Luft war warm. Rasch näherten sich die Boote der gefährlichsten Stromschnelle. Eisvögel, Steinschmätzer, Sandpiper und kleine Krickenten flatterten von Ufer zu Ufer. Auf den Ästen der Bäume turnten Rhesus-Affen. Von einem der Schlauchboote kippte ein alter Mann über Bord. Er tauchte unter dem Boot durch und wurde dank seiner Schwimmweste auf der anderen Seite wieder hochgezogen und gerettet.

Die Boote fuhren mal schnell, mal gemächlich. Rauschen kündigte die nächste Schnelle an. Von welcher Stelle aus sie der Bootsmann ansteuerte, war sein Geheimnis. Manchmal schien sie schnell und gefährlich, doch das Schlauchboot bewältigte sie spielend leicht und die Insassen hatten fast den Eindruck, sie säßen in einer Schaukel. Dann wieder folgten sie so rasch aufeinander, dass das Boot kaum Zeit hatte, sie auszubalancieren und sich zu beruhigen. Die Brecher schlugen mit Wucht über die Bordwand und schleuderten es mit großer Gewalt hin und her. Über die nächste Schnelle ritt das Boot dann wieder sanft hinweg. Die Insassen mussten oft bis zum letzten Moment paddeln und sich dann – »hang on!« – irgendwo festklammern. In weiten S-Kurven zwängte sich der Fluss durch eine Schlucht. Links und rechts säumten ihn blankgewetzte Felsplatten, oft schräg übereinander geschichtet. An steilen Hängen über ihnen Wald, der zunehmend Dschungelcharakter annahm, durch Schlingpflanzen überwucherte Bäume und Sträucher. Oft hingen die Felsen auch über das Flussbett. Sie waren moosbepelzt. An vielen Stellen weinte der Berg. Dann rieselte Wasser über die Steine und ließ sie dunkel werden. Manchmal stürzten Wasserfälle über die Felsen oder kleine Bäche zwängten sich durch die Rinnen.

Der Seti-River mündete in den Trisuli. Sein Wasser war schäumend weiß, deshalb hieß er auch White River. Das Wasser wurde immer wärmer, je weiter sich die Boote der indischen Tiefebene näherten. Einfache, von Ufer zu Ufer führende Seile lösten die zahlreichen Hängebrücken ab. Mit ihrer Hilfe zogen sich die Bergbewohner in einem Korb über die reißende Strömung. Allmählich wurden die Berge immer niedriger. Bananenfelder zogen sich die Hänge hinauf, vereinzelt auch Zuckerrohr. Der Fluss strömte gemächlich dahin, nur begleitet von einer schmalen Straße, auf der ab und zu ein Bus oder ein Lastwagen nach Indien fuhr.

Die Frau konnte sich noch gut an die Angler erinnern, bei denen der Bootsmann Fische kaufte. Sie waren schwer auszumachen auf ihren Felsen und hockten auf einem Vorsprung in der Wand, vier oder fünf Meter über dem Wasserspiegel. Ihre braune Haut verschmolz mit dem Hintergrund. So wurden sie erst sichtbar, wenn das Boot schon auf sie zusteuerte. Die mit einem Gewicht beschwerten Angelschnüre spannten sich schräg ins Wasser hinunter. Grundangeln. Der Bootsmann fragte, ob sie ihm Fische verkaufen könnten und einer von ihnen hatte wirklich so viel gefangen, dass er sie abgab. Es waren silbrige Fische mit Barthaaren, wahrscheinlich Welse.

Sie erinnerte sich auch an die vielen Kinder am Ufer und die Namaste-Rufe, die sie zu den Booten hinüberschickten. Manchmal unterhielten sich die Bootsleute mit ihnen, das ging aber nur so lange, bis der Fluss die Boote so weit getragen hatte, dass eine Verständigung nicht mehr möglich war.

Sie erinnerte sich an die Einbäume, die auf dem Fluss unterwegs waren, die einsamen Gehöfte an den Hängen der Berge und die Hunde, die immer um die Lagerplätze strichen. Nur die Strömung war immer gegenwärtig und das Rauschen des Wassers, das sich an den Stromschnellen verstärkte, wenn das Wasser die Steine überspülte, die ihm den Weg zu versperren versuchten. An einem der Lagerplätze zeigte einer der Bootsleute der Frau einen Papagei mit einer roten Brust, den ihm ein Mann gereicht hatte. Er hatte gestutzte Flügel und pfiff alles nach, was man ihm vorpfiff. Das war kurz vor der Einmündung in den Kali Gandaki.

Die Frau erinnerte sich auch noch an die Baumzikaden, die auf den Bäumen am Ufer hockten. Sobald sich das Boot ihnen näherte, begannen sie zu zirpen. Sofort fielen alle in den Chor ein und ordneten sich unter wie bei einem vielstimmigen Choral a cappella, der sogar das Rauschen des Flusses noch übertönte. Nach einigen Minuten verklang er, so als ginge den Sängern die Luft aus und verstummte schließlich ganz. Kaum war das geschehen, so fing auf einem Baum weiter flussabwärts ein anderer Chor an zu zirpen. Das begleitete die Boote den Fluss hinunter, so lange die steilen bewaldeten Hänge das Ufer begrenzten. Immer wieder spielten Affen in den Ästen der Bäume.

An diesem Morgen verließen sie die Berge. Das Land wurde flacher und der Fluss breiter. Am Ufer wuschen einige Männer Gold. Sie zeigten den Bootsinsassen, wie sie das machten. Sie wuschen zuerst die größeren Kiesel aus, dann in einer hölzernen Schüssel den Sand selbst und am Ende blieben acht oder zehn winzige goldene Punkte übrig. Ein Junge führte ihnen vor, wie man den Staub mit dem Finger aufnehmen und ihn in einem Bananenblatt sammeln konnte. Fünfhundert Rupien verdiente man so im Monat, erklärte er. Das sei nicht schlechter als der Verdienst eines Straßenarbeiters, es mache nur mehr Spaß. Für die Menschen hier war der Zusammenfluss des Trisuli mit dem Kali Gandaki ein heiliger Platz. Ein alter Mann hockte an der Spitze der Halbinsel und betete. Das Wasser des Kali Gandaki war dunkler als das des Trisuli. Von hier ab hieß der Fluss Narayani.

Ein heiliger Baba hatte dort seine Behausung, bewacht von einem deutschen Schäferhund. Doch leider war er fort. Auf einem verblichenen Foto konnte man ihn bewundern. Er hatte nur einen Arm, und es wurde behauptet, er habe ihn sich selbst abgeschlagen. Sein Haus stand unterhalb eines kleinen Tempels und der Tempel stand unterhalb eines Dorfes. Mitten auf dem Dorfplatz wuchs ein alter Bodhi-Baum. Er breitete seine Äste aus und spendete Schatten. Für die Dorfbewohner war er eine Art Kommunikationszentrum. Nebenan in einer Hütte leierten Kinder Strophen herunter. Ein alter Lehrer lehrte sie Sanskrit.

Im Flussbett unter dem Dorf sammelten Männer schwarze Steine, die der Narayani dort ablud. Sie hofften in ihnen Ammoniten zu finden, die sie später den Touristen anbieten könnten. Dazu legten sie die Steine zuerst in glühende Asche, warfen sie anschließend in kaltes Wasser und wenn sie zerplatzten, zeigten sie ihr Inneres. Nur wenige versteckten einen Ammoniten in sich.

Ein letztes Mal aß die Frau zusammen mit ihren Mitfahrern und den Bootsleuten zu Mittag. Sie bedankten sich alle bei ihnen und wünschten ihnen weiterhin gute Fahrt.

Der Himmel hatte sich zugezogen. Es regnete wieder.

Es war einmal in China. Die Schluchten (1988)

Es ist schon lange her, dass die Frau einmal durch China reiste. Auf dieser Reise hatte sie vor, mit einem gewöhnlichen Flussdampfer durch die drei Schluchten des Jangtsekiang zu fahren. Die Fahrt begann in Chongqing, die damals größte Stadt Chinas, eine rußige Industriestadt mit vierzehn Millionen Einwohnern.

Alles war schwarz dort. Schwarze, kohlenstaubverkrustete Häuser mit schmalen, gegen die Treppen zu offenen Höfen. Die Frauen kochten ihre Suppen vor ihren Haustüren auf kleinen, mit Briketts geheizten Öfen. Der beißende Qualm zog hangaufwärts.

Als die Frau mit zwei anderen Leuten aus ihrer Gruppe die Treppen hinunterstieg, kam es ihr vor, als nähere sie sich der Hölle. Immer wieder kamen ihr Männer entgegen, die an einer Schulterstange mit Kohlen gefüllte Körbe die Stufen hochschleppten. Ihre keuchenden Stimmen begleiteten den Rhythmus der Schritte. Überall dort, wo die Treppe durch einen Absatz unterbrochen wurde, standen Tische, auf denen gebackene Fische oder Schüsseln mit Suppe verkauft wurden. Auf einer Plattform vor einer Hauswand hockten sechs junge Mädchen an einem Tisch und spielten Domino. Sie schoben schnell die Steine hin und her und kicherten hinter vorgehaltenen Händen, als die Frau ihnen über die Schultern sah. Hühner und Enten waren von ihren Besitzern an die Leine gelegt worden. Dieser untere Teil der Stadt kam ihr erst recht wie der Vorhof zur Hölle vor. Nicht nur die Häuser, auch die Gesichter der Menschen schienen mit einer feinen Schicht aus Kohlenstaub bedeckt.

Mit einer Viertelstunde Verspätung lief das Schiff aus dem Hafen aus. Nebel hing zwischen den Häusern. Es sah so aus, als hielten ihn die Äste der Bäume fest. Er machte die Stadt noch düsterer. Das Schiff war ein schon etwas älterer Flussdampfer aus einer Bauserie, die »Der Osten ist rot« genannt wird. Auf drei Decks drängten sich Menschen, die mit Kindern und Körben, Säcken und Paketen beladen ihre Schlafkojen bezogen oder sich einen Platz auf den Gängen reservierten. Der Frau wies man zusammen mit einer anderen Frau eine recht geräumige Schlafkajüte zu, deren einziges Mobiliar aus zwei verdreckten, auf dem Boden liegenden Matratzen und einem Nagel an der Wand bestand, an dem sie ihre Kleider aufhängen konnten.

Der Strom durchquerte hier ein mit niederen welligen Hügeln überzogenes Land. Die in der Ferne heller werdenden Erhebungen erinnerten die Frau an chinesische Tuschzeichnungen. Verstärkt wurde dieser Eindruck noch durch einzelne Bäume auf ihren Kuppen, die sich dunkel gegen den hellen Hintergrund abhoben. Alles noch grau in grau. Das lehmbraune Wasser, dem der Fluss seinen Namen verdankte, drehte sich in Wirbeln. Über dem Wasser flog ein Fischadler, einmal stieß er herunter, doch die Frau konnte nicht erkennen, ob er etwas gefangen hatte. In einem der Wirbel drehte sich ein aufgedunsener Ferkelkadaver.

Nur langsam lichtete sich der Nebel ein wenig. Auf den Terrassenfeldern, die sich an den Berghängen hochzogen, wurde Gemüse angebaut, auch Bambus und Bananen, etwas Zuckerrohr und Obst, vermutlich Kaki- oder Mandarinenbäume.

Ab und zu kam dem Schiff ein anderer Flussdampfer entgegen und rauschte vorbei. Dann querte ein Nachen den Fluss. Die kleinen Menschen auf dem riesigen Strom wirkten ausgeliefert und schrecklich verloren. Auch altmodische schmale Holzboote waren dabei, mit einem überhöhten, überdachten Heck. Die Ruderer befanden sich in der vorderen Hälfte des Bootes, zwei auf jeder Seite. In den Steinbrüchen am Ufer klopften Männer Steine. Das Klingklang ihrer Hämmer schallte hinüber und herüber von Ufer zu Ufer.

Gegen Mittag legte das Schiff bei einer am Berghang befindlichen Stadt an. Auf den steilen Treppen, die zur Anlegestelle hinunterführten, hockten viele Menschen und beobachteten das Anlegemanöver. Wie ein Heer Ameisen strömten sie auf das Schiff, das zuerst von jenen Passagieren, die am Ziel ihrer Reise angekommen waren, verlassen worden war. Im vorderen Teil wurden Ferkel verladen, jeweils fünf, eng zusammengepfercht in einem kleinen Drahtkäfig. Sie quiekten erbärmlich.

Auch in der nächsten Stadt führten von hoch oben Treppen zum Ufer. Die unterste Häuserreihe stand auf Stelzen, um vor dem alljährlich wiederkehrenden Hochwasser geschützt zu sein. In der Nähe der Städte stank es nach Rauch.

Shibaozhai – der Steinschatzfelsen – war am linken Ufer zu sehen. Der untere Teil des Tempels schien an den Felsen gelehnt zu sein. Der obere krönte einen Gipfel. Filigran zeichnete er sich gegen den Himmel ab, beinahe so, als habe ihn jemand mit spitzer Feder dorthin gezeichnet. Einer Legende nach rieselten einst aus einem Loch in dem Felsen jeden Tag Reiskörner, von denen sich die Mönche ernähren konnten. Nach diesem Schatz erhielt der Tempel seinen Namen. Als jedoch einige unersättliche Mönche das Loch vergrößerten, versiegte die Quelle. Zurück blieb nur der Name.

Bei Einbruch der Dunkelheit ließen sich diejenigen Passagiere, die keinen Schlafplatz zugewiesen bekommen hatten, einfach irgendwo auf dem Boden nieder. Überall lagen Schalen von Erdnüssen und Sonnenblumenkernen, überall stieg man über schlafende Körper, Kinder, Kästen, Koffer, Säcke oder Beine.

Wanxian war die dritte Stadt, die das Schiff ansteuerte. Danach suchte es einen Liegeplatz in der Mitte des Flusses auf, weil es dem Kapitän untersagt worden war, bei Nacht die enge und offensichtlich gefährliche Schlucht zu passieren.

Mit dem ersten Tageslicht um halb sechs Uhr lichteten sie den Anker und legten ab. Die nächste Schlucht wurde freigegeben. Die Hügel rückten näher, türmten sich auf zu Bergen, die den Strom in ein schmales, tiefes Bett zwängten. Dreimal musste der Kapitän solche Engstellen passieren, obwohl man sie schon an einigen Stellen entschärft hatte, indem man in den Fluss ragende Felsen wegsprengte. Das gelbbraune Wasser brodelte und kochte, drehte sich in wilden Strudeln, bildete dabei abermals trichterförmige Wirbel, die ebenso rasch entstanden wie sie sich wieder auflösten. Der Sog in die Tiefe schien ungeheuerlich zu sein.

Wieder kreisten die Adler über dem Wasser, gewannen mit einigen Flügelschlägen an Höhe, ließen sich gleiten. Als einer von ihnen herunterstieß, war sein erhofftes Opfer nur ein im Wasser treibender Apfel.

In der ersten Schlucht wuchsen die Felswände fast senkrecht aus der Strömung. Wo der Stein es zuließ, krallte sich niederes Gestrüpp an ihn. Es bedeckte die Berge wie ein Pelz. Dort, wo der nackte Felsen zum Vorschein kam, wirkte es so, als hätte der Berg eine Glatze.

»Das ist also die Heimat von Li-Tai-Po und Du-Fu, den berühmten Dichtern«, sagte die Frau zu einem Mann, der neben ihr stand. Der sah sie nur verständnislos an.

Warum ich in den Bergen wohne, willst du wissen?
Ich lächle nur. Es lässt sich nicht erlernen.
Hier ist das Dasein nicht von Menschenhast zerrissen.
Der Strom treibt Blüten in den Duft der Fernen.

Am rechten Ufer klebte ein altes buddhistisches Kloster. Es hieß »Tempel des weißen Kaisers«. Die blaugrün glasierten Dächer verschwanden fast im Grün des Buschwerks.

Die zweite Schlucht, genannt »Hexenschlucht«, war fast die Schönste. In ständig wechselnden Formen schoben sich die Berge ins Blickfeld, gegen den Horizont zu in immer heller werdendem Blau. Sie zogen gemächlich rechts und links an dem Dampfer vorbei. Am Eingang jeder Engstelle stand ein Flussmeisterhaus, von dem aus ein Wärter den Verkehr beobachtete und regulierend eingriff, wenn es nötig war.

Die entgegenkommenden Schiffe schienen Schwesternschiffe des Dampfers zu sein, mit dem die Frau fuhr oder Schlepper, die im Schubverfahren mehrere Lastkähne vor sich herschoben. Oft lagen sie tief im Wasser. Sie hatten Holz geladen oder Kohle, weiße Säcke, in denen man Dünger vermuten konnte oder auch einfache Kisten und viele Menschen. Ihre Kapitäne verständigten sich durch Sirenensignale miteinander. Zweimal lang und einmal kurz bedeutete: Ich überhole dich rechts. Zweimal lang und zweimal kurz: Ich überhole dich links. Dass er das Signal verstanden hatte, bestätigte der angesprochene Kapitän mit einem kurzen Hupton. Der Frau kam es so vor wie ein Dialog, einer übers Wasser geführten Unterhaltung.

Die Ufer wurden von Kohlehalden gesäumt. Viele Männer schleppten wie fleißige Ameisen die schweren, mit Kohle gefüllten Körbe den Berg hinauf. Hier hatten die Bauern bis in große Höhen auf Terrassenfeldern ihr Gemüse angebaut. Eingehauen in den Felswänden am linken Ufer begleitete ein Pfad den Fluss, ein Treidelpfad, der angeblich schon im Jahr 300 nach Christus dort angelegt worden sein soll. Auf ihm hatten die Schiffer mit Menschenkraft ihre beladenen und unbeladenen Kähne den Fluss hochgezogen. Dieser Pfad führte durch alle drei Schluchten.

Wieder trieb ein totes Ferkel im Wasser.

Woher kommen die bloß?, dachte die Frau. Haben sie sich durch die Stangen ihres Käfigs gequetscht, um der Enge zu entfliehen?

Es war später Nachmittag, als der Dampfer die letzte Schlucht verließ und der Fluss sich fast bis zu einem See erweiterte, um anschließend in großen bedächtigen Windungen dem Meer entgegenzuströmen. Genau dort befand sich auf der linken Seite auf einem Hügel der Huang-Ling-Miao, der »Tempel des gelben Hügels«, dessen Gründung bis auf die Han-Zeit zurückgehen soll.

Als sich das Schiff dem großen Staudamm näherte und es in einer Schleuse zwanzig Meter abgesenkt werden musste, standen viele Zuschauer an den Seiten und sahen zu. Mit Entsetzen entdeckte die Frau zwischen der Bord- und der Schleusenwand zwischen all dem Abfall, den Dosen, alten Zeitungen, Orangenschalen, dem faulen Holz und was sonst noch von der Strömung so mitgerissen worden war, die Leiche eines Kindes. Es war ein kleiner Junge, kaum älter als ein paar Monate. Neben der Frau lehnte sich ein anderer Junge über die Reling. Auch er wollte gemeinsam mit seinem Vater die Schleusendurchfahrt beobachten. Der Vater, offensichtlich ein Amerikaner, stand dicht hinter ihm.

»Daddy«, rief das Kind erschrocken. »Look, there's a dead baby!«

Die Bordwand schleuderte die Leiche einmal auf diese Seite, dann wieder auf jene und der kleine Körper war ständig in Gefahr zwischen Schiff und Mauer zerquetscht zu werden. Es war schrecklich mit ansehen zu müssen, wie die zahlreichen Zuschauer auf der Schleusenmauer unaufgeregt und völlig gefühllos den Schleusenvorgang beobachteten. Das tote Baby war offensichtlich für sie nicht mehr wert als ein totes Ferkel. Es lohnte nicht, sich darüber zu empören oder den Fragen nachzugehen, wie es in den Fluss gekommen war, ob seine Mutter nach ihm suchte, ob es zufällig ins Wasser gefallen war oder ob jemand nachgeholfen hatte. Damals war es in China verboten mehr als ein Kind zu haben.

Als sich die Schleusentore wieder öffneten, ging gerade die Sonne unter und färbte den Fluss orangerot. Fischer hoben und senkten gemächlich ihre an Holzstäben hängenden Netze ins Wasser.

Die Gruppe der Touristen ging, wie an jedem Abend, gemeinsam zum Essen.

Es war einmal auf der Seidenstraße (1989)

Es war einmal im gleichen Jahr als viele Studenten in Peking auf dem Tian'anmenplatz revoltierten und diese Revolte von der chinesischen Regierung blutig niedergeschlagen wurde. Einige Wochen später fuhr die Frau mit einer Gruppe interessierter Reisender auf teils schlechten Straßen von Pakistan über den fünftausend Meter hohen Kunjerab Pass, über Kashgar, Kutscha und die ersten Höhlentempel auf dem nördlichen Teil der alten Seidenstraße nach Peking. Links von ihrer Straße befand sich das große Tian-Shan-Gebirge und rechts die Taklamatan-Wüste. Als kurz vor Turfan die Straße zur Ebene hin abfiel, hielten sie kurz an. Der Blick weitete sich und der Frau kam es vor, als ob sie am Ende der Wüste die Krümmung des Globus erkennen könnte. Ab hier war die Straße ein Stück weit asphaltiert. Links zweigte schon bald die Straße nach Ürümqi ab, der Provinzhauptstadt der autonomen Provinz Sinkiang. Doch die Reisenden wollten geradeaus nach Turfan.

Turfan sollte einer der heißesten Orte der Erde sein. Es lag einhundertvierundfünfzig Meter unter dem Meeresspiegel. Der Mönch Xuan-Zhang, der, entgegen des Verbots des Kaisers in den Jahren 629 bis 643 n. Chr. nach Indien reiste, um die Schriften Buddhas zu studieren, brauchte bis Turfan viele Wochen und wurde von Hitze, Durst und zahlreichen Räuberbanden geplagt und verfolgt.

Hier verließ die Frau mit ihrer Reisegruppe den äußersten Westen Chinas, von dem die alten Chinesen glaubten, dahinter läge das Paradies. Im ursprünglichen taoistischen Glauben nahmen sie an, dass die Königin des Westens, Xi-Wangmu, in einem wunderbaren, von einem Pfirsichgarten umgebenen Palast im Kunlun-Gebirge lebte. Jeder, der von diesen Pfirsichen äße, würde unsterblich, glaubten sie. Später, als die Lehre Buddhas auf diesem Weg zu ihnen gelangte, bestätigte es ihre Ansicht, dass dort das

Paradies liegen müsste, das sie Sukabashi nannten, und das sie mit schuppenartigen Hügeln hinter vielen Buddhabildern dargestellt hatten.

Es war nicht so heiß, wie die Frau erwartet hatte. Im Sommer sollte es dort oft bis zu 50 Grad Celsius heiß werden, im Winter bis zu –16 Grad Celsius. Vor den Höhlentempeln von Bezeklik hatte man auf einem flachen, etwas abfallenden Hang ein Denkmal errichtet. Es ist aus weißem Marmor und stellt den Mönch Xuan-Zhang dar, der, ein Pferd am Zügel führend, durch das öde Land nach Westen zieht. Vor ihm geht der Affenkönig, die Hand schützend vor die Augen haltend, damit ihn die Sonne nicht blendet. In der Hand hält er einen großen Fächer. Dem klassischen Roman »Die Pilgerfahrt in den Westen« nach, hatte er diesen Fächer einer Prinzessin entrissen, um mit ihm die Dämonen der Wüste zu vertreiben. Am Schweif des Pferdes hält sich der Schweinekönig fest. Als letzter folgte der Gruppe ein Knecht. Völlig irreal stand dieses Denkmal in der fast leeren Wüste, ohne die geringste Verbindung zu einem Gebäude.

Der Forscher Lecoq beraubte die Höhlen von Bezeklik ihrer schönsten Malereien. Doch man konnte noch an einigen Beispielen erkennen, wie sie mit einfachen, völlig sicheren Strichen ausgeführt worden waren. Die Linien, reduziert auf das Notwendigste, und koloriert mit sanften, der Wüste angepassten Farben.

Weiter. Man zeigt der Gruppe einen der unzählig vielen Brunnen, aus denen die Stadt Turfan ihr Wasser bezog. Sie wurde seit dem 18. Jahrhundert durch ein System von Kanälen mit Wasser aus dem Bokshan-Gebirge versorgt. Die Kanäle führen bis zu vierzig Kilometer weit das Wasser unter der Erde in die Senke. Es war frisches, klares Bergwasser. Ohne das gäbe es keine Oase, keine Gärten und keine Traubenspaliere über den Straßen, an denen die größten und süßesten Trauben hingen, die man sich vorstellen konnte. Ohne diese Kanäle gäbe es kein Gemüse, keine Hirsefelder, keine Aprikosen.

Die Frau und mit ihr die ganze Gruppe besuchten einen Bauern. Er lud sie ein, sich mit ihm auf die Terrasse vor seinem Haus zu setzen und seine Trauben zu versuchen. Sie setzten sich unter die Laube, durch deren grüne Blätter das Sonnenlicht goldene Flecken auf den Boden malte und aßen Trauben, so viel sie konnten. Es war warm, aber nicht heiß. Die Dolden hingen von oben herab und schienen darauf zu warten, gepflückt zu werden. Jede einzelne Beere war fast so groß wie eine kleine Pflaume und zuckersüß. Die Frau glaubte im Paradies zu sein. Begann hier vielleicht wirklich das Reich von Xi-Wangmu, der Königin des Westens?

»Wir trocknen sie in einem Trockenschuppen und verkaufen sie dann auf dem Markt«, erklärte ihnen der Bauer.

Später zeigte er ihnen seinen Obstgarten, seine Pfirsich-, Kirsch- und Apfelbäume, wobei er jeden Baum streichelte, als wäre er eines seiner Kinder. Er ging von Baum zu Baum und stellte ihn uns vor, wie man einen Freund oder ein Familienmitglied vorstellt. Viele Straßen wurden so wie die Laube in seinem Garten von rankenden Trauben überdacht. Und wenn man stehen blieb und sich ein wenig streckte, konnte man sie mit der Hand erreichen und pflücken.

Das aus Lehm gebaute Minarett der alten Moschee soll einer der schönsten Türme Chinas sein. Durch die Ornamente seiner Ziegelmauer wirkte er leicht und leitete den Blick nach oben. Die Gebetshalle mit den alten hölzernen Stützpfeilern war in ein angenehmes Dämmerlicht getaucht.

Auf dem Basar in der Stadt gab es viele Händler, die Rosinen und Aprikosen, Walnüsse, Erdnüsse und andere Trockenfrüchte verkauften. Ihr Duft zog zwischen den offenen Ständen hindurch, stieg den Besuchern in die Nasen und mischte sich mit dem Geruch von Schmalzgebäck und Fladenbrot.

Der Frau schien es wirklich, als habe sie einen Teil des Paradieses besucht.

Es war einmal in Gambia (1990)

Es war einmal eine Insel mitten in einem Fluss in Westafrika, genauer gesagt in Gambia. Der Strom hieß Gambia, genau wie das Land durch das er floss und die Insel hieß St. James. Wer sie besuchen wollte, musste mit einer Selbstbedienungsfähre über die Strömung. Sie bestand aus einer aus Brettern und Balken zusammengenagelten Plattform. Die Frau fuhr ihr Auto über eine Rampe auf diese Plattform und zog sich mit Hilfe eines Taus, das von Ufer zu Ufer gespannt worden war, selbst auf die Insel hinüber. Damit diese Fähre nicht abtrieb, wurde sie mit einem auf der Insel befestigten Seil abgesichert. Später wanderte die Frau durch die kleine Siedlung und kam auch an die alte, halbverfallene Sklavenfestung. Diese Festung war einmal das Zentrum des Sklavenhandels in Westafrika gewesen. Die Frau betrat durch das Tor einen von Unkraut überwucherten Raum, ohne Dach und ohne festen Boden. An den Wänden waren noch die eingemauerten Ringe zu sehen, an denen man die Sklaven angekettet hatte.

Die Insel St. James war die erste Station der Sklavenkarawanen gewesen, die von den westafrikanischen Händlern in tage- und wochenlangen qualvollen Märschen durch Wüste und Urwald hierher gebracht worden waren, um später auf einfachen Holzbooten flussabwärts an die Küste verschifft zu werden, wo die Schiffskapitäne sie auf einer Versteigerung kaufen und mit ihnen ihre Schiffe beluden. Sie wollten ihre menschliche Ware nach Amerika transportieren, wo ihre Arbeitskraft auf den Plantagen der reichen Besitzer gebraucht wurde. Trotz der Hitze draußen lief der Frau ein Schauer über den Rücken. Am Boden lagen immer noch Steine der verfallenden Mauer. Eine Ratte huschte davon. Die Äste der umstehenden Bäume ragten über das Loch, das früher einmal von einem Dach bedeckt gewesen sein musste. Hinter den Wänden kreischten Affen. Die Ringe und Ketten sprachen eine deutliche Sprache. Wie viele Tränen mussten hier geflossen sein? Wie viel Elend hatten diese Mauern gesehen? Die Frau stieg über Brennnesseln und niedrige Sträucher. Eine Treppe führte in einen Kerker, in dem wohl die widerspenstigsten Gefangenen unter schrecklichen Umständen festgehalten und geschlagen worden waren. In den Bäumen über ihr kreischte ein Vogel.

Sie hielt es dort nicht lange aus und floh hinaus zu ihrem Auto. Das Haus des ehemaligen Gouverneurs interessierte sie nicht weiter. Sie wollte nur weg von hier und fuhr zum jenseitigen Ufer der Insel, mitten durch den Mangrovenwald, wo abermals eine Plattform auf sie wartete, mit der sie das jenseitige Ufer des Gambia erreichte. In dieser Nacht schlief sie lange nicht ein. Der Gedanke an das Schicksal der Sklaven quälte sie und sie versuchte, sich vorzustellen, wie es damals vor mehr als hundert Jahren abgelaufen sein könnte:

Da war Koko, ein junger Mann aus dem Stamm der Dyola, der seine Felder bearbeitete wie er es immer tat. Er hackte die junge Saat und bewässerte sie, indem er das Wasser mit einem Balg aus Ziegenhaut aus dem Brunnenloch holte, es in einen Graben schüttete und darauf achtete, dass es sich schön gleichmäßig auf dem Feld verteilte. Zufrieden sah er zu, wie es langsam im Boden versickerte und die zarten Wurzeln der Hirse mit Flüssigkeit versorgte. Koko war stark und groß. Er war der Stolz seines Vaters, des Dorfältesten. In jenem Sommer war er besonders fleißig, da er vorhatte, eine eigene Hütte zu bauen und zu heiraten. Auch den Brautpreis, den er dem Vater seiner Braut bezahlen musste, durfte er nicht vergessen. Seine Auserwählte war ein junges schlankes Mädchen mit dem Namen Tara, um das sich ihrer vollen Lippen und nachtschwarzen Mandelaugen wegen schon viele andere Männer in seinem Dorf bemüht hatten. Tara hatte Koko den anderen vorgezogen, nicht nur, weil er groß und schön, sondern auch hilfsbereit, mutig und bei allen Dorfbewohnern hoch angesehen war. Außerdem hatte er ihrem Vater zwei Ziegen mehr geboten als alle anderen Mitbewerber. Tara freute sich schon auf die Hochzeitsfeierlichkeiten, weil dabei viel getanzt und gesungen wurde. Dass sich in letzter Zeit zahlreiche Überfälle ereignet hatten, bei denen die Dörfer niedergebrannt und ihre Bewohner verschleppt worden waren, beunruhigte sie nur wenig. Wer sollte ihnen etwas zuleide tun, wenn sie den anderen auch nichts taten? Und außerdem gab es seit einiger Zeit auch eine Abmachung zwischen den Dorfältesten, dass man seine Nachbarn mit einem Trommelsignal verständigen würde, sobald sich fremde Männer dem Dorf näherten.

Doch an einem schönen und heißen Tag, der so wie alle anderen Tage begonnen hatte, geschah Entsetzliches. Tara war mit einem Tonkrug voll Wasser auf dem Kopf zu Koko hinaus aufs Feld gewandert, damit er seinen Durst löschen konnte. Einmal war sie stehen geblieben und hatte den Hornraben zugesehen, die auf der Suche nach Samenkörnern durch die Sträucher stelzten. Dann war ihr plötzlich aufgefallen, dass die Vögel ohne ersichtlichen Grund hochgeflattert waren und das Weite gesucht hatten. Zuerst vermutete Tara, dass eine Wildkatze oder eine Hyäne sie zur Flucht veranlasst haben könnte, doch dann verwarf sie diesen Gedanken schnell wieder und setzte ihren Weg fort. Als sie Koko erreichte, erzählte sie ihm von ihrem Erlebnis.

»Vielleicht waren es Buschgeister, die sich in Hornraben verwandelt haben«, neckte sie ihr Bräutigam. »Menschenräuber können es nicht gewesen sein, denn ich kann von nirgendwoher ein Tam-Tam hören.«

Doch es dauerte nicht lange, bis es aus allen Ecken zu schießen begann. Männer brachen aus dem Gesträuch, Männer mit derselben dunklen Hautfarbe wie sie selbst. Sie hatten Pistolen in den Händen, mit denen sie Koko und Tara bedrohten. Starr vor Angst ließen die beiden alles mit sich geschehen, wehrten sich nicht, als man sie schlug und ihnen Handfesseln anlegte und auch nicht, als man sie wie Vieh mit Schlagstöcken vor sich hertrieb.

Hilflos mussten sie mit ansehen, wie alle Alten und Kleinkinder ihres Dorfes umgebracht und die Strohhütten in Brand gesteckt wurden. Das geschah auch mit Kokos Vater, der der Dorfälteste gewesen war. Danach legten die Banditen denen, die sie am Leben gelassen hatten, eiserne Ringe um die Hälse und ketteten sie aneinander.

»Aber warum haben wir kein Tam-Tam gehört?«, fragte Koko seinen Bruder, der vor ihm stand.

»Man hat unsere Nachbarn dafür bezahlt, dass sie unsere Abmachung vergessen. Möge die Sonne ihre Felder verdorren und ihre Brunnen versiegen lassen!«

»Woher weißt du das?«

»Ein kleiner Junge hat ihr Palaver belauscht. So schnell er konnte, rannte er heim, um uns zu warnen. Aber er kam zu spät.«

Koko, Tara und die anderen Dorfbewohner konnten nicht ahnen, was die Männer mit ihnen vorhatten. Auch wenn ihnen jemand gesagt hätte, dass sie Sklavenjägern in die Hände gefallen waren, hätten sie nicht gewusst, was das Wort bedeutete. Rücksichtslos wurden sie vorwärts getrieben. Wenn einer von ihnen hinfiel, stürzten sein Vorder- und sein Hintermann mit ihm zu Boden. Sofort schlug einer der Bewacher auf sie ein, um sie zum Aufstehen zu bewegen und wenn sie sich schließlich aufgerafft hatten, prügelte er sie weiter vorwärts, weil sonst die Karawane ins Stocken geriet.

Tara, die als Letzte in der Reihe der Frauen ging, sah Koko nur aus der Ferne. Sie konnte beobachten, dass er sich in den ersten Tagen gegen seine Peiniger aufzulehnen versuchte und diese ihn immer wieder niederschlugen. Gern wäre sie ihm zur Hilfe geeilt, aber ihr Halsring, der mit dem Halsring der vor ihr gehenden Frau fest verbunden war, hinderte sie daran. Während ihr Tränen übers Gesicht rannen, stolperte sie weiter.

Nach einigen Tagen hatte sie keine Tränen mehr, um zu weinen. Da brauchte ihr Körper jeden Tropfen Flüssigkeit zum Überleben. Bald wusste sie nicht mehr, wie oft die Sonne schon untergegangen war, seit sie das Dorf verlassen hatten. Der Mond, der in der Nacht vor ihrem Schicksalstag voll und rund über ihren Hütten gestanden hatte, magerte zur Sichel ab. Tara kam es so vor, als lösche er sein Licht vor Trauer über den Verrat ihrer Nachbarn, die für ein paar Feuerwaffen oder was es auch immer gewesen sein mochte, das versprochene Trommelsignal unterlassen hatten.

In jener Nacht, in der sich der Mond völlig hinter dem schwarzen Vorhang der Dunkelheit verkroch, erreichte die Karawane das Ufer eines breiten Flusses. Die Sklavenjäger setzten ihre Opfer mit dem Floß auf eine Insel über, auf der nur wenige Häuser standen und brachten sie in ein großes gemauertes Gebäude. Dort ketteten sie jeden Gefangenen einzeln an einen in der Mauer eingelassenen Ring und gaben ihm etwas zu essen und zu trinken. Ein paar Wochen später schloss man sie abermals aneinander und verlud sie auf offene Boote. Koko, der den Gedanken an Flucht nie aufgegeben hatte, begrub ihn nun endgültig als er die vielen Krokodile entdeckte, die im Wasser auf Beute lauerten.

Sie fuhren mehrere Tage flussabwärts, vorbei an Mangrovensümpfen und dem bis an die Ufer reichenden Dschungel, in dem die Affen kreischten. Sie kamen dabei auch an Dörfern vorbei, aus denen die Sklavenjäger gekommen sein mussten. Schließlich erreichten sie eine Siedlung am Meer, vor der sie unermesslich große Schiffe auf dem Wasser schwimmen sahen. Niemand von den Dyola-Leuten hatte auf seinen Streifzügen je die Meeresküste erreicht. Und daher hatte auch niemand jemals ein Segelschiff zu Gesicht bekommen. Nur vom Meer hatten sie schon einmal gehört, aber gesehen hatten sie es noch nie. Da sie nicht erkennen konnten, wo dieses Meer endete, hielten sie es für die Mutter des Himmels, die es über ihren Feldern regnen ließ und folgerten daraus, dass beide ein großes Ganzes sein mussten. Verwundert starrten sie das viele Wasser an, das sie bis dahin nur Beutel für Beutel tief aus der Erde geholt hatten.

Die Sklavenjäger ließen die Boote auf dem Strand auflaufen und gaben ihren Opfern zu verstehen, dass sie aussteigen sollten. Sie wurden auf einen Markt getrieben, auf dem sie viele andere Gefangene trafen, die ebenso wie sie überfallen, gefesselt und in wochenlangen Märschen hierher gebracht worden waren. Allmählich dämmerte es den Gefangenen, dass dies kein gewöhnlicher Markt war, der hier abgehalten wurde. Kein Markt, auf dem Fleisch oder Fische, Gemüse, Obst oder Gewürze verkauft werden sollten. Es war ein Markt, auf dem Menschen die Ware darstellten, von der sich die Händler hohen Gewinn versprachen.

Ihre Kunden waren die Kapitäne jener Segelschiffe, die draußen vor Anker lagen. Jeder Kapitän wurde von seinem ersten Offizier und dem Schiffsarzt begleitet. Wenn er sich für einen der Sklaven interessierte, ließ er ihn von einem Arzt untersuchen, denn ein kranker Sklave war für ihn kaum mehr wert als ein fauler Kürbis, also nichts. Er würde die Strapazen der Reise über den Atlantischen Ozean kaum überstehen, und wenn er es doch tat und krank drüben ankam, dann würde man nur einen schlechten Preis für ihn erzielen können. Die Baumwolle jedoch, mit der er sein Schiff beladen wollte, musste mit barer Münze bezahlt werden, und die konnte er nur durch den Verkauf gesunder Sklaven erhalten.

Der Kapitän, der sich für Koko interessierte, schickte zuerst einen Arzt zu ihm. Dass Koko sich nicht in den Mund sehen lassen wollte, half ihm nichts. Zwei Helfer packten ihn von hinten und hielten ihn fest, während ihm ein dritter die Kinnlade herunterriss. Nach der Untersuchung lächelte der Arzt zufrieden. Koko hatte nicht nur gute Zähne, er war auch sonst völlig gesund.

»Ich gebe dir einen Ballen Stoff und ein Messer für ihn«, sagte der Kapitän zu dem Anführer der Banditen, die das Dyola-Dorf überfallen hatten.

»Das ist zu wenig, Herr«, erwiderte dieser. »Habt Ihr nichts anderes zu bieten?«

Der Kapitän zog eine Handvoll unterschiedlichster Perlen aus seiner Rocktasche.

»Ein Ballen Stoff, ein Messer und ein Pfund gemischte Perlen«, sagte er.

»Gemischte!«, rief der Verkäufer empört. »Ich gebe meine Ware nur gegen blaue Perlen her.«

Anstelle einer Antwort schüttelte der Kapitän bloß den Kopf und ging weiter. Er kaufte einige andere Männer und Frauen, und dabei war es ihm völlig gleich, ob er ein Ehepaar auseinanderriss oder eine Mutter von ihrem Kind trennte. Nach einer Weile kehrte er zu Koko und seinem Besitzer zurück. Er wusste genau, wie wertvoll und begehrt die blauen Perlen waren, doch Koko war ein junger kräftiger Mann, gerade gewachsen und gesund. Er würde ihn zu einem hohen Preis weiterverkaufen können.

»Ich habe es mir überlegt«, setzte er das Gespräch mit dem Händler fort. »Drei Pfund blaue Perlen, dafür aber weder das Messer noch den Stoff.«

Der Handel ging noch so eine Weile hin und her und schließlich einigte sich der Anführer der Banditen mit dem Kapitän auf vier Pfund blaue Perlen.

Kokos Braut Tara war inzwischen für ein Fässchen Schnaps und zwei Ballen Stoff von einem anderen Kapitän gekauft worden. Er wollte sie mit nach Amerika nehmen, weil er gehört hatte, dass dort viele Baumwollpflückerinnen gebraucht wurden. Wenn er Glück hatte, würde ihm ein reicher Mann auch mehr für sie bezahlen, weil sie ziemlich hübsch war.

Noch am selben Abend zündeten die Matrosen große Feuer am Strand an, in denen sie Eisen zum Glühen brachten. Jedes Schiff hatte sein eigenes Zeichen und jeder Sklave erhielt seine eigene Nummer. Beides brannte man ihnen auf den Oberschenkel, die Schulter oder den Oberarm. Ihre Schmerzensschreie hallten über das Wasser und kündigten den Steuerleuten an, dass die Warterei nun bald ein Ende haben würde, denn sie wussten, dass gleich nach dem Verstauen der Ware auf den dafür vorgesehenen Decks die Gefangenen verladen würden. Dann befahlen die Kapitäne die Anker zu lichten.

»Koko!«, schrie Tara voller Verzweiflung, als sie entdeckte, dass ihr Liebster auf ein anderes Schiff getrieben wurde als sie. »Kokooo! Kokooo!«

Aber Koko sah nicht zu ihr hinüber, weil ihm auf einen Schlag klar geworden war, dass sie alle zu einer Reise ohne Wiederkehr gezwungen wurden, zu einer Reise in eine Zukunft ohne Mond über der Savanne und ohne das nächtliche Gemaunze der Löwen. Er würde kein Haus mehr für Tara und sich benötigen und sie würden auch keinen Hochzeitstanz miteinander tanzen. Nie mehr würde er den warmen Sand unter seinen Fußsohlen fühlen und nie mehr den Stolz in sich aufsteigen spüren, wenn seine Hirse gedieh. Es war gut, dass er nicht ahnte, wie schrecklich die Fahrt übers Meer werden würde, die ihm bevorstand.

Als die Frau am Morgen erwachte, wunderte sie sich, dass ihr Kissen von Tränen genässt war. Sie wusste auch nicht, ob sie das alles nur geträumt oder gar selbst erfunden hatte. Doch als sie sich an das alte Gebäude mit den in der Wand befestigten Ketten erinnerte, lief ihr erneut ein Schauer über den Rücken, weil sie auf einmal begriff, was Menschen anderen Menschen antun konnten.

Es war einmal in der Südsee (1990)

Es war einmal, dass sich die Frau wünschte, in die Südsee zu fahren. Weit, weit im Südosten befindet sich ein Meer, das größer ist als alle Meere der Welt. Es reicht von der Beringstraße bis zur Antarktis, von der Küste Chiles bis nach Australien und bedeckt etwa einhundertachtzig Millionen Quadratkilometer. Seine tiefste Stelle beträgt elftausendvierunddreißig Meter. Es ist die tiefste Stelle des Meeres auf unserer Erde. Die Menschen dort leben auf vielen Tausenden großen und kleinen Inseln und überall auf der Welt erzählte man sich, wie glücklich sie dort waren. Die Frau las mehrere Bücher über diese Menschen und ihre Kultur, fragte in ihrem Freundeskreis, wer Lust haben würde, sie zu begleiten und buchte dann zwei Tickets auf einem Katamaran, mit dem sie einige Inseln nördlich von Papua-Neuguinea besuchen wollte. Diese Inseln gehörten zur Gruppe der D'Entrecasteaux- und der Trobriand-Inseln. Für den »Melanesian Discoverer«, so hieß der kleine Katamaran, war es die erste Fahrt überhaupt in dieses Gebiet. Die Eignerin würde mitfahren und aufpassen, dass sich ihre Gäste überall gut benahmen und die dortigen Sitten und Gebräuche beachteten. Schon die Namen der Inseln und der sich auf ihnen befindenden Siedlungen klangen fantastisch und steigerten die Vorfreude der Frau: Alotau, Dei Dei, Wagifei, Nurato, Kitava, Kumwegeia, Lalela, Kaduaga, Kaileuna und Tauema, Koyawa und die Siassi Group. Schon bald träumte sie nachts von ihnen.

Die Eignerin begrüßte die Frau, ihre Freundin und alle anderen Passagiere selbst auf ihrem Schiff. Sie hieß Janet, war blond, die Haare reichten ihr bis an die Hüften, außerdem trug sie viele Ringe, nicht nur an den Fingern, sondern auch an den Zehen und an den Armen.

Es war warm, gegen Mittag wurde es heiß. Kleine Schönwetterwolken bedeckten den Himmel und spiegelten sich im Meer. Es sah aus, als ob eine Gruppe Delfine ihr Spiegelbild im Wasser zu fangen versuchte. Sie sprangen hoch, begleiteten das Schiff und bewegten sich so elegant wie ausgebildete Tänzer. Sie benutzten die Wellen als Basis ihres Tanzes, kamen näher und schwammen neben und direkt vor dem Schiff her, als führten sie es an einer Leine. Das Wasser war so klar, dass die Frau ihr Mienenspiel beobachten konnte. Seemöwen ruhten sich auf vorbeischwimmenden Palmblättern aus. Ein fliegender Fisch schoss über die Oberfläche des Wassers.

Dei Dei auf Fergusson Island, eine Insel mit kochendem Wasser. Das waren heiße, hoch aufsprudelnde Quellen.

Im vergangenen Jahr habe sich eine angeblich geistesgestörte junge Frau in eine der Quellen gestürzt, erzählte man den Besuchern. Man fand ihren zerkochten Körper erst am nächsten Tag. Am Rand des sprudelnden Teiches wuchsen fleischfressende Pflanzen, die »Venusfallen« genannt werden. Neben ihnen großblütige Orchideen, gelbe und weiße Malven und hinter ihnen rote Hibiskussträucher, glattrandiger und gefiederter Hibiskus, Bougainvilleahecken sowie Frangipanibäume, deren Blüten sich Männer wie Frauen ins Haar stecken. Der Erdboden war übersät mit Obsidianen, dem schwarzen Vulkanglas.

Wenn das Schiff an irgendeiner der Inseln angelegt hatte, paddelten vom nahen Ufer zahlreiche Männer, Frauen und Kinder mit ihren Auslegerbooten herbei, um Obst oder Gemüse zu verkaufen. Die Frauen trugen als einzige Bekleidung Röcke aus Bast. Sie boten auch bunte Bastmatten an, kleine Modelle von Auslegerbooten, geschnitzte Figuren, Zauberstäbe und wunderschöne große Muscheln und Meeresschnecken.

Die Jesuitenmission in Budoya auf Fergusson Island machte einen guten Eindruck. Dort befanden sich eine Schule und ein Hospital. Ein Teil der Kranken lag unter schattigen Bäumen und die Mütter betreuten ihre kranken Kinder selbst.

Die Stille am Nachmittag auf Dobu Island. Stille kann man nicht kaufen, dachte die Frau, man kann sie nur genießen. Ebenso wie das Baden im glasklaren Wasser und das Ruhen unter Bananenstauden.

Am Abend hielt die Eignerin des Katamarans einen kleinen Vortrag, wie sich ihre Gäste zu benehmen hätten. Niemals dürften sie den Innenraum eines Hofes zwischen Feuerstelle und Hütteneingang betreten, nie über einen schlafenden Menschen steigen. Immer sollten sie dem Häuptling den Vortritt lassen, ihn nie überholen, ihm immer mit Hochachtung begegnen. Sie würden Inseln besuchen, auf die noch nie ein weißer Mensch seinen Fuß gesetzt hatte und sie habe vorher bei jedem Häuptling durch einen Mittelsmann um die Erlaubnis gebeten, dass sie dort ankern und ihre Gäste an Land gehen dürften. Dafür brachte sie Geschenke mit und als Dank für diese hätten einige Häuptlinge für sie ein Sing-Sing vorbereitet.

Und dann tanzten und sangen die Familien für die Fremden. Nicht nur zu den rhythmischen Schlägen der Trommeln, auch zu denen ihrer eigenen Lieder. Schöne Melodien, die man nicht mehr aus dem Kopf bekam. Die Frauen hatten sich zahlreiche Ketten aus Muscheln oder Glasperlen um den Hals gehängt, die Männer ein besticktes Band um die Stirn geschlungen, der Häuptling trug zusätzlich eine Adlerfeder. Der Kinderchor gab immer wieder die Nationalhymne zum Besten. Es war jedes Mal ein großes Ereignis.

An den nächsten Abenden erzählte die Eignerin ihren Gästen vom Schmuck der Insulaner, von den Ketten aus Frangipaniblüten, von Muscheln, die sie in großen Mengen am Strand gefunden hatten und von den Glasperlen, die fremde Kapitäne mit in diese Inselwelt brachten, um Lebensmittel gegen sie einzutauschen.

Bei Sonnenaufgang hatte man den Eindruck, als verwandle sich das Meer in flüssiges Gold. Die kleinen Wellen warfen spiegelnde Lichter über die Auslegerboote der Fischer. Wie die Rücken dunkler Urtiere tauchten die Inseln aus dem Wasser. Später, als die Sonne höher stieg, drangen ihre Strahlen sogar bis auf den Meeresboden. Die Riffe waren eine Wunderwelt. Eine Welt voller fantastischer Wesen. Die vielfältigen Formen und Farben der Korallen waren wie ein Märchenwald, in dem die buntesten und merkwürdigsten Geschöpfe umherkrochen oder schwammen, Versteck spielten, sich jagten oder auffraßen, schwebten oder sich einfach nur treiben ließen. Dort, wo das Riff abfiel, bewegten sich

Schwärme von kleinen ultramarinblauen Fischchen, die von innen zu leuchten schienen. Blaue und rote Seesterne klammerten sich an den Abgründen fest, über deren Tiefe sich Dunkelheit ausbreitete. Das war das Reich der größeren Fische, die sich in ihren grau gestreiften oder gepunkteten Schuppenkleidern gut ihrer Umgebung anpassten. Auf der Jagd nach Beute glitten sie lauernd über die tiefen Korallenschluchten. Weiter unten lebten viele Muscheln auf dem Meeresboden, winzig kleine und riesenhaft große. Einige von ihnen erlangten zusammen mit roten Korallen im Lauf der Zeit für die Bewohner der D'Entrecasteau- und der Trobriand-Inseln magische Bedeutung. Sie wurden für ein Ritual namens Kula-Ring gebraucht, das seit dem immer dichter werdenden Schiffsverkehr unter den fremden Einflüssen verloren gegangen war, und das es nur hier und sonst nirgendwo auf der Welt gab.

Das, was die Frau vorher darüber erfahren hatte, hatte sie dem Buch eines Mannes namens Bronisław Malinowski zu verdanken, der zu Beginn des Ersten Weltkriegs vor die Wahl gestellt worden war, entweder in ein Internierungslager gebracht zu werden oder auf diesen Inseln anthropologische Forschungen zu betreiben. Verständlicherweise zog er die Forschungen dem Lager vor. Das Kula ist, so schrieb er, oberflächlich betrachtet, ein Schenken und Beschenktwerden und hat nichts mit dem Tausch gleichwertiger Waren zu tun. Es läuft nach alten überlieferten Gesetzen ab, von denen die Insulaner behaupteten, dass es sie schon seit der Erschaffung der Welt gab. Niemand konnte es erklären. Niemand hatte vor, es zu ändern. Um das Kula zu verdeutlichen, musste man sich über beide Inselgruppen eine Kreislinie vorstellen und sich das Zifferblatt einer Uhr vor Augen halten. Die Gegenstände, die verschenkt wurden, waren Halsketten, sogenannte Soulavas, die aus roten Klappmuschelringen gemacht wurden oder weiße, aus großen Muscheln gefertigte Armreifen, Mwalis, die man an den Oberarmen trug. Dem Gesetz nach durften die roten Muschelketten nur an Bewohner weitergegeben werden, deren Insel sich von der Insel des Gebers aus in der Uhrzeigerbewegung des gedachten Zifferblatts befand und die Armreifen in der Gegenrichtung. Stellte sich ein Inselbewohner also mit dem Rücken zum gedachten Mittelpunkt des Kreises, dann empfing er eine Muschelkette immer von einem Insulaner, dessen Insel in Richtung seiner linken Hand lag und gab sie später an einen Menschen weiter, der auf einer Insel in Richtung seiner rechten Hand lebte. Mit den Armreifen verhielt es sich dann genau umgekehrt. Das verhinderte, dass diese Geschenke nicht immer nur hin und her gegeben wurden, sondern einen Kreislauf durchliefen, was die Kontakte förderte und aufrechterhielt. So wurden nicht nur Nachrichten weitergegeben, sondern nebenbei auch Handel getrieben, denn auf einer Insel gedieh die Yamsknolle besser als auf vielen anderen, auf der nächsten eignete sich die Erde besonders gut, um Tontöpfe daraus zu brennen, auf einer dritten wuchs ein bestimmtes widerstandsfähiges Schilfgras, das sich zum Flechten von Körben eignet und auf einer vierten fand man dringend benötigte Feuersteine. Natürlich diente der Kula-Ring auch zum Kennenlernen eines möglichen Ehepartners und zur Aufrechterhaltung des Friedens zwischen den Dorfgemeinschaften. Daher wurden von Zeit zu Zeit Exkursionen ausgerüstet und viele neue Auslegerboote unter streng vorgeschriebenen Zauberritualen gebaut. Der Zauber sollte die Bootsinsassen auf der gefährlichen Fahrt über das offene Meer nicht nur vor wilden Stürmen, sondern auch vor fliegenden Hexen, Mulukwausi und den geheimnisvollen lebenden Steinen, den Nuwakekepaki, schützen. Natürlich bevorzugte jeder Besitzer eines Schmuckstücks bestimmte Partner, und wenn er einem von ihnen etwas geschenkt hatte, erwartete er nach einer angemessenen Frist ein Gegengeschenk. Zwingen konnte er ihn nicht und gleichwertig musste das Geschenk auch nicht sein. Es war nicht üblich, eine Kette oder einen Armreif lange für sich zu behalten. Sie mussten weitergeben werden, denn Schmuckstücke anzuhäufen verbot das Gesetz. Es konnte daher sein, dass viele Jahre später, nachdem ein Schmuckstück den Ring einmal durchlaufen hatte, es wieder zu jemand zurückkam, der es schon einmal besessen hatte. So dient das Kula auch dazu, Menschen zum freiwilligen Geben und Nehmen zu erziehen, einer Form des sozialen Zusammenlebens. Es war kein Wunder, dass sich um diesen Brauch viele mythische Geschichten rankten: Geschichten wie die der nachts so furchterregenden Hexen, die nichts anderes als das zweite Selbst der in Zauberdingen bewanderten Frauen waren. Die von feindseligen Steinen, die leichte Boote bis aufs Meer verfolgten und dort zu zerschmettern versuchten. Oder die vom fliegenden Kanu, das von einem Mann gebaut worden sein soll, der mit Hilfe eines besonderen Pflanzenzaubers in der Lage war, sein Schiff mit allen Insassen, dem Proviant und den mitgeführten Handelswaren durch die Lüfte segeln zu lassen.

Abgesehen vom Kula-Ring gab es auf den Trobriand-Inseln noch den Yamskult, der weit über die reale Bedeutung der Knolle als Hauptnahrungsmittel hinausging. Die Yamsknolle war ein Symbol, das dem Ansehen des Einzelnen nützte und ihn in seinem Streben unterstützte, seinen Garten gut zu pflegen und die Pflanzen bestmöglich zu betreuen. Die meisten Dörfer gruppierten sich um einen Platz, der für Tänze und Zeremonien benötigt wurde. Die Begrenzung dieses Platzes bildeten die sogenannten Yams-Häuser, kleine Hütten, in denen nicht nur die Ernte verstaut, sondern auch die schönsten Knollen für das ganze Dorf sichtbar ausgestellt wurden. Darüber wurde diskutiert, die Gärtner wurden gelobt und bewundert, was ihrem Ansehen in der Dorfgemeinschaft außerordentlich nützlich war. Doch kein Mann erntete für sich selbst. Seine Ernte gehörte der Familie seiner Schwester. Er selbst und seine Familie erhielten die Ernte des Bruders seiner Frau. Ein Mann, der mehrere Ehefrauen, möglicherweise noch aus verschiedenen Dörfern hatte, häufte dadurch nicht nur große Mengen Yams an, sondern förderte auch seine gesellschaftlichen Beziehungen.

Das alles ist sinnvoll, hat sich in vielen hundert Jahren bewährt und es ist überheblich, von den Bewohnern jener Inseln als »Wilden« oder »Primitiven« zu sprechen.

Doch vor einiger Zeit wurden durch die Einführung einer staatlichen Währung, die nach einer bestimmten Muschel »Kina« genannt wurde, die alten Bräuche ihres Sinnes beraubt. Viele

Männer verließen ihre Heimatorte, um in den Städten nach Arbeit zu suchen. Der Besitz vieler Kinas war ihnen wichtiger als das Schenken und Beschenktwerden durch den Kula-Ring. Die Kunst des Baus von Auslegerbooten wird schon bald durch den Ankauf von Außenbordmotoren in Vergessenheit geraten und Tongeschirr wird gegen Plastikgeschirr eingetauscht. Bis jetzt sind nur die Dächer von Schulen, Hospitälern und Missionen aus Eternit. Alle anderen Häuser wurden immer noch mit Palmblättern gedeckt, einem Material, das umsonst und im Überfluss zu haben war. Die Hütten standen seit eh und je auf Stelzen und ihre Öffnungen blickten ins Dorfinnere. Auf den kleinen Veranden spielte sich das Familienleben ab, das vor keinem Nachbar geheim gehalten wurde.

Die Frau vermutete, dass das nicht mehr lange so bleiben würde, dass die unaufhaltsamen Veränderungen, die unsere Zeit mit sich bringt, auch den Charakter der Insulaner verändern würde und dass die alten Mythen in Vergessenheit geraten und verschwinden würden wie ein ins Meer geworfener Stein in die Tiefe zwischen den Korallenbänken.

Es war einmal in Papua-Neuguinea (1990)

Der Sepik River in Papua-Neuguinea ist ein Mekka für New Yorker Kunsthändler. Das wusste auch die Frau, als sich ihr die Gelegenheit bot, den Sepik hochzufahren. Die Leute dort waren für ihre Holzschnitzereien berühmt. Diese waren bizarr, Masken mit aufgerissenen Augen und offenen Mündern. Zwischen den Lippen waren die Zähne zu sehen.

»Das sind alles Geister«, erklärte ihr ein Mann, der in dem schnellen, offenen Beiboot neben ihr gesessen hatte. »Sie verehren sie in ihren Tambaranhäusern.«

»Tambaranhäuser?«, erwiderte die Frau verständnislos. »Was sind das für Gebäude?«

»Das sind Häuser, in denen ein Dorf seine Geister verehrt und Räume, in denen es seine Trommeln aufbewahrt«, sagte der Mann.

»Ah, die Trommeln! Von ihnen habe ich schon gehört.«

»Fremde dürfen diese Häuser nicht betreten.«

Sie fuhren die Nebenflüsse des Sepik entlang, um einige Siedlungen zu besuchen. Der Fahrtwind kühlte ihre Gesichter. Das Wasser wechselte seine Farbe von blau zu braun. In ihm schwammen Blätter und große Büschel Wasserhyazinthen. Die Ufer waren dicht bewachsen mit Sagopalmen, Pandanussbäumen, Bambus und riesigen Farnen und dazwischen Bananenstauden und Brotfruchtbäume. Hie und da war an einem Baumstamm ein Holzschild zu sehen, auf das eine rote Hand gemalt war. Unter ihr stand das Wort »Tabu«. Es war das Zeichen dafür, dass das Gelände jemandem gehörte und nicht betreten werden durfte. Ein Wort, das auf der ganzen Welt verstanden wurde. Weiße Reiher flatterten hoch und flüchteten vor dem Boot. Die Palmenzweige hingen bis ins Wasser und erlaubten nur selten einen Blick ins Innere des Gartens.

In Menam, einigen Hütten auf sumpfigem Grund, die den Bongoleuten gehörten, liefen die Bewohner des Dorfes zusammen, als das Boot an ihrem Ufer anlegte. Fast alle hatten Schnitzereien dabei. Mit fremdem Besuch konnte man Geschäfte machen. Das Tambaranhaus war ein lang gestreckter Bau. Vor dem Eingang stand eine alte verzierte Schlitztrommel. Auf dem freien Platz vor ihr spielten die Männer Theater, begleitet von anderen kleinen Trommeln, einer modernen Gitarre und mehreren Stimmen. Das Stück erzählte von einem Mann, der auszog, um sich ein Mädchen zu suchen. Das Mädchen wurde von einem als Frau verkleideten Jungen gespielt. Kaum war er dort, erreichte ihn die Botschaft, sein Vater sei gestorben. Er verabschiedete sich gleich von seiner Liebe und eilte, begleitet von dem Boten, heim, fand den Vater umgeben von Stammesgenossen tot am Boden liegen und begann laut darüber zu klagen und zu schreien. Zusammen mit seinen Freunden hob er den Toten hoch, trug ihn weg und verschwand mit ihm im Tambaranhaus. Abschließend tanzten sie einen kurzen Tanz.

In einem anderen Dorf standen die Häuser auf Pfählen im Wasser. Die Menschen waren besonders arm. Sie hatten nichts, was sie zum Tausch gegen notwendige Lebensmittel anbieten konnten. Irgendwann kamen sie auf die Idee, den Händlern ihre Frauen anzubieten, was von vielen auch angenommen wurde. Das wiederum verboten ihnen die Missionare. Danach hatten sie nichts mehr, was sie zum Tausch anbieten konnten.

Das Ufer war flach und sumpfig. Manchmal befand sich ein kleines Wäldchen dazwischen, das aus Bäumen bestand, deren Kronen sich schirmartig ausbreiteten. Regenbäume nannte man sie hier. Auf den Feldern wurde überwiegend Yams angebaut, der sich wie Bohnen an Stangen hochrankte.

Tambanum war eine Ortschaft im Schatten dieser alten Bäume. Yatmol-Menschen nannten sich die Leute, die hier wohnten. Sie gehörten drei Clans an: dem Schweine-Clan, dem Krokodil-Clan und dem Sago-Clan. Hier durfte niemand in die Nähe des Tambaranhauses kommen. Die Bewohner hatten dort ein Geisterproblem.

In der nächsten Siedlung wurden Krokodile aufgezogen. Im Männerhaus waren zwei schöne, alte Schlitztrommeln zu sehen und zwei von der Decke herabhängende Geistermasken. Auf dem spitzgiebeligen Dachfirst steckten in regelmäßigen Abständen Flaschen auf Stangen, um die Geister günstig zu stimmen. Zwei Tambaranhäuser in einem Dorf, in denen die Geister beschworen, gebannt, herbeigerufen und um Hilfe gebeten wurden, gab es nur selten. Sie spielten die wichtigste Rolle im Leben der Menschen. Im Inneren des größeren der beiden Häuser stand ein Gebetshocker. In ihm sollte einer der Geister leben. Merkwürdige Wesen befanden sich im Erdgeschoss; Vögel, vogelkopfige Menschen, Vögel auf dem Rücken von Frauen mit langen, hängenden Brüsten, schauerliche Masken mit langgezogenen Nasen, die oft einem Vogelschnabel ähnelten und dann mit dem Kinn zusammengewachsen waren, Gesichter mit runden, aufgerissenen Kugelaugen und grinsenden Mündern, aus denen die Zunge heraushing und die geschnitzte Figur auf einem Tisch, die eine auf dem Bauch liegende Frau darstellte, so als läge sie im Wasser. Sie hielt sich an den Schwanzflossen zweier Delfine fest. Es war die Darstellung einer alten Legende, die davon handelte, dass eine Frau einmal von zwei Delfinen gerettet wurde. Sie alle personifizieren die Angst der Menschen vor dem Unbekannten. Die Angst vor dem, was sie nicht begreifen konnten, die Angst vor der dunklen Natur mit ihren unerklärlichen Wesen, vor dem Donner, dem Blitz und dem rasenden Wind. Diese Angst wurde auch oft von Geisterbeschwörern dazu benutzt, um über die Dorfbewohner Macht auszuüben. Die Trommeln werden zur Verständigung gebraucht, zur Verständigung mit anderen Dörfern und zum Melden vor drohenden Gefahren. Als zwei alte Männer die beiden mit Schnitzereien verzierten Trommeln zu schlagen begannen, dröhnten die Schläge über die Dächer der Häuser, über die Gärten und tief hinein in den Wald. Der Rhythmus wechselte, wurde einmal schnell, dann wieder langsam, dann sich ergänzend, manchmal wurden mehrere Doppelschläge hintereinander geschlagen. Es gab eine Fülle von Variationen und man verstand gut, dass die Dorfbewohner über weite Strecken miteinander Kontakt halten konnten. Es war ihre Sprache, eine Art Unterhaltung, vielleicht auch nur eine Meldung oder Nachricht. Sie konnten durch sie mit den Geistern reden oder sie beschwören. Die Trommelschläge, einmal heller, einmal dunkler, passten gut zu den Geisterfiguren, den Vögeln, den Fischen und den Masken, die von der Decke hingen. Sie hauchten ihnen Leben ein und man verstand, dass die Menschen die Geister fürchteten. Inspiriert hatten sie das Rufen der Frösche, das Klopfen eines Vogels auf einem Stamm oder das Schlagen der Wellen ans Ufer.

Wieder durch die Felder, auf denen Yams und Süßkartoffeln angebaut wurden, über einen schmalen Steg, der über einen Teich führte, in dem rote Seerosen blühten und durch einen Wald mit den Passionsblumen, die ihre Blüten in der Mittagshitze geschlossen hatten. Auf dem Pfad liefen drei kichernde kleine Mädchen zum Fluss hinunter. Sie trugen ihre bunten Netze an einer über die Stirn gelegten Schlaufe.

Im nächsten Dorf hatten die Menschen ein Sing-Sing vorbereitet, ein Krokodilsritual. Leise Lieder erklangen aus dem Tambaranhaus, das kein Fremder betreten durfte. Dann wurden zwei aus Bast geflochtene Krokodile von je einem Mann herbeigetragen, der seinen Körper unter Bambusblattbüscheln verbarg.

Auf diese Weise weihten sie ihre neuen Kanus ein. Wieder stellten die Dorfbewohner Masken und anderes Schnitzwerk aus. Der Verkauf war eine wichtige Einnahmequelle.

Im Hochland gab es Unruhen. Die Bauern empörten sich, weil man sie beim Verkauf ihres Landes betrog. Auch das Quecksilber, das von den Goldminen her das Trinkwasser verseuchte, nahmen sie nicht so einfach hin.

Die Frau flog mit den anderen vom Sepik zurück.

»Es ist schön, so über die Wälder zu fliegen«, sagte die Frau zu ihrer Freundin. »Es ist so geheimnisvoll, was sich unter ihren Kronen verbirgt, Orchideen, bunte Papageien, Paradiesvögel, fröhliche Menschen, die sich mit ihren Federn schmücken, aber Angst vor den Geistern haben, die sich wunderschöne Muschelketten um den Hals hängen, Blumen ins Haar stecken und Baströcke anziehen. Menschen, die singen und tanzen. Ist es nicht schön, das alles gesehen zu haben?«

»Das ist es«, erwiderte die Freundin.

Es war einmal in Ostafrika (1991)

Es war einmal eine Frau, die wünschte sich so sehr die Tiere, die sie im Zoo gesehen hatte, auch in der freien Wildnis zu beobachten. Das alles ist schon viele Jahre her. Sie sparte, und als sie das Geld zusammen hatte, kaufte sie sich eine organisierte Rundreise durch Kenia und Tansania.

Dort war es heiß. Sie musste sich erst daran gewöhnen. Die Hauptstadt Nairobi interessierte sie nur wenig. Der Kleinbus, dem sie zugeteilt wurde, hatte Platz für sechs Personen und den Fahrer. Sie fuhren hinunter ins Rift Valley, den afrikanischen Graben, besuchten einen kleinen dörflichen Markt und erreichten das Massai Mara Gebiet, einen großen Nationalpark.

Und dort fand sie plötzlich die Tiere, nach denen sie auf der Suche war. Der Fahrer des Busses scheute sich nicht, den Weg zu verlassen und durch die Savanne zu fahren, als er kreisende Geier am Himmel bemerkte. Noch bevor seine Fahrgäste erkennen konnten, was die Ursache ihres Kreisens sein konnte, befand sich das Auto mitten in einer unabsehbar großen Herde von Gnus und Zebras, Gazellen und Antilopen.

Sie wandern nach Nordwesten, erklärte der Fahrer seinen Fahrgästen in holprigem Englisch. Ihr Ziel ist der Victoriasee. Dort finden sie reichlich Futter. Wenn sie alles abgefressen haben, wandern sie wieder zurück.

Die Frau war überwältigt. Das hatte sie nicht erwartet: Sie sah Abertausende von Tieren, die über die Hügel zogen und dabei Gras rupften oder Zweige von den Dornbuschakazien rissen. Die anmutigen Bewegungen der Thompsongazellen, die von den schwarzen Strichen an ihren Flanken noch betont wurden und Kuhantilopen mit ihrem gedrehten Gehörn. Zwischen ihnen Löwen, Geparde und Wildhunde, die sie jagten, sowie Hyänen und Geier, die auf die Reste der Opfer warteten, sobald die Jäger ihre Mahlzeit beendet hatten. Alle wanderten in lockeren Gruppen, zufrieden und ruhig. Nur wenn das Raubwild ein Opfer gefunden hatte, flüchteten sie zur Seite, beruhigten sich aber bald wieder und liefen weiter, als ob nichts geschehen wäre.

Nie mehr, dachte die Frau, nie mehr besuche ich einen zoologischen Garten, in dem alle diese Tiere auf engstem Raum zusammenleben müssen und zum Teil auch in Käfigen dahinvegetieren. Ihnen blieb nur gerade so viel Platz, um ständig hinter Stäben oder Zäunen hin und her zu laufen und sich auf diese Weise Bewegung zu verschaffen. Hin und her, hin und her, immerzu. Traurig und stupide. Hier hatten sie die Savanne. Das war die große Freiheit.

Sie entdeckte drei Löwinnen, vielleicht waren es auch vier. Eine schien die Anführerin zu sein. Sie verständigte sich mit den anderen durch Blicke, ließ einmal die eine einen Schritt vorwärts gehen und dafür eine andere ein paar Schritte zur Seite. Einem geheimen Plan folgend umschlichen sie einen Büffel. Der stand ein wenig entfernt von seiner Gruppe im hohen Gras, beschattet von einigen Dornbuschakazien, schien nichts von der drohenden Gefahr zu bemerken, ahnte nichts Böses und verschwand fast hinter einem Tamariskenstrauch. Am Himmel erschien ein Geier. Nicht nur die Frau und die Insassen des Kleinbusses, mit dem sie fuhren, auch er beobachtete die Szene.

Es dauerte lange, bis die Anführerin der Löwinnen eine Position erreicht hatte, von der aus sie einen Angriff wagen konnte.

Die Frau im Kleinbus hatte das Schiebedach geöffnet. Sie stand neben einem der anderen Fahrgäste. Der Fahrer hatte den Motor abgestellt. Niemand sprach ein Wort.

Auf einmal griff die Löwin an. In ein oder zwei riesigen Sätzen erreichte sie den Büffel und sprang ihm auf den Rücken. Der Büffel senkte den Kopf und versuchte sie abzuschütteln. Da kamen ihr die anderen zu Hilfe. Eine der Raubkatzen verbiss sich in einen Schenkel und als ihr Opfer sich drehte, um sie zu vertreiben, erwischte eine dritte die Kehle. Geschockt von dem unerwarteten Angriff gab der Büffel auf. Er brach zuerst vorne zusammen, kippte dann zur Seite, strampelte ein paar Mal mit den Beinen und blieb dann still liegen. Minutenlang ließ ihn die Löwin nicht los. Erst als sie sicher sein konnte, dass er tot war, löste sie sich von ihm. Die drei anderen waren im Dickicht verschwunden. Es dauerte nicht lange, bis sie wiederkehrten. Sie brachten ihre Jungen mit und nicht nur die, sondern auch den Vater. Das hohe Gras verbarg den Blicken der Frau, dass die Kleinen gezeigt bekamen, wie man einen Büffel aufbricht, wie man sein Blut trinkt, die Eingeweide herauszerrt und versucht ein Stück davon in Sicherheit zu bringen. Die Geier hatten den Himmel inzwischen verlassen. Sie hockten auf den Ästen einer Dornbuschakazie und warteten auf ihre Gelegenheit. Wie lange die Mahlzeit dauerte, erfuhr die Frau nicht, denn der Fahrer erklärte seinen Gästen, er müsse jetzt weiterfahren, es würde früh dunkel.

Am Abend saß die Frau noch lange auf der Terrasse ihrer Lodge und beobachtete den Untergang der Sonne. Sie sah den Himmel blasser werden, dann färbte er sich leuchtend orange, dann violett und zwischen all den Farben wurde die Sonnenscheibe immer größer und größer und verschwand schließlich als riesiger Lichtfleck hinter den Hügeln. Die wandernden Tiere und die Affenbrotbäume, die Schirmakazien und Tamariskenbüsche verwandelten sich in Schattenrisse, bis der letzte helle Streifen am Horizont verschwand und das Dunkel der Nacht alles verschluckte.

Leben und Tod in Afrika, wie nah lag das alles beisammen.

Es war einmal in Tibet (1991)

Es war einmal eine Frau, die durch Tibet reiste. Sie hatte in Lhasa Station gemacht und wollte von dort aus einige Klöster besuchen. Sie war mit einem Bus zum Kloster Ganden gefahren und voller Entsetzen durch die Ruinen gelaufen, die die Horden der Kulturrevolutionäre dort hinterlassen hatten. Sie war im Kloster Sera gewesen und hatte die Mönche unter den mächtigen Bäumen diskutieren gesehen. Sie hatte die ehemalige Residenz des Dalai Lama, den Potala-Palast, besucht, um von der Terrasse aus den Blick über die Hauptstadt zu bewundern und hatte der Macht nachzuspüren versucht, mit der die ersten Anführer der buddhistischen Lehre ihr Volk leiteten und beherrschten. Bei alledem war sie tief beeindruckt von der Inbrunst und Frömmigkeit der Pilgergruppen.

Ein paar Tage später nahm sie die Einladung eines Hotelgastes an, der sie zu einem Ausflug an einen der drei heiligen Seen eingeladen hatte.

Auf der höchsten Erhebung des Kamba La, einem Pass, legte sie einen Stein auf eine Steinsäule neben der Straße zum Beweis, dass sie hier vorbeigekommen war und betrachtete lange die zahlreichen, im Wind flatternden Gebetsfahnen, mit denen die Tibeter ihre Gebete in den Himmel schickten. Es waren fast alles Windpferde, die den Auftrag hatten, durch Sturm und Wolken ihre Bitten in den Himmel zu tragen. Die Frau liebte Pferde und deshalb war sie sicher, dass diese Tiere ihre Aufgabe besser erfüllten als irgendein anderes Wesen auf der ganzen Welt. Die bunten Fähnchen brachten Farbe in die waldlose Landschaft.

Beim Abwärtsfahren sah sie den blaugrünen, von braunen Hügeln umrahmten See. Er sah wie ein riesiger Edelstein aus. Weit hinter ihm erhob sich, alles beherrschend, der Berg Nozin Kang Sa, siebentausendzweihundertdreiundzwanzig Meter hoch. Sein Glanz wurde durch frisch gefallenen Schnee verstärkt.

Zwei Schafherden wurden gerade über den Pass getrieben. Der

Boden war mit Quarzsteinen bedeckt. Seitlich der Straße waren die Berge kahl und von rötlichem Moos überwachsen. Die Dörfer waren noch unverdorben tibetisch und aus Lehm gebaut. Die Dächer waren flach, auf ihnen hing die Wäsche zum Trocknen aus. Fast auf jeder Haustür war das Zeichen von Sonne und Mond zu sehen, das Glück bedeuten sollte. Die Männer waren gerade damit beschäftigt, die Ernte einzubringen. Vor ihre zweirädrigen luftbereiften Wagen hatten sie meist einen, manchmal auch zwei Esel gespannt. Wenn es zwei Esel waren, dann mussten sie hintereinander ziehen, weil die Wege sehr schmal waren. Die Frauen liefen in einer langen Reihe hinterher.

An jenem Abend hatte Herr Li, der chinesische Hotelbesitzer, der ein bisschen englisch sprach, den Gästen in Lhasa die Geschichte erzählt, warum die Tibeter den See für heilig hielten.

»Da war einmal ein kleiner Junge«, erzählte er, »der arbeitete für einen Großgrundbesitzer. Er holte für ihn jeden Tag Wasser aus einem Tümpel, in dem nur ein einziger Goldfisch lebte. Es war aber kein gewöhnlicher Goldfisch, sondern eine Verkörperung des Buddha Avalokiteshvara. Eines Tages erwischte der Junge beim Schöpfen aus Versehen diesen Fisch, woraufhin ihm Avalokiteshvara einen Klumpen Gold versprach, wenn er ihn wieder freiließe. Mit ihm könnte er sich von dem Grundbesitzer loskaufen und selbstständig machen. Doch als der Bauer den Jungen fragte, woher er das Gold habe, plauderte das Kind sein Geheimnis aus. Daraufhin eilte der reiche Mann sofort zu dem Tümpel und versuchte ebenfalls den Goldfisch zu fangen, worüber sich der Buddha so ärgerte, dass er dem Wasser befahl, überzulaufen. Es stieg und stieg immer weiter, überschwemmte die Ufer und wurde zum Yamdroksee. Da er für alle heilig ist, weil die Verkörperung des Avalokiteshvara in ihm lebt, darf niemand in ihm fischen. Angeblich haben die in ihm lebenden Fische keine Schuppen, so heißt es. Und wenn er von Raubfischern doch einmal leer gefischt wird, erhält jeder der drei Milliarden Tibeter ein Kilogramm Fisch, mit dem er seinen Hunger bekämpfen kann.«

Am nächsten Tag besuchte die Frau das Kloster Samiye. Es sei das älteste Kloster in ganz Tibet, hatte sie in ihrem Führer gelesen, gegründet von König Trisong Detsen und geplant von den indischen Lehrmeistern Padsambhava und Schantarakschita.

»Sie planten dieses Kloster nach der Struktur des Alls, wie sie in der buddhistischen Kosmologie beschrieben wird«, erklärte später Herr Li.

Die Frau fuhr mit einem Bus den Lhasafluss entlang nach Westen. Am Ufer lagen die Yakfellboote der Fischer zum Trocknen aus. Die Felsblöcke auf der Bergseite waren mit bunten Buddhafiguren bemalt. Dann, kurz nach der Einmündung des Lhasaflusses in den Tsangpo, der weiter unten Brahmaputra heißt, überquerte das Auto die Strömung auf einer langen, neugebauten Brücke und fuhr weiter in östlicher Richtung. Die Berge wichen nach beiden Seiten zurück und machten dem Fluss Platz, der in seinem riesigen Bett nur langsam dahinfloss. Auf den Ebenen zwischen den Hügeln weideten viele schwarze Dzos, eine Kreuzung zwischen Yak und Hausrind, aber auch Esel, Schafe und Kaschmirziegen. Hie und da bearbeitete ein Bauer sein Feld. Der Tsangpo floss so ruhig dahin, dass sich die Landschaft in seinem Wasser spiegelte. Alles war doppelt zu sehen: Wolken, Berge, Ebenen und die Bäume am Ufer. Ab und zu sprang ein Fisch aus dem Wasser und fiel platschend wieder zurück. Die Straße war staubig, kaum mehr als eine Wellblechpiste. Weithin sichtbar kündigten Staubfahnen entgegenkommende Autos an. Von den Straßenrändern flatterten Wiedehopfe hoch, ab und zu auch ein Falke und zahlreiche Elstern. Nach einer Weile hielt der Bus. Die Passagiere stiegen aus und kletterten in ein am Ufer wartendes Boot, um überzusetzen. Außer der Frau waren es noch andere Touristen, Bauern und Pilger, unter ihnen zwei Mönche. Der etwas abenteuerlich aussehende alte Traktormotor musste noch mit einer Kurbel angelassen werden, was erst nach mehreren vergeblichen Versuchen gelang. Dann schwang der breite Holzkahn hinaus ins ruhig dahinströmende Wasser. Die Überfahrt dauerte fast eine Stunde, denn an dieser Stelle war der Fluss besonders breit und von vielen Sandbänken durchsetzt, die umschifft werden mussten. Sie waren tückisch, weil sie kaum zu sehen waren. Der Steuermann erkannte nur am Gekräusel der Wasseroberfläche, wo es gefährlich werden konnte.

Es gab kaum Wasservögel. Kleine Bachstelzen wippten auf den Buckeln der über das Wasser ragenden Sandbänke. Dunst stieg über dem Fluss auf.

Auf der anderen Seite des Tsangpo warteten Lastwagen, die Pilger und Gäste die restlichen acht Kilometer bis zum Kloster bringen sollten. Das Gerüttel über die mit zahlreichen Schlaglöchern durchsetzte Piste war nur stehend zu ertragen. Die Autos fuhren durch Pfützen und kleine Wasserläufe, durch ein Dorf und anschließend lange durch eine wüstenähnliche Landschaft mit Dünen wie in der Sahara.

»Sand aus der Wüste Gobi«, erklärte ein Engländer seiner Frau.

Das Kloster selbst lag in einem Hain uralter Weidenbäume. Auf dem einst großen Klostergebiet hatten sich in den letzten Jahrzehnten Bauern niedergelassen. Schweine und Kaschmirziegen liefen auf der Straße herum.

Der Grundriss des Klosters glich einem Mandala. Es war der beeindruckendste Bau, den die Frau bisher in Tibet gesehen hatte, drei Stockwerke hoch, die in abgestuften Terrassen übereinanderlagen. Auch hier war vieles während der Kulturrevolution zerstört worden und sie erkannte an den Wandmalereien und den alten und neuen Holzbalken sehr rasch, was unberührt geblieben und was ersetzt worden war. In der großen Versammlungshalle im Erdgeschoss fiel das Licht aus einer Öffnung weit oben in langen Streifen auf den Boden. Die Lichtflecke erhellten auch die Polsterreihen, auf denen die Mönche zu bestimmten Tageszeiten beteten und diskutierten. Begleitet von den dumpfen Schlägen eines Gongs und dem Gemurmel der Mönche lief die Frau an den ihr so fremden, mit bunten Stoffen und weißen Schals behängten Statuen vorbei. Am Fuß fast jeder von ihnen war ein Bild des Dalai Lama angebracht. Überall steckten Geldscheine, die Pilger in der Hoffnung auf Erhörung ihrer Gebete dort hinterlassen hatten. Mitten in einer Reihe brennender Butterlampen vor dem Hauptaltar stand die kleine kupferne Statue eines knienden Mönchs, der eine Schale über den Kopf hielt. Es war eine sehr anrührende Geste.

Im ersten Stock befand sich eine Galerie, in der einige Mönche hin- und hergingen und buddhistische Texte rezitierten. Als die Frau nahe an ihnen vorbeikam, unterbrachen sie ihre Rezitation und baten sie im Flüsterton um ein Bild des Dalai Lama. Doch die Frau hatte alle ihre Bilder bereits verschenkt. In einem Innenhof nähte ein Mönch aus Brokatstoffen Umrandungen für Thankas und die Gewänder der großen Buddhastatuen. Überall herrschte große Geschäftigkeit.

Im zweiten Stock legte die Besucherin den Kopf in den Nacken und blickte in den Dachstuhl, eine schöne gut durchdachte Balkenkonstruktion. Fast alle Balken waren mit bunten Blumen bemalt. Es sah aus wie eine Blumenwiese. Sie ließ die Geschäftigkeit hinter sich und erreichte eine stille Ecke, in der ein kleiner Mönchsjunge seine Gebete murmelte. Nur Gongschläge unterbrachen die Stille. Da fühlte sich die Frau auf einmal so, als befände sie sich in der Mitte der Welt. Mitten im Zentrum an einem Ruhepunkt. Es war eine Stelle, an der sie alles um sich herum vergaß, eine Stelle der Ruhe und Konzentration.

Sie freute sich auf die Rückfahrt mit der Fähre und erinnerte sich daran, wie gern sie Wasser überquerte. Es machte sie ruhig, ließ sie allen Ärger vergessen.

Man bewegt sich wie auf einem Spiegel, der den Himmel spiegelt, dachte sie. Und das ist, als fliege man selbst über den Strom, über die Hügel und kleinen Siedlungen, die von den fernen Schneebergen begrenzt werden, als flattere man mit den Vögeln um die Wette, spiele mit dem Wind und kurve durch die Wolken.

Es war einmal auf der Insel Bali (1992)

Es war einmal an einem feuchtheißen Abend auf der Insel Bali. Die Frau hatte sich von ihrem Fahrer gewünscht, ein echtes balinesisches Schattenspiel zu besuchen.

»Ein Wayang Kulit?«, fragte der Fahrer zurück. Er hieß Idabagus und war ein überaus freundlicher, schlanker junger Mann.

»Nennt man das so?«, wollte die Frau wissen.

»Ja, so heißt das.«

»Aber nicht so eines für Touristen.«

»Schon gut.«

Idabagus fuhr mit der Frau durch die Berge, vorbei an Reisterrassen und riesigen Bananenstauden, Palmenwäldern und an sandigen Küsten entlang, auf denen die weißen Boote der Fischer sich auf ihre Ausleger wie auf Spinnenbeine stützten. Die Bootskiele waren fast immer Delfinköpfen nachempfunden, weil ihre Besitzer hofften, Delfine würden sie vor Stürmen und hohe Wellen schützen.

Idabagus zeigte ihr auch den Mond von Pejeng, eine riesige Bronzetrommel, um die sich viele Geschichten ranken.

»Sie ist mehr als zweitausend Jahre alt«, erklärte er ihr. »Niemand darf sich ihr nähern, der nicht lange zuvor auf ihre Nähe vorbereitet wurde. Unvorbereiteten Menschen soll sie Unglück bringen. Daher hat man sie hoch oben auf einer Tempelplattform gelagert und deshalb wird sie auch ständig bewacht.«

Die Frau glaubte schon, er habe ihren Wunsch vergessen, als er bei der Durchfahrt durch ein Dorf plötzlich sagte: »Hier findet heute ein Wayang Kulit statt. Ein Dalang ist da. Am Abend gibt's eine Aufführung.«

Woher er das wusste, verriet er der Frau nicht.

Obwohl er es rechtzeitig erfahren hatte, musste er am Abend mehrmals nach dem Weg fragen bevor er das kleine Gehöft fand, in dem das Schattenspiel stattfinden sollte. In einem Innenhof war eine zwei Meter lange Leinwand aufgespannt worden, die der

Dalang für sein Spiel brauchte. Davor drängelten sich schon auf einigen Holzbänken Kinder. Doch die meisten Zuschauer waren Dorfbewohner, die sich ein solches Spektakel nicht entgehen lassen wollten. Die Frau war die einzige Fremde. Die den Innenhof umgebenden palmblatt-gedeckten Hütten hielten jeden Luftzug ab. Es war drückend heiß, die Gerüche von Schweiß, Urin und billigen Pfefferminzbonbons legten sich wie ein Teppich über die Zuschauer. Neben der Leinwand nahmen drei Gamelanspieler ihre Plätze ein. Die Frau liebte Gamelanmusik. Sie ist melodisch und hat nur einen Nachteil, nämlich den, dass man sie nicht mehr aus dem Kopf bekommt und ihre Melodien sogar nachts vor sich hinsummt, wenn man nicht schlafen kann. Auf der Rückseite der Leinwand brannte eine Kokosleuchte, das war die mit Palmöl gefüllte Hälfte einer Kokosnuss. Hinter ihr hockte der Dalang, der Spieler, der manchmal bis zu fünf Figuren gleichzeitig führen können musste, der alle Rollen sprach und sang und dabei auch noch das kleine Gamelanorchester dirigierte. Die Figuren, die sich gerade nicht bewegten, steckte er einfach in einen vor ihm liegenden Bananenstamm.

Erst als die kindlichen Zuschauer unruhig mit ihren Füßen scharrten, gab der Dalang das Zeichen zum Beginn der Vorstellung. Die Erwachsenen unterbrachen ihre Unterhaltung und auf der Leinwand erschien das erste Schattenbild. Es war das sogenannte Kayonan, eine Art Lebensbaum, das die Einheit des Alls symbolisierte. Es galt als magisches Zeichen, das die Ahnengeister veranlassen sollte, während des Spiels in die Schattenfiguren einzugehen. In seinem Geäst tummelten sich Vögel, Affen, Tiger und andere Tiere. In der Mitte befand sich ein von Schlangen bewachtes Tor. Manchmal verwendete der Dalang den Lebensbaum auch als Kulisse, zum Beispiel, wenn sich eine Figur in seinem Schatten niederließ oder eine andere sich dahinter versteckte, als sie von Räubern verfolgt wurde.

Nachdem der Lebensbaum den Beginn des Stücks angezeigt hatte, begann ein wahres Feuerwerk an Dialogen und Gesängen, das über die Zuschauer hereinbrach. Die Frau verstand kein Wort von dem, was gesprochen wurde. Je nachdem welcher seiner Helden gerade agierte, verstellte der Dalang seine Stimme, grölte, piepste, sang, flüsterte, sprach heiser wie ein alter Mann oder kläffte wie ein kleiner Hund.

Idabagus versuchte der Frau den Inhalt des Stücks zu erklären, doch alles ging so schnell, dass er mit seinen Erklärungen nicht nachkam. Doch auch ohne ihn wurde ihr rasch klar, dass die eigentliche Handlung aus vielen Teilstücken bestand, zum einen aus dem Ramayana, einem berühmten altindischen Märchenepos, das von einem Fürsten handelt, dessen Frau von einem bösen König entführt wurde und der sie schließlich nach langen Kämpfen mit Hilfe eines Affengenerals wieder befreite, zum anderen aus lustigen Szenen, die sie an den Schabernack eines Kasperletheaters erinnerten. Da wurde anderen eine Falle gestellt und herumgeprügelt, da wurden Schelmenstreiche gezeigt, dicke Männer verspottet und alte Frauen nachgeäfft. Je lauter die Zuschauer jubelten, umso toller wurde der Schabernack. Nach etwa einer Stunde zeigte das Lebensbaumsymbol, das nun eine Pause eintrat. Danach ging es weiter.

Jeder, der wollte, durfte hinter der Leinwand dem Dalang beim Spielen zusehen, wie er die neben ihm liegenden Figuren rasch aufnahm und sie über die Leinwand huschen ließ, auf deren anderer, dem Publikum zugewandten Seite ihre Umrisse dann als Schatten erschienen, wie er sie in den Bananenstamm steckte, wenn sie sich nicht bewegen mussten und wie er immer wieder seinen Musikern das Zeichen zum Einsatz gab. Auch die Unschärfe, wenn er die Figuren drehte, schien eingeplant.

Idabagus flüsterte der Frau ins Ohr, dass so ein Spiel mindestens drei, oft vier und manchmal sogar bis zu sechs Stunden dauern konnte. Niemand kümmerte sich darum, dass einige der kleineren Kinder dabei einschliefen.

Die Figuren bestanden aus getrockneter Büffelhaut. Ihre Arme wurden durch Stöcke bewegt. Sie zeigten stets das Gesicht im Profil und die Beine in Seitenansicht, wobei die Füße in die gleiche Richtung wiesen.

Man konnte die meisten Wayang Kulit-Figuren in zwei Gruppen

aufteilen, in Gute und Böse. Die edlen Personen waren fast immer von zierlicher Gestalt. Sie besaßen Mandelaugen und ihre Nase war schmal. Sie ging ohne Knick in die Stirn über. Die gewalttätigen Figuren hatten fast immer große, runde, weit aufgerissene Augen, Knollnasen und einen kräftigen Körper. Riesen und Dämonen waren an ihren Hauerzähnen zu erkennen. Oft unterschieden sich gute und böse Figuren auch an der Beinstellung. Die Guten hatten eng zusammenstehende Beine und die Gewalttätigen weit gespreizte.

Der Frau war ein bisschen wehmütig zumute, als sie darüber nachdachte, dass ein Wayang Kulit in dieser ursprünglichen Form wohl nicht mehr lange zu sehen sein würde. Den Dalangs würde es ebenso ergehen wie den Märchenerzählern im Orient. Sie würden der Konkurrenz des Radios und des Fernsehens weichen müssen und bis sich die Menschen darauf besannen, dass sie damit etwas verloren hatten, würde es niemanden mehr geben, der in der Lage war, ein Schattenspiel so wie dieses vorzuführen. Man würde vielleicht ein paar Figuren über die Leinwand huschen lassen können und dazu ein Tonband abspielen, die Kokosleuchte durch eine Glühbirne ersetzen und das alles dann einigen Touristen als original balinesisches Schattenspiel vorführen. Die Frau nahm es wie ein Geschenk hin, dass sie noch ein echtes Wayang Kulit hatte sehen können.

Es war einmal am Huang Shan (1992)

Es war einmal, dass ein guter Freund der Frau von einem magischen Gebirge in China erzählte, das für viele Chinesen der Ursprung von Malerei und Dichtkunst war. Doch das wussten nur sie.

Irgendwo im Osten, ungefähr in der Mitte zwischen Kanton und Peking, nicht weit von Shanghai und dem Pazifischen Ozean entfernt, soll es sich befinden. Viele Chinesen glauben, es sei der Sitz der Unsterblichen, der Geister der Erde, des Windes, der Berge, der Flüsse und der Wolken sowie vieler anderer mythischer Wesen, so berichtete der Freund. Der Vogel Phönix habe sich dort in eine Kiefer verwandelt und die riesigen Felsblöcke würden sich Geschichten erzählen von Mönchen, jungen Mädchen, wilden Tieren, von einem Stein, der von irgendwoher geflogen kam und vielen anderen wundervollen Dingen.

Die einzelnen Gipfel schienen im Himmel zu schweben, da sie ständig von einem Meer aus Wolken umgeben waren, die den Boden, aus dem sie in die Höhe wuchsen, vor den Blicken der Bergwanderer verbarg. Auch die Kiefern würden als lebendige Wesen verehrt. Sie waren uralt und weise und wurden als Symbole für ein langes Leben angesehen.

Als die Frau davon hörte, wuchs in ihr der Wunsch, in diesem Gebirge herumzuwandern. Sie buchte einen Flug über Sibirien nach Peking und von dort nach Tunxi, einer kleinen Stadt unweit des gelben Berges, wie der Huang Shan genannt wurde. Und da sie auf vielen Bildern ein unübersehbares Gewirr von Wegen und Treppen gesehen hatte, buchte sie als Führer Herrn Wang, einen jungen Mann, der ihr die richtigen Wege zeigen und alles erklären sollte.

Doch sie kamen zu spät, um am Abend die Bergbahn zu benutzen, mit der sie in die Höhe fahren wollten. Deshalb kaufte sich die Frau eine Karte, auf der die Namen der Berge, der Täler, der Seen und Wasserfälle, der Kiefern und einzelnen Felsen verzeichnet waren und Herr Wang übersetzte sie ihr.

Es war wie ein Wunder, denn die Bezeichnungen erschienen der Frau wie chinesische Gedichte. Die höchsten Gipfel hießen »Himmlische Stadt« und die Felswand davor »Jadewandschirm«. Der nächste Berg wurde »Blühender Lotos« genannt und der daneben »Leuchtende Spitze«. Und so ging es immer weiter.

Am nächsten Morgen besorgte Herr Wang die Tickets, sie bestiegen die Bahn und schwebten nach oben. Es war ein schöner, ein strahlender Tag. Man sah weit über die Ebene, bis zu einem glitzernden Streifen in der Ferne.

»Das ist der Pazifik«, erklärte Herr Wang der Frau. »Er schickt die Wolken. Aber sie kommen erst später. So gegen Mittag.«

Sie brauchten kaum mehr als eine Viertelstunde bis zur Bergstation, wo sie aussteigen mussten.

»... und dieser Berg hier wird ›Die Weiße Gans‹ genannt«, setzte Herr Wang seine Führung fort und deutete auf eine Erhebung in der Nähe.

»Warum?«, wollte die Frau wissen.

»Es wird angenommen, dass die Form des Gipfels die Menschen an eine Gans erinnert hat«, sagte Herr Wang. »Genau wie sie den Berg dort ›Kauernder Löwe‹ oder die Felsen im Vordergrund ›Bambussprossen‹, ›Affe-betrachtet-den-Ozean‹ oder ›Göttin-schenkt-Blumen‹ nennen.«

Die beiden folgten den Treppen bis zu einem Stein, auf dessen abgeflachter Spitze ein Felsen hoch aufragte. Er hing ein bisschen zur Seite, stand schief auf seinem Fundament, so, als sei er nur zufällig hier gelandet.

»›Im-Flug-von-anderswo-gekommen‹ nennt man ihn«, erklärte Herr Wang.

Sie wanderten von dort zum »Pavillon der zerreißenden Wolken«. Es ging schon gegen Mittag. Die Frau wurde müde. Sie ließ sich auf einer Terrasse nieder, um etwas auszuruhen. Das Glitzern des Pazifiks war unter einem Nebelstreif verschwunden. Die Schwaden stiegen höher und bedeckten schon bald den Fuß der Berge. In diesem Moment verstand die Frau, warum die chinesischen Landschaftsmaler sich von ihnen hatten inspirieren lassen.

Die Berge, die Felsen und Kiefern schienen aus dem Nichts auftauchen. Das Nichts war wichtig. Die leeren Stellen eines Bildes spielten eine bedeutende Rolle für die Komposition des Ganzen. Ab und zu wurde dieses Nichts von einer im Felsen wurzelnden Bergkiefer unterbrochen, die mit ihren verschlungenen Ästen wie die Zeichen einer Kalligrafie in die Wolken ragten. Die alten Kiefern hießen »Blüte-springt-aus-Traumpinsels-Spitze«, »Ruhender Drache«, »Einhorn« oder »Unzertrennlich-Liebende«. Ihre Wurzeln hatten sich tief in die Felsen gekrallt.

Ein leises Klingen wie das Zupfen einer Gitarre unterbrach die Gedanken der Frau.

»Das ist ein Wasserfall«, erklärte ihr Herr Wang. »Er heißt ›Gezupfte Gitarre‹, der andere dort drüben ›Neun Drachen‹. Wir kommen gleich dorthin. Bei dem Wasserfall ›Gezupfte Gitarre‹ gibt es einen Felsen, auf dem der berühmte Dichter Li Tai Po bei seiner Wanderung durch die Berge des Huang Shan einst ausruhte. Dabei trank er einen Becher Wein. Doch als er einschlief, fiel der Becher um und sein Inhalt ergoss sich über den Felsen. Seitdem nennt man ihn ›Betrunkener Fels‹.«

Viele Leute waren unterwegs. Allzu viele. Besucher aus China, aus Hongkong, aus Taiwan und Japan. Keine Europäer. Keine Amerikaner. Diese hatten keinen Sinn für den Zauber des Huang Shan und seine Berge. Für alle anderen waren sie eine Art fantastisches Märchen, das Zeugnis unerschöpflicher Fantasie, eine magische, mystische Welt, weit weg vom Realismus. Der Lebensraum der Unsichtbaren. Die Berge, die Kiefern, alles schien zu schweben, sich zu ändern, zu verwandeln. Die Frau schien eingeschlafen zu sein. Sie kannte sich selbst nicht mehr und trug auf einmal einen Kimono, hatte die Haare hochgesteckt und mit einer Schleife festgebunden. Sie trippelte auf ihren künstlich klein gehaltenen Füßen hinter einem Mann her, die Wege entlang, erstieg die steilen Treppen des Jadewandschirms, ruhte sich auf der Terrasse aus und sah verträumt zu, wie die Sonne im Westen unterging. Auf einmal war um sie herum Stille. Ein großer Vogel kreiste über ihr und verschwand hinter einem der

Felsengrate. Ein Gedicht des Dichters Li Tai-Po ging ihr durch den Kopf:

Im Herbst kreist über einem grauen Weiher,
Vom Schnee bereift ein alter Silberreiher.
Ich stehe einsam an des Weihers Strand,
Die Hand am Blick, und äuge stumm ins Land.

Die Frau sah, wie auf vielen Wegen bärtige Männer zusammenkamen. Sie trugen lange Gewänder. Ihr Ziel war ein kleiner Pavillon auf einer Terrasse, überschattet von den Ästen einer alten Kiefer. Dort ließen sie sich nieder und begannen ein Gespräch. Einer von ihnen packte ein Glockenspiel aus und schon bald schwebten die feinen Glockentöne über die Schluchten. Ein anderer stellte seine Staffelei auf und begann eine Zeichnung. Ein Dritter erhob seine Stimme und erzählte eine alte Legende:

»Wu Daozi war schon alt«, begann er, »aber er war noch am Leben. Einst befahl ihm der Kaiser in den Palast zu kommen und dort ein Bild auf eine Wand zu malen. Er malte eine wunderbare Landschaft mit hohen Bergen, Felsgraten, alten Kiefern und Schluchten, aus denen gegen Mittag der Nebel hochstieg, sodass nur noch die Gipfel zu sehen waren. Der Kaiser war begeistert und Wu Daozi wusste, dass er niemals mehr ein besseres Bild malen würde. Deshalb betrat er es und wanderte auf einem Pfad bergan. Schon bald verschwand er im Nebel der fernen Gipfel und niemand hat ihn jemals wieder gesehen.«

Der Erzähler schwieg. Der Maler legte den Pinsel zur Seite und der Glockenspieler den Klöppel. Kein Ton war mehr zu hören. Nirgendwo war jemand zu sehen. Da nahm sich die Frau Wu Daozi zum Vorbild. Sie trippelte weiter, bis sie vor dem Kunstwerk stand, nahm es von der Staffelei, stellte es auf den Boden und betrat es.

Es war einmal in Vietnam (1993)

Es war einmal in Vietnam. Als am Morgen die Sonne aufging, flog die Maschine durch eine leichte Dunstwolke, die sie für wenige Augenblicke in rosafarbenes Licht tauchte. Doch nachdem der Dunst und mit ihm das Rosa hinter ihr zurückblieben, war der Tag angebrochen.

Auf der Fahrt mit dem Bus vom Flughafen in die nordvietnamesische Stadt Hanoi fielen der Frau zuerst die auf ihren Reisfeldern arbeitenden Bauern auf. Fast alle Frauen trugen kegelförmige Hüte aus Stroh. Sie standen bis zu den Waden im Wasser und pflanzten Reis. Die meisten Männer bevorzugten als Kopfbedeckung einen grünen altmodischen Tropenhelm, ein Überbleibsel der französischen Kolonialherrschaft. Schwere Lasten wurden mit der Schulterstange geschleppt. Die Menschen wurden zu Silhouetten, wenn sie die Dämme entlangliefen. Wasserbüffel zogen ihre Pflüge durch die Reisfelder und anmutige, rehähnliche Balikühe weideten Gräben ab, die die Felder voneinander trennten. Hie und da hüteten Kinder eine Büffelherde. Eines von ihnen ritt auf dem Rücken eines Büffels und als es müde wurde, kippte es nach vorne und schlief ein. Auffallend waren nur die vielen grauen Betonkästen mitten in den Feldern.

»Was ist das?«, fragte die Frau ihren Nachbarn.

»Das sind Bunker«, antwortete der.

»Wer hat die gebaut?«

»Die Vietnamesen selbst zur Verteidigung ihrer Hauptstadt Hanoi.«

»Gegen wen?«

»Einmal gegen die Chinesen, dann gegen die Franzosen und anschließend gegen die Amerikaner.«

Die Stadt selbst war eine einzige Überraschung. Die vielen Kriege hatten kaum Zerstörungen hinterlassen. In der Innenstadt waren die meisten Häuser auf schmalen, brüchig aussehenden Betonsockeln gebaut, in denen sich zur Straße hin Werkstätten befanden. Die Obergeschosse waren fantastische Architekturen, wie sie je nach der Vorstellung der Bauherren unterschiedlichsten Stilepochen nachempfunden worden waren. Sie konnten wie ein Barockschlösschen aussehen oder wie eine römische Villa, wie ein klassizistischer Bau mit weißen davorgesetzten Säulen und einer halbrunden, die gesamte Breite einnehmenden und von Bougainvilleas überwucherten Terrasse.

Vor den Häusern auf den schmalen Bürgersteigen standen viele uralte Bäume: Mimosentanne, Eukalyptus, Ficus religiosa, oft umklammert von Würgefeigen und manchmal schon abgestorben. Durch ihre Kronen zog sich ein ineinander verschlungenes Gewirr von elektrischen Drähten von den Dächern zu den nicht sehr stabilen Masten der Hauptstromleitung am Straßenrand. Diese Straßen waren von einer morbiden Schönheit, die es in kaum einer anderen Stadt zu sehen gab.

Es war viel Verkehr: Handwerker, kleine dreirädrige Lieferwagen, Händler, Mofa- und Motorradfahrer sowie eine große Anzahl Fahrradrikschas. Der Bus brachte die Frau in das bescheidene Hotel, das sie gebucht hatte. Es sei das Beste in der Stadt, hatte man ihr gesagt.

Bevor sie ins Bett ging, öffnete sie das Fenster, denn das Zimmer hatte alle Gerüche der bisherigen Schlafgäste gespeichert, dazu den Dunst aus der Küche, billiges Parfum und Toilettengestank. Sie hatte sich vom Abendessen ein Stück Kuchen mit hinaufgenommen, um es zu essen, wenn sie während der Nacht Hunger bekäme. Das Zimmer befand sich im zweiten Stock. Und so gab sie den Ratten unten auf der Straße, denen der Duft des Kuchens in die Nasen stieg, die Gelegenheit, ihr einen Besuch abzustatten. Kurz nachdem sie eingeschlafen war, wachte sie wieder auf und entdeckte im fahlen Licht einer Straßenlaterne eine Ratte, die über ihren Nachttisch lief. Schon bald beobachtete sie eine zweite und dann eine dritte auf dem Fensterbrett. Der Frau blieb nichts anderes übrig, als sich die Decke über den Kopf zu ziehen und darauf zu warten, bis auch der letzte Krümel ihres Kuchens von den Ratten vertilgt worden war und sie das Zimmer wieder verlassen hatten.

Doch als sie am Morgen an der Rezeption stand, um den Vorfall zu melden, blieb ihr Blick an einer Pinnwand hinter der Theke hängen, an der sie ein Plakat entdeckte. Es lud die Gäste des Hotels in englischer Sprache zu einem Figurentheater ein, zu einem Theater mit Wasserpuppen. Sie vergaß, warum sie hier stand, deutete nur auf das Plakat und fragte den Mann hinter der Theke.

»Könnten Sie mir ein Ticket besorgen?«

»Aber sicher, Madame.«

Unter dem Begriff »Wasserpuppen« konnte sie sich nichts vorstellen. Schon als Kind hatte sie gern mit Handpuppen gespielt, später dann mit Marionetten. Waren Wasserpuppen mit Wasser gefüllte Puppen? Es war die Neugier, die sie dazu trieb, sich ein Ticket zu kaufen.

Am nächsten Tag unternahm sie mit einem Taxi einen Ausflug nach Tam Coc. Tam Coc gehört zum Delta des Roten Flusses. Gegen eine geringe Gebühr engagierte sie eine Frau, die sie im Gewirr der Wasseradern umherruderte. Im Unabhängigkeitskrieg mit den Franzosen musste dieses Gebiet heiß umkämpft gewesen sein. Der Weg zu den Reisfeldern führte durch Höhlen, die von steilen Bergen umschlossen waren. Für eine fremde Armee eine tödliche Falle. Dort befanden sich auch die uralten Pagoden von Bich Dong. Sie waren von zwei Mönchen in den Felsen geschlagen worden.

Am Tag darauf wieder ein Ausflug nach Hoah Binh und zu den Minderheiten der Thai und Muong. Sie hatten ihre Bambushäuser auf Pfählen gebaut, um sie vor den Tieren des sie umgebenden Waldes – Affen, Wildschweinen und angeblich auch noch Tigern – zu schützen. Ihre Dächer hatten sie mit Elefantengras gedeckt.

Dann am Abend der Besuch des Wasserpuppentheaters.

Nachdem die Frau mit einem Rikschafahrer den Fahrpreis ausgehandelt hatte, brachte der sie zu dem Haus, in dem das Theater stattfinden sollte. Sie stellte erstaunt fest, dass die Sitzreihen der Zuschauer im Halbrund ein großes Wasserbecken umgaben. Auf der rückwärtigen Seite schloss es mit einer Bühne ab. Als Vorhang diente ein Bambusteppich. Links von der Bühne befand sich ein kleiner Balkon, auf dem die Musiker saßen. Alle Zuschauer starrten gespannt auf die Wasserfläche, während die Kapelle eine Ouvertüre spielte, bis auf einmal mit einem Trommelschlag eine bunt bemalte Holzpuppe vor ihnen aus dem Wasser tauchte. Das Gesicht weiß geschminkt, abstehende Ohren, glatzköpfig und nur wenige Haare gleich hinter der Stirn zu zwei Zöpfen zusammengebunden, sonst glatt rasiert. Ihre Stimme lieh sie sich von einer der Musikerinnen. Sie begrüßte die Zuschauer und erzählte ihnen offenbar etwas über das Programm des heutigen Abends. Nach einer Weile verschwand sie wieder hinter dem Vorhang und die Musik setzte ein, Trommeln, Saiteninstrumente und eine Art Xylofon. Noch bevor sie endete, tauchten mehrere andere Figuren auf der Wasserfläche auf. Es waren Drachen. Sie tanzten eine Art Quadrille, ihnen folgten vier mythische Löwenhündchen.

Am Anfang schien es ein Rätsel, wie diese Puppen geführt wurden, doch man ahnte schon bald, dass dies unter Wasser geschah. Die Spieler führten ihre Figuren an langen Stangen unter Wasser. Die nächsten Szenen zeigten in mehreren Episoden das Leben auf dem Land. Die Arbeit in den Reisfeldern. Das Einbringen der Ernte, das Pflügen mit dem Büffel und dann der vergebliche Versuch eines Fuchses, die Enten des Bauern zu fangen. Es wurde viel gespritzt und gelacht. Puppen, die Kinder darstellten, spielten im Wasser und warfen sich Bälle zu. Das Publikum lachte mit, jubelte und klatschte in die Hände vor Begeisterung. Dem allen folgte eine Art Bootsrennen und ein angelnder Mann in einem Boot, der nicht nur Fische, sondern auch alte Schuhe oder Konservendosen aus dem Wasser zog. Büffel und nach ihnen auch Soldaten in bunten Kostümen kämpften gegeneinander und am Ende traten acht Feen in einer Reihe auf, die einen Tanz wie in einer französischen Revue aufführten. Es war die wunderbarste Schau einer Truppe bunter Holzfiguren. Ihre heitere Erscheinung übertrug sich auf die Laune der Zuschauer. Einer steckte mit seinem Lachen den anderen an. Alle jubelten und klatschten Beifall. Kaum vorstellbar, dass ein Land, das einen so schrecklichen Krieg über sich hatte ergehen lassen müssen, mit vielen Toten, mit Giftgas und zerstörter Natur und mit heute noch von explodierenden Minen verkrüppelten Kindern, sich über viele hundert Jahre ein Spiel bewahrt hatte, das ursprünglich von den Kindern in Dorfbächen erfunden worden war und das immer wieder mit viel Lachen und Freude die Herzen der Menschen erwärmte.

Es war einmal auf einer Fahrt an die Elfenbeinküste (1994)

Es war einmal auf einer Fahrt an die Elfenbeinküste, als die Frau Cesar und Minou kennenlernte. Die Bekanntschaften mit ihnen waren für sie einschneidende und zugleich sehr berührende Erlebnisse gewesen, über die sie sich noch lange Gedanken machte und an die sie sich auch nach ihrer Rückkehr mit großer Wehmut erinnerte.

Die Agentur in Abidjan hatte der Frau, ihrer Freundin und einem älteren Ehepaar einen Kleinbus mit Fahrer zur Verfügung gestellt. Das ziemlich beschädigte Auto musste kurz vorher in einen Unfall verwickelt gewesen sein, denn sowohl die linke Seite als auch das Dach waren völlig verbeult und verschrammt. Die Fahrgäste vermuteten, dass es sich neben der Straße um seine eigene Achse gedreht haben musste. Das linke Fenster ließ sich nicht mehr schließen und durch die durchlöcherten Bodenbretter konnte man die Straßenoberfläche sehen. Die Stoßdämpfer federten die vielen Schlaglöcher nicht mehr ab, sodass die Personen auf der Rückbank bei jedem Schlagloch bis an die Wagendecke hochgeschleudert wurden.

Schon vor der Landung ihres Fliegers hatten sich riesige Gewitterwolken über dem Regenwaldgürtel aufgetürmt. Immer wieder zuckten Blitze durch die Wolken, nur selten färbten sie sich ein bisschen rosa, wenn die Sonne eine Lücke fand. Manchmal stürzte sich das Flugzeug mitten hinein, aber manchmal umflog es sie auch in einem Bogen. Nach einer Zwischenlandung in Sierra Leone erreichten sie schließlich Abidjan.

Auf der Stadtrundfahrt am nächsten Morgen lernten sie die städtische Wäscherei kennen. Sie befand sich an einem sumpfigen Weiher am Rand der Stadt. Die Wäscher standen bis zu den Hüften im Wasser. Sie legten die fertig gewaschene Wäsche auf einem neben ihnen schwimmenden Autoreifen ab und brachten sie zum Ufer, wo sie von Frauen oder Kindern abgeholt und in einem Korb auf dem Kopf nach Hause getragen wurde. Es gab gute Waschplätze und schlechte. Nachdem es öfter Streit gegeben hatte, mussten nun einmal in der Woche die besten Plätze im Weiher ausgelost werden.

Am darauffolgenden Tag mussten sie einen Waldgürtel durchqueren, um in die Hauptstadt des Landes, Yamoussoukro, zu kommen. Auffallend hohe wilde Palmen überragten die anderen Bäume. Dann waren da noch Rizinusbäume, dazwischen Flamboyants mit ihren flammend roten Blüten. Die Büsche am Rand der Straße waren von Kletterpflanzen überwuchert, die jedem unbefugten Besucher den Eintritt in die Waldregion verwehrten. Wie eine grüne Mauer sah das aus. Wunderliche Eidechsen mit rosafarbenen nackten Köpfen und Schwänzen huschten über die Steine oder lauerten auf den Spitzen der Termitenburgen. Über dem Wald kreisten Milane.

Die Basilika von Yamoussoukro war eine größenwahnsinnige, nach den Maßen von St. Peter in Rom gebaute Kathedrale, in der man sich völlig verloren vorkam. Sie hatte dieses arme Land, in dem nur zwölf Prozent der Bevölkerung christlich getauft worden waren, Unsummen gekostet.

Sie fuhren weiter durch zahlreiche Dörfer, besuchten dort Handwerker wie Schmiede, denen Zauberkraft nachgesagt wurde, Maler, die Teppiche bemalten, Töpfer und Märkte, auf denen sowohl Stände von Heilern als auch solche von Schmuckhändlern und Schneidern, die wunderschön gestickte »Boubous« verkauften, zu sehen waren. Abgesehen von einigen monströsen Sattelschleppern, die riesige Tropenholzstämme an die Küste brachten, um sie von dort nach Europa zu verschiffen, begegneten ihnen nur wenige Autos. Mehrere Male brach ihr Kleinbus zusammen. Einmal, weil die Lenkung versagte. Nachdem sich der Fahrer telefonisch in Abidjan beschwert hatte, schickte man ihm allerdings keinen Ersatzwagen, sondern nur einen Mechaniker, der sie begleiten sollte. Das zweite Mal begann mitten im Wald auf einsamer Strecke der Motor zu brennen. Der Mechaniker löschte das Feuer und reparierte den Motor gleich wieder. Ein drittes Mal fiel die Elektronik aus.

Manchmal tanzten die Dorfbewohner oder die Gäste lauschten einem Griot, einem Erzähler fantastischer Geschichten, der sich mit seiner Gitarre selbst begleitete. Von dessen Vortrag verstanden sie aber kein Wort, weil er seine Geschichten in einem fremden Dialekt erzählte. Sie erfuhren, dass zu jedem Dorf ein Heiliger Wald gehörte, den niemand außer den Eingeweihten betreten durfte, lernten Heilige Fische kennen und betrachteten die Malereien an den Rundhütten, die nicht nur von den dörflichen Ritualen, sondern auch von der Beschneidung der Frauen berichteten. Sie fuhren auf roter Sandpiste weit nach Westen. Immer wieder sausten kleine Wachteln über die Straße und ab und zu auch Buschratten. Die Krähen trugen einen weißen Ring um den Hals. Sie flatterten über das Buschland, zwischen ihnen auch Wildtauben und Nashornvögel. Immer wieder zogen tropische Regenstürme über das Land.

Plötzlich verließ der Fahrer die breite Asphaltstraße und bog nach links in eine schmalere Sandpiste ein.

»Wohin fahren wir?«, wollte die Frau wissen.

»Zu einer Diamantenmine«, erklärte ihr ein Begleiter.

»Ist es weit?«

»Ungefähr vierzig Kilometer«, war die Antwort.

Sie durchquerten wieder einmal ein großes Waldgebiet und erreichten bald freieres Gelände, das von zahlreichen Diamantensuchern durchwühlt worden war. Das Gästehaus des Franzosen Marius befand sich an einem Fluss, der sich zu einem See verbreitert hatte. Doch während sie dastanden und den See betrachteten, schob sich plötzlich eine kleine pelzige Hand in die Hand der Frau und versuchte sie mit sich zu zerren.

»Keine Angst, das ist nur Cesar«, sagte Marius lachend. »Er tut niemandem etwas.«

Cesar war ein ausgewachsenes Schimpansenmännchen. Er hatte einen runden Kopf und viele Falten auf Stirn und Nase, die ihn nachdenklich aussehen ließen. Ab und zu bleckte er seine Zähne und grinste. Er zog die Frau hinter sich her und zeigte ihr das Gelände, die Hütte, in der die Schlafräume lagen, die Tische, an denen die Gäste essen konnten, die Küche, in der die Frau des Wirts, eine Afrikanerin, das Essen für die Gäste vorbereitete und das Ufer mit den an Ketten hängenden Booten. Manchmal blieb er stehen und sah mit seinen dunkel blitzenden Augen zu ihr hinauf, wobei er geheimnisvolle Töne von sich gab, die die Frau nicht verstand, weil sie die Schimpansensprache nicht beherrschte. Erst als er zwei Hunde entdeckte, ließ er die Hand los und jagte hinter ihnen her. Es waren zwei Dobermänner. Er holte sie rasch ein, warf einen zu Boden und als der Hund versuchte, sich seinem Griff zu entziehen, hielt er ihn an einem Bein fest. Das tat weh. Der Hund jaulte auf und entzog sich ihm. Der zweite Hund war schon längst im Haus verschwunden.

»Cesar!«, schrie die Frau aus der Küche. Dem Schrei folgten mehrere Flüche.

Reumütig kehrte Cesar zu dem neuen Gast zurück.

Später, als die Gäste sich an einem der Tische niedergelassen hatten, beobachteten sie, wie sich der Affe an den Kähnen am Ufer zu schaffen machte. Geschickt löste er eine Kette und kletterte hinein. Die Ruder blieben am Ufer zurück. Langsam trieb der Kahn hinaus auf den Weiher.

»Cesar!«, schrie Marius wütend.

Er rannte hinter ihm her, löste rasch das zweite Boot, ergriff die Ruder und eilte ihm nach. Inzwischen befand sich der Affe bereits in der Mitte des Weihers. Der Frau erschien es, als lachte er. Als der Wirt ihn erreichte und die beiden Kähne mit einem Tau aneinander band, klatschte Cesar in die Hände und bleckte die Zähne. Er freute sich selbst über seinen Schabernack.

Den ganzen Abend hockte er neben der Frau auf der Bank und schmiegte sich an sie. Die Frau spürte die Wärme, die von seinem Körper ausging, legte ihren Arm um ihn und vertraute ihm.

Am nächsten Morgen verbot Marius Cesar in den Jeep einzusteigen, mit dem er seinen Gästen die Mine zeigen wollte. Der Affe schimpfte hinter dem Auto her, als Marius losfuhr. In kurzer Zeit gingen wieder einige Regengüsse über dem Gelände nieder. Kein Wunder, dass alles grün war und einen fruchtbaren Eindruck macht. Die scharfkantigen Gräser an den Rändern der Piste schienen undurchdringlich zu sein. Bei den Diamantensuchern bildeten immer vier Männer eine Gruppe. Einer stand in einem Loch und schaufelte Erde in einen Eimer, ein anderer brachte die Erde zu einem aus Brettern zusammengebauten Kanal, ließ Wasser darüberlaufen, sodass es die lockere Erde mit sich riss. Ein dritter sammelte die zurückbleibenden Steinchen in einem Korb, schwenkte ihn hin und her und suchte nach Diamanten. Eine teuflische Arbeit in der Hitze.

Gegen Abend fuhr Marius mit seinen Gästen in einem der Boote auf den Fluss hinaus. Fische sprangen aus dem Wasser. Gemächlich zogen losgerissene Wasserhyazinthen an dem Boot vorbei. Auf den Bäumen am Ufer hockten kleine dunkle Reiher und aus dem Dorf ertönten Trommeln.

Am nächsten Morgen bestiegen die Gäste wieder ihren Kleinbus und setzten ihre Fahrt fort. Der Abschied von Cesar fiel der Frau schwer, aber sie tröstete sich damit, dass er hier völlig frei leben konnte. Er fühlte sich zu Hause. Marius und seine Frau ersetzten ihm Vater und Mutter. Der Mann und die beiden anderen Frauen waren froh, den Affen hinter sich lassen zu können. Er war ihnen nie geheuer gewesen.

Sie besuchten noch einige Dörfer, sahen Stelzentänzern zu, ließen sich von Sandflöhen die Beine zerstechen und erreichten schließlich Gouessesso, ein Rundhüttenhotel, abseits der Straße mitten im Wald. Es war ein schönes Hotel. Die Gäste bekamen Lager zugewiesen, es gab einen Pool und eine Bar.

Und es gab Minou, ein vielleicht einjähriges Schimpansenkind, das man seiner Mutter weggenommen hatte, vielleicht hatte man sie getötet, um an ihr Kind zu kommen, wie das oft geschah. Minou machte auf die Frau einen weinerlichen Eindruck. Sie versuchte das Baby zu trösten. Es klammerte sich an sie. Das blieb so während der ganzen Zeit, die die Frau, ihre Freundin und das Ehepaar das Hotel bewohnten. Nur wenn ihnen das Essen serviert wurde, nahm man ihr Minou weg und sperrte sie ein. Dann hörten sie sie kreischen und schimpfen. Minou sehnte sich nach

Zärtlichkeit. Sie vermisste die Mutter. In der Frau wuchs der Verdacht, dass die Hotelleitung hoffte, sie für viel Geld an einen reichen Gast verkaufen zu können. Nach ein paar Tagen mussten sie diesen Platz wieder verlassen und weiterreisen. Der Kellner bekam den Befehl Minou zu holen und sie einzusperren. Vorsichtig löste er ihre Händchen vom Hals der Frau, während sich das Schimpansenkind weiter an sie klammerte und sie nicht loslassen wollte. Es begann zu kreischen und kniff die Augen zusammen. Bald ging das Kreischen in Jammern über. Die Frau kam sich feige vor. Sie konnte nichts dagegen tun, strich ihr nur ab und zu über den Kopf, doch irgendwann siegte der Kellner. Er trug Minou fort und sperrte sie ein, wo sie weiter weinte und schrie. Die Frau hörte sie noch weinen, als der Bus anfuhr und es lag ihr noch in den Ohren, als sie die Küste erreichten und nach Abidjan weiterfuhren, von wo das Flugzeug sie wieder heimbrachte.

Sie hörte nie wieder etwas von ihr, weder ob sie überlebt, oder ob ein reicher Mann sie als Spielzeug für seine Kinder gekauft hatte, noch ob sie in den Wald entkommen war und ihre Freiheit zurückerlangt hatte.

Und von Cesar hörte sie auch nichts mehr.

Es war einmal auf den Seychellen (1995)

Von der Terrassentür bis zum Strand waren es zwölf Schritte. Basaltfelsen begrenzten die von alten Bäumen überschattete Bucht. Vor einer Woche hatte der Wintermonsun eingesetzt. Der stürmische Wind kam aus Nordwesten. Das Meer war rau. Mächtige Brandungswellen erschwerten das Schwimmen, doch die kleinen dunkelhäutigen Buben hatten keine Angst vor ihnen. Sie hüpften über den Schaum oder tauchten durch die Wellen. Das Wasser war so klar, dass man ihre dunklen, sich überschlagenden Körper wie hinter einer Glaswand erkennen konnte.

Die Frau genoss das Streicheln des Windes im Schatten des alten Takamakabaumes. Die Luft war mild – wie gezuckert. Die Frau las Cees Nootebooms Buch, das von seiner Ostasienfahrt handelt. Er berichtete von der Reise reflektiert, persönlich, sensibel und nicht ohne Humor. Er reiste allein, obwohl er oft die Landessprache nicht verstand und dadurch in Schwierigkeiten geriet. Wer allein reist, dem gehen oft andere Gedanken durch den Kopf, als bei einer Reise zu zweit. Man stellt seine Antennen nach außen, achtet mehr auf seine Umgebung, beobachtet genauer, schärft seine Sinne für das Ungewöhnliche und geht unbefangener auf die Bewohner des Landes zu. Doch dann fehlt einem manchmal ein Mensch, mit dem man sich über gemeinsam Erlebtes unterhalten kann. Solche Gedanken gingen der Frau durch den Kopf, während die Baumzikaden ein Konzert begannen, zuerst zaghaft, mit nur wenigen Stimmen wie ein Kanon, dann schwoll ihr Zirpen betäubend an, um schon nach wenigen Minuten wieder leiser zu werden und immer leiser und leiser, bis es nach einer Weile verstummte.

Es war leicht bewölkt. Unermüdlich rollten die Wellen den Strand entlang. Der Frau kam es so vor, als atmete das Meer. Ein und aus, ein und aus. Seine Farbe wechselte vom Weiß der Brandung in das Türkis des dem Ufer vorgelagerten Meeresbodens bis zum tiefen Blaugrau gegen den Horizont zu, wo es mit dem Blau des Himmels verschmolz. Kleine drosselähnliche Vögel verständigten sich durch melodisches Zwitschern. Sie pfiffen und trillerten morgens und abends um die Wette. Ihr Gefieder war graubraun und durch den hellgelben, nach hinten zulaufenden Strich um die Augen sahen sie aus als trügen sie eine Brille. Ihr Flöten war melodisch und sie schienen viele Töne zu beherrschen.

Immer wieder schlugen die Wellen an den Strand. Bei windigem Wetter wölbten sie sich hoch auf, bevor sie brachen und mit ihrer Gischt den Sand überspülten. Irgendwann schob sich eine dunkle Wolke vor die Silhouette der Insel, deren Umrisse am Horizont zu erkennen waren. Ein Wolkenbruch stürzte aufs Meer und über ihm erschien ein großer bunter Fleck, das Bruchstück eines Regenbogens, dessen äußere Umrisse schnell verschwammen. Er senkte sich langsam und verschwand Farbe für Farbe im Wasser. Schon bald begann es zu regnen.

Riesige Basaltblöcke, die wie moderne Monumente aussahen, begrenzten auf einer Seite die Bucht, die andere war offen. Die Brandung beruhigte sich und die Oberfläche des Meeres wurde nur durch die Regentropfen etwas aufgeraut und verlor ihren Glanz. Während es regnete, kam niemand zum Strand. Dann war die Frau allein mit den Vögeln, den Geckos, den kleinen Krebsen, die so schnell in ihre Löcher huschten, dass man sie kaum zu Gesicht bekam. Die junge Agave am Rand der Mauer, die die Terrasse zum Strand hin begrenzte, ließ ihre Blätter hängen. Wieder und wieder trieb der heftige Nordwestmonsun Regenwände gegen die Küste. Mit seiner Hilfe hatten die ersten Seefahrer Indien und später auch Indonesien erreicht, wo sie sechs Monate warten mussten, bis sie mit der Hilfe des Südostmonsuns wieder zurücksegeln konnten. Der Stein, von dem aus die Kinder am Vortag in die Brandung gehüpft waren, wurde von braunen Wellen überspült. Gegen Abend kamen manchmal ein paar Jungen in die Bucht. Sie kletterten auf die Felsen, die noch aus der Brandung ragten und jagten von dort aus Tintenfische. Dazu benutzten sie lange Stöcke. Die Mutigsten unter ihnen schnorchelten oder tauchten um die Felsen herum, wobei sie dabei Gefahr liefen, gegen die Felsen geschleudert zu werden.

Die Frau besuchte den Maler Michael Adams. Wenn an der Straße nicht große Schilder auf sein von dschungelartigem Gestrüpp und hohen Bäumen umgebenes Haus hingewiesen hätten, wäre sie beinahe vorbeigefahren. Das Schild »Open« erleichterte es jedem Besucher seine Scheu zu überwinden und einfach einzutreten.

Ein von einer Klimaanlage stark gekühlter Ausstellungsraum erwartete sie. An den Wänden hingen zahlreiche exotische Bilder, Siebdrucke und Holzschnitte. Der Meister war selbst anwesend. Er war ein schon etwas älterer fülliger Herr. Kinn und Wangen umgab ein Bart, der noch im Entstehen erschien oder absichtlich in diesem Zustand gehalten wurde. Seine Haare waren grau. Er hatte freundliche Augen und lud die Frau ein, in aller Ruhe seine Bilder zu betrachten. Während sie herumging und immer wieder stehen blieb, um sich in den Anblick eines Gemäldes zu versenken, blieb er auf seinem Hocker sitzen und beobachtete sie. Sie kamen ins Gespräch. Er erzählte ihr, dass er in Malaya geboren wäre, dass sein Vater dort eine Kautschukplantage besessen hätte und ein Überlebender des Ersten Weltkriegs war. Die ersten vier Jahre seines Lebens hätte er im Dschungel verbracht, anschließend vier Jahre in den Usambara-Bergen in Tansania. Mit neun wurde er nach England geschickt, um dort eine Schule zu besuchen. Mit fünfzehn begann er ein siebenjähriges Studium an der Falmouth School of Art und dem Royal College of Art in London und qualifizierte sich als Graveur. Seine Bewerbung für eine Dozentenstelle an der Makerere Universität in Uganda wurde angenommen und er blieb dort fünf Jahre lang als Lehrer für grafische Kunst. Danach wurde er Maler in drei ostafrikanischen Staaten. Seine Frau Heather lernte er in Nairobi kennen, wo sie Lehrerin war. Ihr sehnlichster Wunsch war es schon immer auf den Seychellen leben zu können, wo sie neunzehnhundertzweiundsiebzig heirateten. Sie bekamen zwei Kinder, Tristan und Alyssa, und besaßen siebzehn Hühner, sechs Katzen und ein Studio voller Bilder, Seidenteppiche und Zeichnungen. Zahlreiche Ausstellungen hatten ihn nicht nur auf den Seychellen, sondern in ganz Europa bekannt gemacht.

Die Frau merkte, dass er froh war, sich mit jemandem unterhalten zu können, während sie sich in den Anblick seiner Bilder versenkte. Es waren Bilder vom Dschungel, und sie glaubte, den Wind durch die Bäume rauschen zu hören. Die großen Blätter des Paradiesvogelbaums und der Passionsblume, des Gummibaums, Weihnachtssterns und Bambus schwankten hin und her und der Geruch nach morschem Holz, Pfefferminze, nach Zedernholz, Kokospalmen und vielen anderen Pflanzen stieg ihr in die Nase. Ab und zu brachte auch eine Orchidee Farbe in ein Bild. Manchmal löste sich dieses Pflanzengewirr in einem Ornament auf, das sämtliche leere Räume wie mit einem Teppich bedeckte. Auch die Strandbilder kamen ihr sehr lebendig vor. Die Frau sah Wellen, die den Sand zusammen mit Muschel- und Korallenresten über das flache Ufer schoben. Dazwischen befanden sich größere Stücke und die weißen Deckel, mit denen einige Meeresschnecken ihre Häuser verschlossen. Die Flut brachte auch allerlei Treibholz mit, kleine Aststücke, Balkenstücke und manchmal auch einen von vielen Muscheln bedeckten Palmstamm. Oft schwemmte das abfließende Wasser sie wieder davon. Auch Kokosnüsse, manche schon mit einem grünen Trieb, konnte man dort finden und die kleinen Früchte der Takamakabäume, deren Äste über die Brandung hinausreichten. Zwischen all dem sah man auch eine einzelne blaue Plastiksandale oder eine leere Sonnenölflasche. Auf einem Bild lag auch ein toter Fisch am Strand, viereckig, grau mit weißen Tupfen und einem drolligen Gesicht, ähnlich dem eines Schweinchens. Er musste einer der vielen Fische gewesen sein, die um die Korallenstöcke herumschwirrten, ein grauer Vetter der leuchtend blauen oder durchsichtigen weißen, der wie ein Zebra gestreiften, der lilagrünen oder gelbschwarzen, die aussahen, als hätten sie einen Knoten im Körper.

Die Frau vertiefte sich in die Gemälde und vergaß alles um sich herum, bis sie der Maler aus ihren Träumen weckte.

»Gefallen Ihnen meine Bilder?«, wollte er wissen.

»Ja, sehr«, erwiderte die Frau, »aber ich kann es mir nicht leisten eines zu kaufen.«

Sie erstand viele Postkarten und trug sich in sein großes Adressbuch ein. Seitdem erhielt sie viele Jahre lang Grüße von den Seychellen und wenn sie sie betrachtete, tauchte der Dschungel wieder vor ihr auf, und der Strand und die alten Takamakabäume, und sie lauschte den Baumzikaden bei ihrem Konzert, den zwitschernden Vögeln und den Wellen, die mit sanftem Rauschen den Strand entlangrollten oder sich an den grauen Basaltblöcken brachen.

Es war einmal auf Borneo (1995)

Es war einmal auf Borneo, das heute Kalimantan genannt wird, und dort war es in der Provinz Sarawak, genauer gesagt in Song, einer kleinen katholischen Mission, tief im Urwald.

Der Anlass, warum die Frau diese Mission besuchte, war ein Brief, den die Schüler der Deutschen Schule in Kuala Lumpur ihr geschrieben hatten. Sie schrieben, dass sie ein Buch von ihr gelesen hätten, in dem ein fliegender Teppich vorkäme, und dass sie sie gern mit diesem Teppich besuchen würden. Dann könnte sie ihnen aus ihren Büchern vorlesen.

Die Frau überlegte nicht lange, sondern schrieb gleich zurück, dass es einfacher wäre, sie käme zu ihnen. Sie hätte zwar keinen fliegenden Teppich zur Hand, aber ein Flugzeug täte es sicher auch. So gingen ein paar Briefe hin und her bevor die Frau ihren Koffer packte, ein Ticket kaufte und sich auf den Weg machte.

Sie bestieg ein Flugzeug und flog über Paris und viele Inseln im Indischen Ozean bis nach Malaysia, dessen Hauptstadt Kuala Lumpur ist. Als man sie dort abholte, war es schon Mittag des nächsten Tages und ziemlich heiß. Weil aber der Lehrer, der sie im Namen seiner Schüler in die Deutsche Schule eingeladen hatte, einen Auftrag erledigen wollte, der lautete, zwei Nonnen auf der Mission Song mitten im Dschungel Borneos etwas Geld und ein paar andere nützliche Dinge zu bringen, die die Schüler der Deutschen Schule für sie gesammelt hatten und die Frau den Wunsch äußerte, ihn zu begleiten, mussten sie gleich am nächsten Tag wieder früh aufstehen.

Sie flogen von Kuala Lumpur bis Kuching in der ostmalaysischen Provinz Sarawak. Bis dahin waren es zwei Flugstunden. Dort stiegen sie in eine kleinere Maschine um und flogen nach Sibu. Schwester Theres von der Mission in Song holte sie am Flughafen ab. Sie war Chinesin. Die Frau hatte eine Nonne erwartet, doch sie trug normale Kleidung, so wie alle anderen Frauen. Ihr schwarzes Haar war dauergewellt und ölig. Sie lachte gern.

Zuerst brachte sie ihre Gäste zum Seminar der »Heiligen Herzen«, wo der Bischof sie begrüßte und zum Essen einlud. Während der Mahlzeit erzählte er ihnen von den Langhausbewohnern und den Nomaden, die sich hatten taufen lassen, wie sie im Dschungel lebten und von den Schwestern in Song betreut wurden, soweit die Regierung es erlaubte. Um einige von ihnen zu erreichen, brauchten sie drei Tage mit dem Boot und mussten oft noch viele Stunden zu Fuß gehen. Insgesamt betreute die Mission von Song ungefähr hundert bewohnte Langhäuser, die sich weit verstreut im Dschungel befanden.

Nach dem Essen brachte der Bischof seine Gäste persönlich zum Hafen, von wo aus sie mit einem Expressboot weiterfahren wollten. Der Name des Flusses war Rajang. Er war breit, lehmgelb und eine wichtige Verkehrsader ins Innere Borneos. Das Boot ähnelte einer Rakete, war ringsum geschlossen und hatte vorne ein Cockpit, wie ein Flugzeug, dem die Flügel fehlten. Diese Boote verkehrten erst seit ungefähr dreißig Jahren auf dem Fluss. Sie waren sehr schnell. Früher brauchte man drei Tage, um von Sibu zu der Mission zu kommen. Doch das Boot, mit dem die Frau und der Lehrer fuhren, brauchte nur drei Stunden.

Das Ufer war bewaldet, manchmal auch nur mit Gestrüpp bedeckt. Ab und zu entdeckten sie kleine Anbauflächen und Siedlungen, die aus wellblechgedeckten Hütten, einem schon etwas morschen Anlegesteg und oft auch aus einem großen, vermutlich mit Dieselöl gefüllten Tank bestanden. Zu Beginn der Fahrt waren die Ufer flach. Später schien es, als hätte der Fluss sich durch die Hügel gegraben, deren Waldhänge ins Wasser zu stürzen schienen. Über dem Dschungel brauten sich Wolken zusammen, verdichteten sich zu einer schwarzen Wand, die irgendwo weiter im Süden abregnete. Gleich darauf erschien wieder der blaue Himmel. Neue Wolken dampften aus dem Wald empor, rissen auseinander, sammelten sich von Neuem und das Spiel mit dem Regen begann von vorn.

Der Halt in Song war nur kurz. Das Boot sollte weiterfahren bis nach Kapit und in Ausnahmefällen noch bis Belaga, wenn der Wasserstand und die Stromschnellen es zuließen. In Song legte es an einer schon etwas brüchigen Steintreppe an. Die Leute, die hier aussteigen wollten, sprangen von einem, den Schiffskörper umgebenden eisernen Steg an Land, ohne dass das Boot festmachte. Schwester Mary Rose holte die Frau, den Lehrer und Schwester Theres mit einem Kleinbus am Steg ab und brachte sie zum etwa einen Kilometer entfernten Zentrum des kleinen Marktfleckens. Der Priester, Father Edward, ein reinblütiger Iban, die beiden Schwestern sowie zwei Katecheten teilten sich die Arbeit, die unter anderem aus den regelmäßigen Besuchen der weit verstreuten Langhaus-Wohngemeinschaften bestand. Dafür hatten sie zwei mit starken Außenbordmotoren versehene Langboote zur Verfügung. Oft brauchten sie viele Stunden um mit ihnen auf den schmalen Zuflüssen des Rajang die Siedlungen zu erreichen. Manchmal mussten sie am Flussufer übernachten.

Gegen zwölf Uhr am nächsten Tag bestiegen Schwester Theres, Schwester Mary Rose und ihre Gäste eines der Boote, das der Mission gehörte, und machten sich auf zu einer Fahrt, die sie zu einem Langhaus bringen sollte. Der Bootsführer hieß Apak. Er war ein schlanker, noch junger Mann mit einem intelligenten Gesicht, der das Boot zuerst ein Stück flussabwärts steuerte und später in einen kleinen Nebenfluss einbog. Sofort verschlang sie der Dschungel. Die Frau hockte wie alle anderen mit gekreuzten Beinen auf dem Boden, ohne sich anlehnen zu können. Sie kamen zügig voran. Das Wasser war lehmgelb und schien zuerst ziemlich tief zu sein. Der im Bug kauernde Junge stand auf und stakte, damit sie nicht hängen blieben. Uralte mächtige Stämme hingen schräg über dem Flussbett und stützten das Laubdach. Vögel waren weder zu hören noch zu sehen.

»Man sieht sie nur am Morgen oder am späten Abend«, erklärte Schwester Mary Rose.

Es begann zu regnen, zuerst wenig, dann wie aus Kübeln. Apak zog eine Plane unter seinem Sitz heraus und breitete sie über den Köpfen der Bootsinsassen aus. Nach eineinhalb Stunden erreichten sie Apaks Haus. Es wurde nur von ihm und seiner Familie bewohnt. Strom bezog er aus einem Generator, der mit Dieselöl betrieben wurde. In der Küche stand ein Eisschrank und im Wohnzimmer ein Fernsehapparat. In einem Nebenraum betrieb seine Frau einen kleinen Laden, in dem es alles Lebensnotwendige zu kaufen gab.

In der Nähe befanden sich noch andere Langhäuser. Sie waren der Länge nach geteilt. Die eine Seite war offen. Sie wurde als gemeinschaftlicher Aufenthaltsraum benutzt. In der anderen Hälfte befanden sich die Wohnungen. Bis zu einhundertzwanzig Personen konnten in solch einem Langhaus wohnen.

Sie übernachteten in Apaks Haus. Während der Nacht wachte die Frau mehrmals auf und lauschte den Stimmen des Dschungels. Zikaden, das Quaken von Fröschen, welches dem Klang von Glocken oder den Schlägen auf einem Gong ähnelte, das Bellen von Hunden und das Ticken einer Wanduhr, die zu jeder vollen Stunde eine kurze Melodie von sich gab. Gegen Morgen krähte ein Hahn. Sein Ruf wurde erwidert und weitergetragen. Er weckte Apaks Hähne, die empört Antwort gaben. Ihr Flügelschlagen klang, als ohrfeigten sie sich. Schon bald trommelte wieder Regen auf das Wellblechdach.

Um sechs Uhr stand die Frau auf. Eine halbe Stunde später war Abfahrt. Es war noch dunkel unter dem Blätterdach, wurde aber rasch heller. Wieder schlug der Wald über ihnen zusammen. Luftwurzeln und Lianen hingen ins Wasser. Ab und zu wölbten sich riesige Bambushalme zwischen ihnen und das Boot fuhr durch dieses Blättergewölbe wie durch einen Tunnel. Zwischen den Stämmen am Ufer hingen noch die Fetzen des Morgennebels. So früh zeigten sich auch viele Vögel: mittelgroß, bunt, im Tiefflug über das Wasser streichend. Einmal querte einer den Fluss kurz vor dem Boot. Er hatte einen gelben Kopf, der in einen kräftigen Schnabel überging, und eisvogelblaues Gefieder. Dem Körperbau nach ähnelte er einem Tukan. Die Vogelstimmen klangen geheimnisvoll. Der grüne Vorhang, der sich an den Uferwänden hochzog, wurde gekrönt von einer riesigen orangefarbenen Blüte, ein Stück weiter hängte ein Busch voller tiefroter Blüten seine Zweige ins Wasser. Ihre Seltenheit ließ sie kostbar erscheinen, wie Edelsteine.

Die im lehmgelben Wasser treibenden Baumstämme, die nur zu einem Viertel über die Wasserfläche ragten, kamen der Frau wie Tiere vor. Ihre Formen wurden durch den Grad der Fäulnis und auch durch Ameisen geprägt. Es war kühl, doch der Frau tat es leid, als die Fahrt zu Ende war.

Gleich nach der Ankunft in der Mission erklärte ihnen Schwester Theres, dass sie an diesem Tag unbedingt noch ein anderes Langhaus besuchen sollten. Man hatte dort nach ihr verlangt.

Es lag auf einem Hügel. Vom Ufer aus würde es eine Stunde dauern, bis sie dorthin gelangen konnten. Die Frau war müde. Sie verspürte wenig Lust, noch einmal weiterzufahren. Doch Schwester Theres bat den Lehrer und sie so inständig, sie zu begleiten, dass sie ihr die Bitte nicht abschlagen konnten. Es stellte sich schnell heraus, dass der Kleinbus, der sie bis an den Fuß des Hügels mitnehmen sollte, gerade kaputt war, aber Schwester Theres fand schnell einen Mann, der mit seinem Boot in die gleiche Richtung fahren wollte und überredete ihn, sie alle mitzunehmen. Unterwegs gestand sie ihren Gästen, dass der Hintergrund für ihre Bitte Angst war. Sie fürchtete sich davor, allein durch den Dschungel zu gehen, weil sie genau auf diesem Pfad schon einmal beschossen worden war. Aber sie musste unbedingt zu diesem Langhaus, weil dort ein Mann gestorben war und seine Familie dringend wünschte, dass sie einen Rosenkranz mit ihnen betete, bevor er beerdigt wurde.

Das Boot war überladen. Es lag viel zu tief im Wasser und schwankte bedenklich hin und her. Manchmal schwappte das Wasser auch über die Bordwand. Es bog abermals vom Rajang ab, legte eine gute Wegstrecke auf einem Nebenfluss zurück, kam an einer riesigen Holzverladestation vorbei und dann weiter, bis der Mann seine Gäste irgendwo am Ufer absetzte. Danach liefen sie eine gute Stunde auf einem schmalen Pfad durch den feuchtheißen Wald bis zu einem Langhaus auf einem Hügel, wo sie bereits erwartet und freundlich empfangen wurden.

Der Tote war in der Halle des Gemeinschaftsraums aufgebahrt. Sein Gesicht war bereits gedunsen von der Hitze. Hinter der Sargkiste stand ein Tisch, auf dem eine Gipsstatue der Muttergottes von Fatima flankiert von zwei brennenden Kerzen aufgestellt worden war. Dann hockte sich seine Frau mit einem Insektenspray bewaffnet an die Seite des Toten und vertrieb mit dem Spray immer wieder die Fliegen, die sich auf seinem Gesicht niederlassen wollten. Der Leichengeruch veranlasste die anderen Familienmitglieder, sich Tücher unter die Nase zu halten. Um den Sarg scharten sich die Verwandten, während die nicht getauften Mitglieder der Familie sich etwas im Hintergrund hielten. Schwester Theres hatte uns erzählt, dass der Katechet der Mission den Mann noch kurz vor seinem Tod getauft hatte und dass man ihn am nächsten Morgen noch vor Sonnenaufgang tief in den Dschungel tragen und dort begraben werde.

So ein Rosenkranz war lang, er lebte von vielen Wiederholungen, und weil er in der Ibansprache gebetet wurde und weder der Lehrer noch die Frau die Worte verstanden, zog er sich bis ins Unendliche.

Später lud die Familie des Toten ihre Gäste noch zum Essen ein. Danach kehrten sie zu dem kleinen Nebenfluss zurück, wo sie schon ein anderes Boot erwartete und zur Mission zurückbrachte. Dort begrüßte sie der inzwischen von Sibu heimgekehrte und für diese Mission zuständige Father Edward mit großer Herzlichkeit. Er war ein noch junger, vielleicht dreißig oder vierzig Jahre alter Mann mit offenem, sehr sympathischem Gesicht und wunderschönen schlanken Händen, die den Geistesarbeiter verrieten. Beim Tee in der Missionsküche erzählte er seinen Gästen, dass sein Vater Chef des Langhauses gewesen ist, in dem er geboren worden war und sein Großvater mütterlicherseits musste ein berühmter Ibanhäuptling und Kopfjäger gewesen sein.

Am Abend luden der Lehrer und die Frau Father Edward und die beiden Schwestern in ein chinesisches Speiselokal in der Siedlung Song ein. Sie unterhielten sich gut.

Father Edward lachte und freute sich wie ein kleiner Junge, als der Lehrer ihn bat, das eine oder andere Ibanmärchen zu erzählen.

»Die Ibans glauben an viele Geister«, berichtete er. »Sie sehen im Flug der Vögel und dem Verhalten anderer Tiere wie der Pythonschlange Zeichen, die die Geister ihnen schicken. Insgesamt gibt es acht sogenannte Omen-Tiere, fünf davon sind Vögel, die nicht getötet werden dürfen. In jedem Stamm gibt es einen Mann, der die Zeichen zu deuten versteht. Sein Wissen gibt er an seinen Sohn weiter. Auch gibt es viele Tabus. In Fällen von Inzest wird die Frau lebend in ein Grab gelegt und der Mann darüber. Dann werden beide mit einem Bambusstock durchbohrt und das Grab zugeschüttet. Jungen Frauen ist es verboten zu weben. Sie dürfen die komplizierten Muster nicht nachvollziehen, sonst werden sie nicht alt. Einmal fragte ich meine Mutter, woher sie alle diese Muster hätte, die sie in ihre Teppiche webte. Da erklärte sie mir, sie hätte die meisten im Kopf, doch viele sehe sie auch in ihren Träumen.«

Während des Frühstücks drehte sich das Gespräch um Schlangen und Skorpione. Schwester Theres gab einige ihrer Abenteuer zum Besten. Sie musste manchmal einige Tage in den Langhäusern an der indonesischen Grenze bleiben, fuhr dorthin tagelang mit dem Boot, übernachtete unterwegs am Ufer, lief dann die sumpfigen Pfade entlang und das alles, um den Eingeborenen den Katechismus beizubringen und sie auf die Taufe vorzubereiten. Sie lernte die Ibansprache nur durch Zuhören und Fragen, denn es gab weder eine Grammatik noch ein Wörterbuch.

Die Frau und der Lehrer blieben noch einige Tage in Song. Dann mussten sie Abschied nehmen. Schwester Theres überreichte der Frau noch ein paar Abschiedsgeschenke, die aus einem Säckchen Mountain-Reis, einem Säckchen Erdnüssen einer Perlenkette von der Art wie sie die Iban trugen, ein paar Postkarten, einer selbst gebrauten Emulsion gegen Fliegenstiche und einer Salbe gegen arthritische Kniegelenke bestanden.

Die Frau stand mit leeren Händen da.

Es war einmal auf dem Flug von Malaysia nach München (1995)

Die Frau war wieder einmal unterwegs gewesen. Auf dem Heimflug von Kuala Lumpur, der Hauptstadt Malaysias, musste sie in Singapur umsteigen. Nach einer Wartezeit von zwei Stunden wurde ihr Flug nach Frankfurt endlich aufgerufen.

Sie ließ ihr Ticket entwerten und überquerte mit vielen anderen Passagieren das große Flugfeld. Als sie die riesige Maschine entdeckte, mit der sie nach Frankfurt fliegen sollte, erschrak sie. Haushoch befand sich das Cockpit über ihr und sie zweifelte daran, ob es die Düsenmotoren schaffen würden, das schwere Flugzeug in den Himmel zu bringen.

Sie war müde. Die Gangway war steil und hatte viele Stufen. Eine Stewardess ließ sie, wie alle anderen Fluggäste auch, aus einem Stapel Zeitungen eine auswählen, damit sie nachlesen konnte, was es, solange sie verreist gewesen war, in der Welt Neues gegeben hatte. Eine andere Stewardess zeigte ihr den für sie reservierten Platz und half ihr, die Reisetasche in dem Fach über ihrem Sitz unterzubringen. Sie hatte einen Fensterplatz ergattert und nahm sich vor, den Kopf an die Scheibe zu lehnen und ein bisschen zu schlafen. Es war viertel nach elf Uhr abends. Sie hatte einen Nachtflug vor sich. Müde und seufzend machte die Frau es sich in ihrem Sitz bequem, schnallte sich an und steckte die geschenkte Zeitung in die Tasche des Vordersitzes. Die beiden Plätze neben ihr waren noch leer. Ohne großes Interesse beobachtete sie, wie sich immer mehr Passagiere durch den engen Gang zwängten und nach ihren Sitzen suchten. Viele von ihnen waren Malaien, einige waren weiß, vermutlich Europäer, andere Chinesen und wieder andere Afrikaner. Neben der Frau nahm ein deutsches Ehepaar Platz. Er, hager, groß, vernarbtes Gesicht und wortkarg, schien etwa siebzig Jahre alt zu sein, sie war klein und rundlich, weißhaarig, vergnügt, mit Lachfältchen um die Augen und etwa fünfundsechzig Jahre alt. Sie hatten Probleme unter Mithilfe der

Stewardess einen sehr langen, dünnen, gut verpackten Gegenstand in dem Fach über ihren Köpfen zu verstauen.

Sicher Touristen, dachte die Frau. Inzwischen hatte ihre Nachbarin Pantoffeln aus ihrer Handtasche gezogen, die Schuhe von ihren Füßen gestreift und es sich auch sonst in ihrem Sitz bequem gemacht. Aus ihrem Verhalten konnte man schließen, dass sie und ihr Mann nicht zum ersten Mal mit dem Flugzeug unterwegs waren. Während des Fluges lehnte sie sich an ihn und schlief mit dem Kopf an seiner Schulter ein. Als wären sie ein Liebespaar, legte er den Arm um sie.

Gegen Morgen kamen sie und die Frau miteinander ins Gespräch und es stellte sich rasch heraus, dass sie und ihr Ehemann nach elfmonatiger Abwesenheit wieder nach Deutschland zurückflogen, weil sie ihre Rente beantragen musste. Sie bedauerte sehr, es fünf Monate zu Hause aushalten zu müssen, bis sie sich wieder auf den Weg machen konnten.

»Waren Sie die ganze Zeit in Singapur unterwegs?«, fragte die Frau ihre Nachbarin erstaunt.

»Nicht nur in Singapur«, erwiderte diese, »auch in anderen Ländern.«

»In welchen?«

»In vielen. Indonesien zum Beispiel, Kambodscha, Vietnam, Nepal, Thailand und in einigen anderen …«

»Ist das nicht sehr teuer?«

»Billiger als zu Hause, wenn man seine Ansprüche etwas zurückschraubt. Dieses Mal müssen wir daheimbleiben und warten, ob mit der Rente alles seine Richtigkeit hat und die Auszahlung klappt. In der Regel kommen wir nur einmal im Jahr heim, um uns von unserem Hausarzt untersuchen zu lassen. Das verlangen die Kinder.«

»Sie haben Kinder?«

Die Frau nickte. »Ja, zwei. Beide sind verheiratet und glücklich. Wir kommen aus Dresden, flüchteten 1955, ohne etwas mitnehmen zu können, nach Deutschland. Mein Mann war Maschinenbauingenieur und ich Arzthelferin. Wir suchten uns eine Wohnung und bekamen zwei Kinder. Schon damals war unser größter Wunsch, wenn die Kinder einmal erwachsen wären und eigene Familien gegründet hätten, uns die Welt anzusehen sobald wir in Rente gehen konnten. Jetzt sind die Kinder groß und selbstständig und wir brauchen keine große und teure Wohnung mehr. Wir wollen keinen Besitz und verleben unsere Rente irgendwo auf der Welt, nur nicht in Europa. Wenn es uns irgendwo gefällt, bleiben wir länger. Inzwischen kennen wir die indonesische Inselwelt, sowie Indien und Nepal, lassen uns viel Zeit und nehmen nur einen Führer oder Träger, wenn es unbedingt sein muss.«

Obwohl sich der Mann mit keinem Wort an dem Gespräch beteiligte, war das Paar der Frau sympathisch. Sie fand den Einfall, das Alter auf so unkonventionelle Weise zu verbringen und nicht auf den Eintritt in ein Altersheim und dort auf den Tod warten zu müssen, wunderbar und äußerst nachahmenswert.

»Das einzige Problem, das auf uns zukommen könnte, wäre, wenn nun einer von uns ernsthaft erkranken oder vielleicht auch sterben würde. Was macht dann der andere? Stürzt dann nicht eine Welt für ihn zusammen?«

Die Frau erzählte und erzählte, wo sie überall gewesen waren und was sie erlebt hatten.

Bei einer Zwischenlandung stemmte sie ihre Füße fest auf den Boden, so als ob sie dem Piloten beim Bremsen helfen müsste.

Als sie die erstaunten Blicke der Nachbarin bemerkte, entschuldigte sie sich bei ihr: »Ach, wissen Sie, ich mache das, seit wir vor ein paar Wochen eine Bruchlandung mitgemacht haben.«

»Eine Bruchlandung?«

Wir sind auf einem Inlandsflug in Vietnam mit einer russischen Maschine geflogen, die auf einem kleineren Flughafen zu spät versucht hat, auf der Landebahn aufzusetzen. Als der Pilot seinen Fehler erkannte, ließ er sein Flugzeug auf den letzten Metern einfach auf die Piste fallen. Es krachte zu Boden, verlor das Fahrgestell und schlitterte über das Ende der Landebahn hinaus, wobei es zusätzlich noch beide Flügel verlor. Gott sei Dank fing es nicht an zu brennen«, seufzte die Nachbarin glücklich lächelnd.

»Ja und?«, fragte die Frau auf dem Fensterplatz entsetzt. »Wie sind Sie herausgekommen? Auf Notrutschen oder wie sonst?«

»Nein, nein«, erklärte sie, »Maschinen dieses Typs haben keine Notrutschen. Wir klemmten uns durch ein herausgeschlagenes Fenster – mein Gott, war das eng – hüpften auf den Stummel eines abgebrochenen Flügels und von da zu Boden. Seitdem kann ich nicht anders, als beim Landen eines Flugzeugs immer mitzubremsen.«

Bei der Ankunft in Frankfurt nickten die beiden mir freundlich zu, wühlten ihren Speer aus dem Gepäck der anderen Leute und verschwanden zwischen den Passagieren, die zum Ausgang drängten.

Es war einmal in China – Tian'anmen-Platz (1996)

Es war einmal ein riesengroßer Platz in einer riesengroßen Stadt im riesengroßen China. Eine Seite des Platzes wurde durch einen riesengroßen Kaiserpalast begrenzt, über dessen Eingang ein riesengroßes Bild des großen Vorsitzenden Mao-tse-tung hing, eine andere durch die Halle des Volkes, in der jedes Jahr im Oktober die großen Volksversammlungen abgehalten wurden.

Wenn das Wetter günstig war und der Wind aus der Mongolei durch die Gassen und Straßen fegte, trafen sich dort viele Menschen und ließen ihre Drachen steigen. Dann war der Himmel über dem Platz voller Falken, Libellen, Schmetterlinge und Wesen aus der chinesischen Mythologie. Ab und zu waren auch einige Drachen dabei, die im Kaiserpalast zu sehen waren. Die Vielfalt der bunten Papiergebilde war voller Fantasie.

Einmal ging eine fremde Frau über den Platz und bestaunte die fantastische Drachenwelt, die sich über ihr bewegte, tanzte, gegen den Wind kämpfte und immer wieder von heftigen Böen durcheinandergewirbelt wurde. Nur selten stürzte eines dieser wunderbaren Papiergebilde ab, doch wenn das geschah, dann wichen die Menschen zurück, um nicht daraufzutreten. Der Besitzer hob es dann schnell auf, prüfte, ob es unbeschädigt war und ließ es von Neuem steigen.

Die Frau wurde müde. Sie setzte sich neben einen jungen Mann auf eine Treppenstufe, um sich ein wenig auszuruhen. Der junge Mann erkannte in ihr eine Touristin. Sie fragte ihn auf Englisch, warum er nicht auch einen Drachen steigen lasse, doch er schüttelte nur traurig den Kopf. So ergab ein Wort das andere und die Frau erfuhr seine Geschichte.

Kürzlich habe er seinen Bruder Li im Fernsehen gesehen, erzählte der junge Mann. Beinahe habe er ihn nicht wiedererkannt. Erst als sein Name genannt wurde, war ihm klar, dass es sich wirklich um seinen Bruder handelte. Er war sehr blass und hielt den Kopf gesenkt. Wie immer rutschte ihm eine Haarsträhne über die Augen. Doch er hatte sie nicht mit der Hand weggeschoben, wie er es sonst immer tat. Als dem jungen Mann bewusst wurde, wer da auf dem Bildschirm zu sehen war, hatte es ihm einen Stich gegeben, so, als stoße ihm jemand ein Messer in die Brust:

Man hatte ihm ein Schild um den Hals gehängt, auf dem etwas geschrieben stand, das ich zuerst nicht entziffern konnte. In dieser Nacht lag ich lange wach und dachte an damals, als ich noch klein war und wir das Bett miteinander teilten. Da schien es mir nur ein paar Tage her zu sein, dass er mit dem Rad in unserem Hof Kreise und Achter fuhr und mir dabei mit überschlagender Stimme zurief: »Pass auf, Tai-Bo! Es ist ganz einfach. Du musst dich nur mit dem Fuß abstoßen und dann in die Pedale treten. Alles andere geht wie von allein.« Er nannte mich immer Tai-Bo, obwohl ich eigentlich Pao-Yü heiße, weil ich seiner Meinung nach Ähnlichkeit mit dem berühmten Dichter habe. Bei jeder Gelegenheit trug er mir seine Gedichte vor, zum Beispiel, wenn wir am Ufer des Kunming-Sees hockten und entdeckten, dass der Lotos kurz vor dem Aufblühen war, oder wenn an einem schwülen Sommerabend die weiße Scheibe des Vollmonds hinter den Bäumen hochstieg.

Was scheint vor meinem Fenster hell,
Ist's Mondlicht oder Reif?
Heb ich den Blick, erkenne ich den Mond.
Gesenkten Haupts denk ich an meine alte Heimat.

»Aber woher willst du wissen, wie Tai-Bo aussah?«, fragte ich ihn. »Er ist doch schon seit mehr als tausend Jahren tot.«

Da hat er ein Buch aus dem Schrank geholt und mir ein Bild gezeigt. Aber ich konnte keine Ähnlichkeit zwischen dem Dichter und mir entdecken.

Später fiel mir dann der Phönix ein. Er hatte mich oft auf den Platz des himmlischen Friedens mitgenommen, wo viele Menschen ihre Drachen steigen ließen. Wir haben sie beobachtet und laut gejubelt, wenn sich einer weit über die anderen erhob.

»Wo würden sie hinfliegen, wenn man sie loslässt?«, hatte ich ihn gefragt.

Er hatte gelacht und mir dann erklärt, dass niemand seinen Drachen davonfliegen lassen würde, weil er für seinen Besitzer so etwas wie ein Stück Freiheit und natürlich ein kleines Stück Glück bedeutete. Der Bau eines Drachens dauerte lang. Es brauchte geschickte Hände und viel Geduld, so hatte er mir gesagt. »Und wenn sich das luftige Gefährt dann in den Himmel erhebt, dann stellt sich der, der die Schnur in der Hand hält vor, dass er selbst es ist, der da oben den Wolken entgegenfliegt.«

Dann, an meinem siebten Geburtstag, brachte er die Dinge mit, die man braucht, um einen Drachen daraus zu bauen. Damals war er schon Verkäufer in einem Kaufhaus in der Nähe des Hauptbahnhofs. An den Abenden besuchte er Kurse auf der Kunstakademie, um malen zu lernen. Trotzdem half er mir sooft es ging beim Bau meines Drachens. Wir spalteten Bambusstangen, bogen die schmalen Latten über kochendem Wasser und banden sie zusammen, spannten farbiges Seidenpapier darüber, schnitten und klebten Augen und Federn, knoteten kleine Papierfetzen in den prächtigen Schweif und befestigten schließlich ein Gewirr von Schnüren an dem Gestell. Diese Schnüre verbanden wir mit einer langen Leine, die wir auf eine Spindel wickelten. Dabei erzählte er mir, dass es berühmte Drachenmeister gab und dass die schönsten und wertvollsten Drachen aus feiner Seide gemacht wurden, die man dann aber nur bei Meisterschaftswettbewerben zu sehen bekam.

Es dauerte viele Wochen, bevor unser Vogel so weit war, dass wir mit ihm die ersten Flugversuche wagen konnten. Er sah wunderbar aus, hatte einen feuerroten Körper und eine bunte Krone auf dem Kopf, weit auseinandergespreizte Flügel und lange, gefährlich aussehende Krallen.

»Einen Namen«, sagte ich zu ihm. »Er braucht unbedingt einen Namen!«

»Nennen wir ihn doch Phönix«, schlug mein Bruder vor. »Der Phönix ist das Symbol der Kaiserin, des Sommers und des Glücks.«

Ich fand das ganz passend. Phönix! Ich konnte mir keinen besseren Namen für unseren Drachen vorstellen. Der Vogel Phönix war ein Wesen aus jener Zeit, in der die Menschen noch an Märchen glaubten. Seitdem sprachen wir von dem Drachen nur noch als von unserem Phönix.

Inzwischen hatte ich Radfahren gelernt, aber das Lehrergehalt unseres Vaters hatte noch nicht dazu gereicht, um ein viertes Rad kaufen zu können. Mein Vater, meine Mutter und mein Bruder fuhren mit den Rädern zur Arbeit. Ich musste zur Schule laufen.

Daher hockte ich mich, wie immer, wenn wir etwas gemeinsam unternahmen, mit der Schachtel in der Hand, in der wir den Phönix verstaut hatten, auf den Gepäckträger seines Rads, und er reihte sich in den Strom der Radfahrer ein, die den ganzen Tag über einen großen Teil unserer Straßen einnahmen. Erstaunt stellte ich fest, dass er nicht den Weg zum Platz des Himmlischen Friedens einschlug, sondern den zum Beihai-Park.

»Erst wenn er wirklich gut fliegt«, erklärte er mir, »können wir uns vor den Augen des großen Vorsitzenden sehen lassen.«

Der große Vorsitzende Mao war schon lange tot, aber sein Bild hing über dem Eingang zum Kaiserpalast. So fühlte sich jeder, der über den Platz ging, von ihm beobachtet. Li konnte nicht sehen, wie enttäuscht ich war, dass wir nicht gleich dorthin fuhren, denn ich verbarg diese Enttäuschung hinter seinem Rücken.

Es war ein schöner Frühsommertag. Im Beihai-Park gingen viele Großeltern mit ihren Enkeln spazieren. Die meisten Jungen trugen kleine Uniformen. Auf dem See fuhren Pärchen mit Tretbooten umher, und die Käfigvögel der Rentner sangen um die Wette, während sich ihre Besitzer die Zeit, von der sie zu viel hatten, mit einem Kartenspiel verkürzten. Eine leichte Brise rieb die Blätter der Bäume aneinander. Ihr Rascheln und Wispern begleitete die üblichen Parkgeräusche, das Kreischen der Kinder, Fetzen von Musik und den Lärm der Autos.

»Der Wind ist gut«, sagte mein Bruder. »Nicht zu schwach und nicht zu stark. Gerade richtig für einen Versuch.«

Nachdem er die Schnüre geordnet und alles noch einmal überprüft hatte, gab er mir den Phönix in die Hand. »Lass ihn erst los, wenn ich es sage!«

Dann rannte er den leicht abschüssigen Weg hinunter.

»Los!«

Der Phönix bäumte sich auf und torkelte über den Boden, als hätte er ein bisschen zu viel Reisschnaps getrunken. Dann kippte er seitlich weg und stürzte ab.

»Macht nichts!«, tröstete er mich und kürzte irgendwo eine Schnur, verlängerte eine andere und verschob einen Knoten, während ich die Schnur von Neuem auf die Spindel wickelte.

Beim nächsten Versuch hielt sich unser Drache schon etwas länger in der Luft, beim übernächsten Mal blieb er am Ast eines Zimtbaumes hängen, und wir brauchten eine Weile, um ihn herunterzuholen.

Dann, ich weiß nicht mehr, ob es das fünfte oder sechste Mal war, stieg er plötzlich steil in die Höhe, stieg und stieg immer höher und höher, überflügelte bald die Wipfel der Bäume und strebte dem Himmel zu, als habe er nie etwas anderes gewollt.

»Hoho!«, schrie mein Bruder voller Begeisterung. »Flieg, Phönix, flieg! Flieg in den Himmel!« Und er lachte dabei voller Freude über den Erfolg. Ich rannte hinter ihm her, bis mir die Luft ausging.

Danach durfte ich die Schnur halten. Auch bei mir erhob sich der Drache rasch, nachdem mein Bruder ihm mit der Hand einen kleinen Stoß gegeben hatte. Ich spürte, wie er an der Leine zerrte und zog, wie er loszukommen versuchte und seitliche Ausfälle machte, als der Wind unter seine Flügel fuhr. Das war ein unendliches Glücksgefühl. Ein Gefühl, wie ich es vorher noch nie erlebt hatte.

»Hoho! Flieg, Phönix, flieg!«, sang ich laut und hätte beinahe eine alte Frau umgerannt, die mir mit kleinen Schrittchen entgegenkam.

Auf dem Heimweg hielt Li mir einen Vortrag über die verschiedenen Winde. »Das hier bei uns ist der Steppenwind«, erklärte er mir. »Wind aus den Weiten der Mongolei. Er ist launisch und unregelmäßig. In Shanghai kommt der Wind vom Meer. Dort bläst er kräftig und stetig, ganz anders, als die Winde südlich des großen Yangtze-Flusses, wo im Sommer die heiße Luft vom Boden aufsteigt und die Drachen wie von allein in den Himmel schweben.«

Ich erinnere mich noch gut, wie stolz ich damals gewesen bin, dass unser Phönix ein Steppenwindvogel war.

An dem nächsten freien Tag fuhren wir zum Platz des Himmlischen Friedens. Als ich sah, wie der Wind die roten Fahnen vor der Großen Halle des Volkes in Aufruhr versetzte, wusste ich, dass unser Phönix an diesem Tag seine Feuertaufe bestehen würde.

»Flieg, Phönix, flieg!«, flüsterte ich ihm zu, während Bruder Li ihn aus der Schachtel nahm und seine Schnüre zu ordnen begann. Und dann stieg er in den Himmel, erhob sich über die roten Fahnen und über die gelben Dächer des Kaiserpalastes.

»Hoho!«, schrie mein Bruder laut. »Ist er nicht gut?«

Und die Leute drehten sich um und lachten ihm zu, während er seinem Drachen, ohne ihn aus den Augen zu lassen, folgte. Der Phönix führte ihn bis zum Denkmal der Volkshelden und stieg dabei unter Maos strengem Blick höher und höher. Dann, kurz vor der Mauer der Verbotenen Stadt kehrte Li um und drückte mir die Schnur in die Hand. Und ich fühlte wieder das Zerren und Ziehen und den Wunsch des Phönix, sich zu befreien und auf und davon zu fliegen. Flieg, Phönix, flieg!

Danach haben wir unseren Drachen noch oft auf dem Platz des Himmlischen Friedens steigen lassen, und jedes Mal überkam mich das gleiche wunderbare Gefühl von Freiheit und Lebenslust.

Doch dann teilte Li unserem Vater eines Tages mit, dass er seine Arbeit im Kaufhaus aufgegeben hatte, um sich ganz dem

Studium der Malerei zu widmen. Ich habe heute noch seine Worte im Ohr: »Abends kann ich als Spüler in einem Teehaus arbeiten. Das reicht, um mich über Wasser zu halten.«

Doch die Eltern waren dagegen. So zog er bei uns aus, und von da an gehörte mir unser gemeinsames Bett allein.

Nie hab ich erfahren, wohin er gezogen ist, aber er kam ab und zu heim, um uns zu besuchen. Einmal traf ich ihn, als ich mit Mutters Rad die Chang'an-Straße entlangfuhr. Er stand mit einer Gruppe junger Männer auf dem Bürgersteig und diskutierte heftig. Ich fuhr weiter, weil ich sie nicht stören wollte. Einige Male ging ich ohne ihn zum Platz des Himmlischen Friedens und ließ den Phönix dort fliegen. Aber allein machte es keinen Spaß. Da schob ich die Schachtel, in der wir ihn aufbewahrten, unter mein Bett und versuchte, den Drachen zu vergessen.

Eines Tages überraschte ich Li und Mutter bei einem leise geführten Gespräch. Damals hab ich zum ersten Mal das Wort »Volksdemokratie« gehört. Sie unterbrachen ihre Unterhaltung, als ich in die Küche kam. Er sah sehr blass aus und schien erregt zu sein. Ständig rutschte ihm die Haarsträhne über die Augen. Da wusste ich, dass etwas im Gange war, etwas Gefährliches, das er vor mir verbergen wollte.

Etwa zur gleichen Zeit überraschte Vater Mutter und mich damit, dass er einen Fernseher mit heimbrachte. Ich hatte bisher nur bei Freunden ferngesehen und wünschte mir schon lange, dass wir uns einen eigenen Apparat zulegen könnten. Bisher war das zu teuer gewesen. Doch ein Arbeitskollege hatte meinem Vater ein gebrauchtes Gerät gegen Ratenzahlung angeboten. So war es ihm möglich, es käuflich zu erwerben.

Von da an saß ich so oft es ging davor und sah fern. Am liebsten sah ich amerikanische Zeichentrickfilme, Hongkong-Abenteuerfilme und Zirkusdarstellungen. Aus den Aufführungen der Peking-Oper, Berichten über unsere glorreiche Volksarmee oder politischen Sendungen machte ich mir nicht so viel. Doch wenn Bruder Li zu uns zu Besuch kam, schaltete ich das Gerät gleich aus in der Hoffnung, er würde mit mir zum Platz des Himmlischen

Friedens gehen, um den Phönix mal wieder fliegen zu lassen. Zum Platz des Himmlischen Friedens ging er schon, aber nicht mit mir und auch nicht mit dem Phönix. Doch das erfuhr ich erst später.

Inzwischen besaß ich ein eigenes Rad, und wenn ich allein die Straßen entlangfuhr, dann fiel mir auf, dass in der Nähe der Universität immer öfter die Studenten in Gruppen beieinander standen und diskutierten. An den Mauern klebten Wandzeitungen, in denen die Bevölkerung über Korruptionsfälle informiert wurde und auch darüber, wie wenig man verdiente, wenn man fertig studiert hatte. Dann begannen die ersten Demonstrationen am Platz des Himmlischen Friedens. Die Studenten schlugen Zelte auf und begannen einen Hungerstreik. Ich war oft da, denn alles verlief friedlich und in großer Harmonie. Auch das Fernsehen berichtete darüber. In jenen Tagen besuchte Bruder Li uns nur noch ganz selten. Doch in meinen Träumen sah ich ihn mit demonstrieren und ein unbestimmtes Gefühl von Angst kroch in mir hoch.

Schon bald nahm die Bevölkerung Anteil an den Protesten. Zuerst verhielt sich die Regierung still und ließ die jungen Leute gewähren. Doch dann, als sich immer mehr Menschen daran beteiligten und ab und zu der Verkehr fast zum Erliegen kam, erging ein dringender Appell der Regierung an alle, sofort an ihre Arbeitsplätze zurückzukehren.

Eines Morgens stand eine hohe weiße Statue neben dem Denkmal der Volkshelden. Es war eine Nachbildung der Freiheitsstatue, die im Hafen von New York die Einwanderer begrüßte. In den Nachrichten sagten sie, dass sie von den Studenten der Kunstakademie errichtet worden sei, und ich fragte mich gleich, ob mein Bruder damit zu tun gehabt haben konnte? Gerüchte gingen von Mund zu Mund, dass die Volksarmee den Befehl erhalten hätte, auf die Bevölkerung zu schießen, wenn sie sich weiterhin an Demonstrationen beteiligte. Doch die meisten Leute waren der Ansicht, dass unsere Soldaten so etwas nie tun würden.

Die mutigen Studenten gaben nicht auf. Einige, die den Hungerstreik nicht vertrugen, brachen zusammen und wurden in

Krankenhäuser transportiert. Die anderen blieben in ihren Zelten und streikten weiter.

Dann kam diese schreckliche Nacht, in der schwere Panzer die Straßen entlangrollten und alles, was ihnen in den Weg kam, einfach niederwalzten, nicht nur die Absperrungen, sondern auch Autos, Fahrräder und Menschen. Schüsse peitschten durch die Straßen, Busse brannten, Menschen schrien. Ich war zuerst mitten drin, dann aber floh ich nach Hause, weil ich all das Schreckliche nicht mehr mit ansehen konnte. Ein paar Stunden später war alles vorbei. In den Nachrichten hieß es, dass es nur wenige Konterrevolutionäre gewesen seien, die den Plan gehabt hätten, die Regierung zu stürzen, und dass die glorreiche Volksarmee die Werktätigen vor einem Chaos bewahrt hätte. Davon, dass viele Menschen verstümmelt auf den Straßen lagen, sagten sie nichts.

Kurze Zeit später hörte ich hastige Schritte im Hof und gleich darauf ein leises Klopfen. Es war Bruder Li, dem ich aufmachte. Er stürzte mit den Worten ins Zimmer: »Helft mir! Ich muss fliehen.«

»Wohin denn?«, jammerte meine Mutter.

»Nach Süden. Wohin sonst?«

Mit »Süden« meinte er Hongkong. Das wusste ich gleich. Doch Hongkong war ein Wort, das er nicht laut auszusprechen wagte.

Meine Mutter steckte ihm etwas Geld zu und ließ ihn Vaters neue blaue Jacke anziehen. »Pass auf«, rief sie ihm noch nach. »Sie werden die Bahnhöfe überwachen!«

Doch das wird er schon nicht mehr gehört haben.

Irgendwann, ein paar Tage später, habe ich Bruder Li im Fernsehen gesehen. Er hatte zahlreiche blaue Flecken im Gesicht und ein geschwollenes Auge. Auf dem Schild, das sie ihm um den Hals gehängt hatten, stand: Ich bin ein zum Tode verurteilter Konterrevolutionär. Dass ein Mensch so verzweifelt aussehen kann, habe ich nicht gewusst. Sie müssen ihn gefoltert haben.

So werden wir nie mehr zusammen am Platz des Himmlischen Friedens unseren Drachen steigen lassen können und nie mehr die Schnur spüren, an der er zerrt, weil er gern frei sein möchte.

Flieg, Phönix, flieg!, würde keiner von uns mehr rufen.

Es war einmal auf einer Fahrt durch die Nusa Tenggara (1998)

Die Frau wollte mit einer Freundin die Nusa Tenggara besuchen. Sie wussten, dass es da ein uraltes Motorschiff gab, das man für zwei Dutzend Passagiere umgebaut hatte. Der Wunsch der Frau war es, die Insel Komodo, die Dracheninsel, zu sehen, die zu den Nusa Tenggara gehört, weil es dort die berühmten Komodowarane zu sehen gibt. Die Besatzung des Bootes bestand aus sechzehn Mann: Kapitän, Steuermann, Koch, Maschinisten, Stewards und ein Mann, der für die heimischen Dialekte zuständig war. Er hieß Oka.

Die Nusa Tenggara oder die kleinen Sundainseln, wie sie auch genannt wurden, waren eine Inselgruppe östlich von Bali und den meisten Touristen weitgehend unbekannt. Auf fast jeder dieser Inseln befand sich mindestens ein Vulkan.

Es war in einer Jahreszeit, in der es viele Gewitter gab, und wenn Blitz und Donner gerade mal nicht den Himmel beherrschten, dann regnete es. Die Komodowarane sind sehr groß, eine Art von Rieseneidechsen. Sie konnten für jemanden, der ihnen zu nahe kam, tödlich gefährlich werden. Die Frau kannte sie aus einem Bilderbuch für Kinder. In diesem Buch erzählte ein kleiner drachenbegeisterter Junge von einer Reise mit seinen Eltern nach Indonesien und seiner Begegnung mit so einem Drachen. Das hatte die Frau so fasziniert, dass sie die Freundin überredete mit ihr dorthin zu fahren, weil sie so einen Drachen gern mit eigenen Augen sehen wollte.

Sie flogen nach Bali und dann mit einem kleinen Flugzeug auf die Insel Flores, wo das Schiff schon auf sie wartete. Dort stellte sich heraus, dass von vierundzwanzig Passagieren keine Rede sein konnte, weil sie nur zu viert waren. Sie betrachteten Vulkane und hörten Märchen über Kraterseen. Sie betrachteten Volkstanzvorführungen und Wettspiele zwischen Männern, die gegeneinander kämpften, Ochsen, die im Wasser eines Reisfelds um die Wette rannten und viele Sonnenuntergänge. Dazwischen blitzte und donnerte es. Es regnete und manchmal schien auch die Sonne. Dann fuhren sie weiter von Insel zu Insel und erreichten schließlich Komodo Island.

Es war ziemlich schwül und der Himmel bedeckte sich schon wieder mit Schleierwolken. Das Beiboot brachte sie ans Ufer zu einer kleinen Hütte, die von dem Mann bewohnt wurde, der die Einlasstickets der Besucher kontrollierte. Er stellte ihnen den Ranger vor, der sie und eine andere Gruppe begleiten und auf sie aufpassen sollte. Es war ein noch junger, schlanker Mann mit einem intelligenten Gesicht.

»Ich heiße Luis«, sagte der Ranger und stützte sich auf eine lange Stange, die oben in einer Gabel endete. »Das ist meine Waffe. Bitte folgen Sie genau meinen Anweisungen!«

Die Frau, ihre Freundin und alle anderen Besucher nickten.

»Unser Spaziergang wird drei Stunden dauern«, fuhr der Ranger fort, »und ich bitte Sie sehr, sich vor den Waranen in Acht zu nehmen. Sie wirken so träge, können aber blitzschnell zubeißen. Sie leben von den Hirschen, die hier herumlaufen, holen sich aber auch ab und zu ein Rind bei einem Bauern und erst kürzlich ist ein Schweizer Tourist spurlos verschwunden, der unbedingt allein durch den Wald streifen wollte.«

»Verschwunden?«, fragte einer der Besucher entsetzt. »Haben Sie nicht nach ihm gesucht?«

»Man hat nur noch seinen Rucksack gefunden.«

Die Rede des Rangers dämpfte die Stimmung der Besucher. Das erste Stück des Weges, das er sie führte, ging durch einen Galeriewald. Einige Hirsche flüchteten vor ihnen. Sie erreichten schon bald eine Hütte, von der aus man angeblich Warane sehen konnte, doch niemand entdeckte etwas. Also gingen sie weiter und erreichten bald einen düsteren Wald mit hohen Bäumen. Vor ihnen befand sich ein kleiner Hang, der zu einer Wasserstelle führte.

Und da waren sie. Riesige Echsen, vom Maul bis zur Schwanzspitze sicher drei Meter lang. Sie umkreisten langsam eine kleine Wasserpfütze. Als einer einmal das Maul aufsperrte und einem anderen drohte, tropfte Geifer auf den Boden. Mit einer blitzschnellen Bewegung, schneller als es ihm die Besucher zugetraut hätten, brachte sich der andere in Sicherheit.

Während ihnen der Ranger erzählte, dass die Jungen der Warane auf Bäumen lebten, sie selbst aber in Erdhöhlen, die sie in die lehmigen Wände am Flussufer gruben, kroch aus dem Wald ein noch größerer Drache auf die Wasserstelle zu. Der erste, der schon vorher da gewesen war, schien ihn zu dulden. Sie berührten sich fast mit den Nasen, dann wandten sie sich wieder ab. Der Frau schien es, als ob sich ihre gegenseitigen Erwartungen nicht erfüllt hätten. Sie kehrten in den Wald zurück. Die Frau machte ein Foto, während Luis den anderen Besuchern eine Legende erzählte:

Vor langer, langer Zeit gab es nur wenige Menschen auf Komodo. Eines Tages zogen ein Mädchen und ein Mann von der Insel Sumbawa hierher. Sie bauten sich eine Hütte im Wald und lebten vom Mark der Palmen und von Hirschfleisch. Bald wurde die Frau schwanger. Doch sie konnte das Kind nicht auf natürliche Art gebären. In seiner Verzweiflung holte der Mann aus der nächsten Siedlung einen Medizinmann. Er ließ ihn mit seiner Frau allein, weil er ihre Schmerzensschreie nicht mehr ertragen konnte. Der Medizinmann schnitt der Frau den Bauch auf und holte einen Jungen und einen Waran heraus. Die Frau starb. Seitdem betrachten die Komodoleute den Jungen und den Waran als ihre Vorfahren und sie behandeln die Warane wie ihre Geschwister. Für die Bewohner anderer Inseln sind diese Drachen gleichbedeutend mit bösen Geistern und sie können es kaum erwarten, Komodo so schnell wie möglich wieder zu verlassen.

Auf dem Rückweg kreuzte eine Gruppe Hühner mit ihrem Hahn den Weg der Besucher. Sie waren hochbeinig. Der Hahn hatte schillernd blaue Federn an den Flügeln. Ein gelber, pirolähnlicher Vogel hüpfte durch die Sträucher davon und ein glänzender schwarzer, amselgroßer äugte von einem kahlen Ast auf die Besucher herunter. Seine Schwanzfedern waren nach oben gekringelt.

Drei Stunden dauerte der Ausflug. Die Frau und ihre Freundin dankten Luis für die gute Führung und kehrten aufs Schiff zurück. Der Kapitän hatte es eilig. Er ließ den Anker lichten und es hatte für die Frau den Anschein, als gehörte er zu denjenigen, die die Geister dieser Insel fürchteten.

Die Frau war zufrieden. Sie hatte die Drachen gesehen, die der kleine Junge in dem Bilderbuch auch besucht hatte. Ob sie den Drachen, die sie sich vorgestellt hatte, ähnlich gewesen waren, wusste sie nicht.

Es war einmal auf Java (1998)

Es war einmal im Osten der Insel Java, genauer gesagt in der Caldera des Vulkans Bromo. Die Frau wollte zusammen mit anderen Touristen einen Ausflug machen. Für diesen Zweck hatte der Reiseleiter einige Ponys bestellt. Mit ihnen sollten die Reisenden die große Caldera überqueren. Die Frau freute sich darauf, denn sie liebte Pferde, fühlte sich wohl im Sattel und war immer gern geritten.

Sie mussten um drei Uhr morgens aufstehen und mit einem Kleinbus elf Kilometer bis zum Rand der Caldera fahren, wo sie die Männer mit ihren Ponys trafen. Es waren kleine und zum Teil magere Ponys. Den Zustand der Sättel und Zaumzeuge konnte niemand so recht kontrollieren, dazu war es noch zu dunkel.

Die Frau hatte gehofft, sie könnte sich ihr Reittier selbst aussuchen, doch das war nicht der Fall. Ein Mann rief die Namen der Pferdebesitzer auf und drückte jedem der Touristen einen Zettel mit dem ausgerufenen Namen in die Hand. Auf dem Papier, das der Frau gegeben wurde, stand »Martu«. Der Name gehörte zu einem kleinen, drahtigen Burschen, der wie ein Indio aus den peruanischen Anden aussah, doch er war einer vom Stamm der Tenggaraleute. Sein Pony war nicht groß, weiß, glasäugig und erschreckend mager. Vom Widerrist aus ging der Hals abwärts, dann wieder aufwärts. Kleine weiße Ponyohren krönten den knochigen Schädel. Voll schlechten Gewissens, diesem kleinen mageren Wesen ihr Gewicht zuzumuten, passte die Frau die Länge der Bügelriemen ihrer Beinlänge an und stieg in den Sattel. Eine Zeit lang ging es abwärts und der Führer brauchte eine Taschenlampe, um den holprigen Pfad gut erkennen zu können. Die Frau ließ ihn das Pferd führen. Doch als sie den Boden der Caldera erreichten, bat sie ihn um die Zügel, und er ließ sie frei.

Solange sich die Gruppe der Reiter nur gemächlich fortbewegte, ging das Pony einen angenehm auszusitzenden Pass, nur wenn sie es zu rasch werden ließ, wurde es im Rücken unbequem.

Die Frau überholte die anderen und war dann allein in der Finsternis. Der Weg über den schwarzen Sand war gut mit hellen Steinen markiert und das Pferd kannte ihn.

Erst zwei Wochen war es her, dass der Arzt ihr eröffnet hatte, es wäre Zeit und sie müsste sich nun unbedingt einer Herzoperation unterziehen.

»Eine schwere Operation?«, hatte die Frau ihn gefragt.

»Keine leichte«, hatte er geantwortet. »Eine, die nur mit einer Herzlungenmaschine durchgeführt werden kann.«

»Aber ich wollte gerade eine Reise machen.«

»Solange Sie keine großen Anstrengungen unternehmen, keine Wettkämpfe bestreiten oder auf hohe Berge steigen, reisen sie nur. Auf ein paar Wochen kommt es nicht an.«

Das hatte die Frau getröstet und sie hatte sich auf die Reise gemacht, so wie sie es sich vorgenommen hatte. Zuerst hatten sie die Vorbereitungen für diese Reise von der bevorstehenden Operation abgelenkt, danach alles, was sie bisher gesehen hatte.

Wunderbar gebaute Häuser, exotische Landschaften, freundliche Menschen und jetzt die Caldera mit dem Vulkan Bromo. Nur ein kleiner Schatten am Horizont trübte ihre Erlebnisse, ein winziger Schatten, der sie ständig daran erinnerte, dass dies vielleicht ihre letzte Reise sein könnte.

Allmählich wurde der Himmel heller. Im Osten würde schon bald die Sonne aufgehen. Sie erhellte zahlreiche kleinere Vulkane und zwischen ihnen einen hohen Kegel. Die Reiter vor ihr wirbelten Sand hoch. Im Gegenlicht verwandelten sie sich in Silhouetten ebenso wie die Gebäude eines Klosters, das am Fuß des Bromo aus der schwarzen Sandebene auftauchte. Kleinere Vulkankegel erhoben sich vor und neben dem großen Krater. Kindervulkane, dachte die Frau. Ihr Pony kletterte auf den großen Muttervulkan bis zu einer flachen Stelle, auf der schon einige Männer mit ihren Ponys standen.

Hinter der Frau färbte sich der Himmel allmählich rot. Ein Junge nahm ihr das Pferd ab und sie machte sich auf, die Stufen emporzusteigen, die sie zum Kraterrand bringen sollten. Langsam, die Schritte zählend, ging sie hinter einer Gruppe Chinesen her und ließ sich von ihnen hochziehen.

Nicht stehen bleiben!, befahl sie sich selbst. Nicht stehen bleiben!

Der Blick in den Kessel war beeindruckend. Durch eine Öffnung am Boden quoll Rauch und durch eine zweite Öffnung aus einem weiteren, kleinen Krater eine zweite Rauchsäule. Die Frau floh vor dem Gedränge am Ende der Treppe. Sie machte sich auf einem oft halsbrecherisch schmalen Pfad auf zur Umgehung des Kraters. Schilder warnten sie davor, dem Kraterrand zu nahe zu kommen, weil er an manchen Stellen brechen konnte. Weiter und weiter, ein bisschen hinunter und wieder hinauf bis an den höchsten Punkt. Sie machte sich bewusst, dass unter ihr die Erde brannte und der Vulkan jederzeit ausbrechen konnte. Doch das schreckte sie nicht. Die Sonnenstrahlen beleuchteten den Rand auf der gegenüberliegenden Seite. Das Licht wanderte langsam tiefer und erreichte schon bald den Platz, auf dem die Ponys warteten.

Wieder zurück! Da ihr Weg weiter war, als der der anderen, kam sie als Letzte bei den Ponys an, fand als Letzte ihren Führer, kletterte in den Sattel, übernahm die Zügel und folgte eilig der übrigen Gruppe. Vor ihr im Staub die anderen Reiter. Fast alle ließen sich führen. Ihr Pony drängte. Es wollte heim. Sie gab ihm die Zügel, ließ es laufen. Es stellte sich als schnell und temperamentvoll heraus und überholte Reiter für Reiter. Am liebsten hätte sie laut geschrien vor Freude. Sie fühlte sich frei. Die Operation war vergessen. Ihr Pony war schnell. Dass sie mit ihrem Galopp das eine oder andere Pony irritiert hatte, warf man ihr erst später vor. Sie bemerkte es nicht, genoss nur den schnellen Ritt und den Wind, der ihr ins Gesicht blies. Am Ende kletterten die Pferde wieder den äußeren Rand der Caldera empor. Der Bus wartete schon. Erst beim Abschied entdeckte sie mit Entsetzen die scharfe Zäumung. Doch sie hatte ein gutes Gewissen. Sie hatte die Zügel kaum angefasst.

Sie gab dem Führer, Martu, ein viel zu hohes Trinkgeld.

Er soll sein Pony besser füttern!, ließ sie den Reiseleiter übersetzen und wusste gleich, dass er das sicher nicht tun würde.

Den Ritt hatte sie genossen. Er hatte den Schatten am Horizont vertrieben.

Es war einmal in Jordanien (1999)

Es war einmal, dass die Frau sich wünschte, die alte Gräberstadt Petra zu sehen. Sie kannte sie nur von Fotos: bunte Sandsteinfelsen, Werke des Windes, der sie glatt geschliffen hatte, und in die Felsen gehauene Tempel. Sie wollte diese Stadt unbedingt mit eigenen Augen bewundern, auch wenn sie das mitten unter zahlreichen Touristen tun musste.

So fuhr sie hin. Der Zugang nach Petra war eine Schlucht, die Sik genannt wurde. Sie erschien ihr aus der Ferne nur wie ein schmaler Riss in einer Felswand. Das musste wohl einmal ein Beben gewesen sein, was den Felsen an einer Nahtstelle auseinanderdriften ließ, dachte sie. Es wird eng und schattig. Eineinhalb Kilometer ging sie zu Fuß zwischen steilen Wänden dahin. Hie und da beleuchteten von oben herabfallende Sonnenstrahlen die roten Felsen. Ein flacher Graben, die Wasserleitung aus nabatäischer Zeit begleitete ihren Weg. Auf einer Seite waren in die Wand geritzte verwitterte Kamele zu erkennen, ein Hinweis darauf, dass die Erbauer von Petra, die Nabatäer genannt werden, ihren Reichtum durch Handel erlangt hatten. Weihrauchstraße und Seidenstraße trafen sich hier.

Bevor sich die Schlucht auf einen sonnenbeschienenen Platz hin öffnete, erkannte die Frau Säulen, Gesimse und Teile eines Tympanons: das Schatzhaus der Nabatäer. Die Schlucht öffnete sich ganz, und verzweigte sich dann wieder in viele weitere Schluchten wie die Finger an einer Hand. Das Wadi Musa lag vor ihr, das Tal des Moses. An den Seiten, geschmückt mit Fassaden, Gräber über Gräber, die in ihrer Form manchmal an griechische, dann wieder an mesopotamische Tempel erinnerten. Alle waren aus dem Felsen gehauen, nichts davor gesetzt. Die Nekropole, ein Weltwunder. Nichts war vergleichbar mit dem Erlebnis, es mit eigenen Augen zu sehen. Zuerst der Weg durch die enge schattige Schlucht, die am Ende mit dem Blick auf das sonnenbeschienene Schatzhaus belohnt wurde, prachtvoll aus der roten Sandsteinfelswand gehauen. Fliegende Händler stürzten sich auf die Besucher. Sie boten Ketten aus bunten Steinen an und Esel, auf denen müde Touristen über steile Treppen verschiedene Hochplateaus erreichen konnten. Die Nabatäer waren Nomaden gewesen, Wohnhäuser gab es nur wenige, aber sie legten großen Wert darauf, hier begraben zu werden. Weiter hinten gab es ein kleines Restaurant und ein ebenso kleines Museum voller Artefakte, die alle hier gefunden worden waren. Beide Gebäude waren architektonische Fremdkörper zwischen Säulen und Gesimsen.

Ein Mann zupfte die Frau an ihrer Jacke. Er zeigte auf seinen Esel.

»Ed Deir?«, fragte er.

Die Frau verstand ihn. Er bot ihr seinen Esel an, um zum Ed Deir zu reiten. Viele Stufen führten den Berg empor zu einem anderen, aus dem Felsen geschlagenen Tempel. Die Frau nahm sein Angebot an.

Der Mann führte den Esel zu einem Stein, von dem aus sie leichter in den Sattel kommen konnte. Dann lenkte er ihn mit einem Stock, mit dem er ihn mal links, mal rechts auf den Hals klopfte, auf die Treppe, die zum Ed Deir führte. Der Esel war flink und sicher. Die Frau hatte keine Angst. Doch nach kurzer Zeit bat sie den Mann, ihr seinen Stock zu geben. Wie man einen Esel lenkt, das wusste sie. Sie war als Kind oft auf Eseln geritten. Das Tier war fleißig, musste nicht angetrieben werden und folgte den Kurven des Pfades mit einer Selbstverständlichkeit, die ihr zeigte, dass es den Weg gut kannte. Es überholte andere Wanderer und andere berittene Esel und eilte nach oben, ohne auch nur einmal stehen zu bleiben. So ging es bis an die Grenze, wo der Buschwald in eine reine Steinwüste überging. Dort standen Männer, die sie aufhielten. Weiter durfte niemand reiten und zurück mussten alle laufen. Es war nicht erlaubt abwärts zu reiten. Die Unfallgefahr war zu groß.

Sie folgte dem Strom der anderen Besucher, die weiter bergauf stiegen. Rechts von ihr tauchte die Felswand mit dem Tempel auf. Säulen, Pilaster, Gesimse waren wieder aus dem Sandstein geschlagen, wie auch die Gräber und Fassaden unten im Wadi. In den Nischen mussten Figuren gestanden haben.

Die Frau setzte sich auf einen Stein, in den Anblick der Fassade versunken, als plötzlich eine Flöte zu spielen begann. Es war eine sanfte, eine ruhige Melodie, die an ihre Ohren drang. Sie schwebte über die kahlen Steine vor ihr und prallte gegen die Felswand aus der die Säulen und Gesimse des Ed Deir-Tempels geformt worden waren. Ab und zu verstummte das Lied und ertönte dann wenigen Sekunden später erneut. Die Frau stand auf und folgte dem Pfad, der sie zur höchsten Erhebung führte. Die Flötentöne begleiteten sie. Sie blieb wieder stehen, lauschte und suchte mit den Augen die Umgebung ab, in der Hoffnung, den unbekannten Spieler zu entdecken. Als sie den höchsten Punkt der Erhebung erreichte, hockte sie sich wieder auf einen Stein. Weit entfernt sah sie über die Negev-Wüste. Kleine weiße Wolken bedeckten den Himmel. Sie rückten zusammen und formten sich zu fantastischen Figuren: zuerst von kleinen Flocken zu Federn, zu Blüten, zu Schafen, Kamelen, miteinander streitenden Kriegern, dann verwandelten sie sich zurück in hauchzarte Schleier und lösten sich schließlich ganz auf. Waren es die Götter der Nabatäer? Sie schienen zur Flötenmusik zu tanzen. Die Töne durchdrangen die Frau. Sie musste immer weiter zuhören, fühlte sich außerstande aufzustehen und den Rückweg anzutreten, war wie gelähmt, lauschte und lauschte. Es dauerte lange, bis sie aus ihrer Erstarrung erwachte. Mit einem letzten Blick auf die Fassade des Tempels stand sie schließlich auf und machte sich auf den Rückweg. Die Melodie begleitete sie noch eine Weile, wurde leiser und verstummte schließlich. Die Frau war wieder in der Welt angekommen.

Es war einmal auf den Kapverdischen Inseln (2000)

Es war einmal eine Frau, die nicht nur gern Bücher las, sondern auch Musik hörte. Wenn sie einmal in der Woche zum Einkaufen fuhr, besuchte sie jedes Mal in der nahen Kleinstadt eine Buchhandlung, trank dort eine Tasse Kaffee, blätterte in den Neuerscheinungen, die die Buchhändlerin ihr zeigte, und hörte dabei Musik, denn man konnte bei ihr auch CDs erwerben. So lernte sie eines Tages die Stimme von Cesária Évora kennen, einer Sängerin von den Kapverdischen Inseln.

»Gefällt Ihnen diese Musik?«, fragte die Buchhändlerin sie.

Die Frau konnte ihr zuerst nicht antworten, weil die Stimme sie so gefangen nahm, dass sie keine Worte dafür fand. Sie kaufte die Platte. Zuhause legte sie sie in ihr Abspielgerät und spielte sie wieder und wieder und wieder. Die Musik bestand aus einer Mischung von spanischem Fado und brasilianischem Samba, aus Blues, der von den Sklaven aus Amerika mitgebracht worden war, und natürlich aus der leicht heiseren Stimme der Sängerin. Die Lieder waren fröhlich und traurig zugleich, voll Sehnsucht und gemischt mit dem Rhythmus der Samba. Auf der Plattenhülle stand, dass diese Musik typisch für die Musik der ganzen Inselgruppe sei. Mit der Zeit wuchs in der Frau der Wunsch, dorthin zu fahren. Sie ging also in ein Reisebüro und fragte, was ein Flugticket auf die Kapverdischen Inseln kostete.

»Da müssen Sie über Dakar reisen«, erklärte ihr die Verkäuferin, nachdem sie eine Weile in ihren Katalogen gesucht hatte »Und von dort aus mit einem kleineren Flugzeug bis hinüber auf die Insel Sal.«

»Und wie komme ich dann weiter?«

»Dort gibt es kleinere Maschinen oder Schiffe, die die Verbindungen zwischen den Inseln aufrechterhalten«, sagte die Verkäuferin. »Wohin wollen Sie denn?«

»Ich möchte gern die Heimat von Cesária Évora besuchen.«

»Ich weiß nicht, wo sie wohnt. Das Beste wird sein, Sie nehmen sich einen Reiseführer mit.«

Die Frau zählte ihr Geld und als sie sah, dass es reichte, kaufte sie ein Ticket über Paris und Dakar, bestellte sich ein Hotelzimmer auf der Insel Sal, dazu ein kleines Buch, das ihr als Reiseführer dienen sollte, und machte sich auf den Weg. Und als sie auf Sal ankam, bestieg sie vor dem Flugplatz einen Autobus, der sie zu ihrem Hotel in dem Ort Santa Maria bringen würde. Als Erstes machte sie Bekanntschaft mit dem Wind. Der Wind auf den Kapverden ist etwas ganz Besonderes. Er braust ungebremst über den Ozean aus Südamerika, stürmt, tobt, rast, wütet, er heult um die Hausecken sowie hinter den geschlossenen Fensterscheiben und verwandelt sich nur selten in ein laues Lüftchen. Er fährt einem durch die Haare, biegt das Gras auf den Boden und lässt die Bäume sich verneigen. Und weil sie kaum Zeit haben, sich wieder aufzurichten, wachsen sie in dieser Schräglage weiter. Es war heiß, doch die Windstöße verteilten die Hitze und machten sie erträglich.

Noch bevor sich die Frau nach der Musik erkundigen konnte, kam die Musik zu ihr. Schon vor dem Diner betraten drei Musikanten die Terrasse, auf der sie auf das Essen warteten. Der eine hatte eine Gitarre dabei, der andere eine Marimba und der Dritte ein Mikrofon. Und plötzlich schwebte eine Melodie über die wartenden Gäste. Die Stimmen wurden leiser und der Mann mit dem Mikrofon begann zu singen. Er erzählte die Geschichte einer Frau, die allein am Strand spazieren ging und sich einsam fühlte, während die Wellen den Strand hochliefen und zwischen den Steinen starben. Kaum einer der Gäste konnte die Worte des Sängers verstehen, doch der Inhalt des Liedes vermittelte sich über die Melodie. Die Frau erinnerte sich daran, dass sie das gleiche Musikstück von ihrer CD kannte, und dass es »Solidade« hieß. Hier, zusammen mit dem Meeresrauschen und unter dem nachtblauen, sternenübersäten Himmel, klang es anders und ging ihr unter die Haut. Sie eilte in ihr Zimmer, um ihr kleines schlaues

Buch zu fragen, wo man auf den Kapverden Cesária Évora hören konnte. Doch der Reiseführer war alt. Sie fand nicht, wonach sie suchte. Auch der Rezeptionist konnte ihr keine Auskunft geben.

»Diese Musik finden Sie überall auf den Inseln«, sagte er. »Hier auf Sal, auf Boavista, auf Santiago, auf San Vicente, Santo Antao und den anderen. Die Évora ist fast immer auf der ganzen Welt unterwegs und nur selten hier zu hören. Ihr Haus steht leer, wenn sie nicht da ist. Aber die Lieder, die sie singt, sind unsere Musik, die Musik der Kapverden und viele Menschen kennen die Lieder. Wir exportieren sie überall hin.«

»Und was exportiert ihr sonst noch?«

»Fußballspieler. Alle Kinder, die Sie hier auf den Straßen sehen, träumen davon, einmal von einem großen ausländischen Verein übernommen zu werden und später dann als reiche Männer in die Heimat zurückzukehren.«

Das war alles, was die Frau in Erfahrung bringen konnte und als ihr der Rezeptionist noch anbot, für sie einen Flug auf eine der anderen Inseln zu buchen, damit sie etwas mehr von den Kapverden zu sehen bekäme, nahm sie sein Angebot an.

So flog sie ein paar Tage später nach Boavista und bestieg einen Kleinbus für eine Inselrundfahrt. Sie besuchte dort einen Markt, fuhr lange Strecken durch eine Wüste, beobachtete die Bauern bei der Arbeit und vor allem die Weinbauern beim Ernten ihrer Trauben. Die Leute waren arm. Der Tourismus hatte noch nicht überhandgenommen. Dass die auf der Straße spielenden Jungen von einer großen Karriere als Fußballspieler träumten, war gut zu verstehen.

Auf der Insel Santiago war es nicht viel anders. Wüste, Bananen-, Kokospalmen- und Mangoplantagen und ein Stand mit Trachtenpuppen aus Stoff. Cidade Velha besuchte sie, die erste Hauptstadt Cabo Verdes mit ihrem alten Fort und überall, wo sie eine Pause einlegte, erklang die Musik. Sie begleitete sie, hüllte sie ein. Die Frau bekam die Melodien nicht mehr aus dem Kopf, und einmal – es war am Rand eines Marktes in Praya, der Hauptstadt – kam ihr eine schon etwas ältere rundliche Frau entgegen, die ihre Hüften hin und her schwenkte, als tanze sie. Für einen kurzen Augenblick glaubte die Frau, es sei Cesária Évora persönlich, die ihre Bekanntschaft machen wollte. Aber es war nur eine Frau, die Einkäufe auf dem Markt gemacht hatte. Die Musik war einfach in ihr. Die jungen Mädchen waren schlank und anmutig.

Als die Frau die Inseln wieder verließ und nach Dakar zurückflog, hatte sie die weltberühmte Sängerin nicht persönlich kennengelernt, doch die zwischen Afrika und Europa liegende und sich gegenseitig beeinflussende Inselwelt hatte sich selbst in sie verwandelt. Cesária Évora und die Kapverden waren ein und dieselbe Person.

Es war einmal auf der Donau (2003)

Das Schiff, mit dem die beiden Frauen die Donau hinunterfahren wollten, hieß »Moldavia«.

Als der Kellner sie zu dem für sie reservierten Tisch im Restaurant führte, war einer der beiden Fensterplätze bereits von einer blassen jungen Frau besetzt. Sie lächelte den neuen Gästen freundlich entgegen. Neben ihrem Stuhl lehnten zwei Krücken an der Fensterscheibe. Man begrüßte sich und entließ den Kellner mit einem dankenden Blick.

Das Schiff legte ab und die Fahrt begann. Während des Essens erzählte die Tischpartnerin den beiden, wozu sie die Krücken benötigte. Sie hatte als Kind einmal eine Knochenvereiterung gehabt, die nicht gleich erkannt worden war, so erzählte sie. Die Ärzte hatten ihr Knie und Hüfte versteift und zu allem Unglück stellten sie bei ihr noch eine Skoleose fest. Sie konnte mit einem Bein nur auf Zehen gehen, fuhr aber schon zum sechsten Mal mit der »Moldavia« bis ins Delta, weil sie das Schiff liebte und die ukrainische Besatzung besonders nett zu ihr war. An den Landausflügen konnte sie sich nicht beteiligen. Ihre Kabine lag auf demselben Deck wie das Restaurant und im Notfall konnte sie die russische Ärztin konsultieren, die das Schiff begleitete. Ihren Lebensunterhalt bestritt sie, indem sie ihrem Bruder, der eine kleine Firma besaß, den Haushalt führte. Er lieh ihr auch den Firmenwagen und einen Chauffeur, der sie, wenn sie wieder einmal eine Donaufahrt gebucht hatte, nach Passau brachte. Wie sich schnell herausstellte, war sie sehr belesen. Sie hieß Christa.

Man hatte die beiden schon etwas älteren Frauen zu ihr gesetzt, weil man offensichtlich fand, dass sie zusammenpassten.

Österreich, donauabwärts bis Wien. Durch zehn Schleusen, Staustufe für Staustufe. Fast jede bedeutete ein Absinken um acht bis zehn Meter.

Bei vielen Brücken musste das Sonnendeck geräumt und das Dach über dem Stand des Kapitäns umgeklappt werden, weil der etwas zu hohe Wasserstand es nicht zuließ, dass das Schiff unter dem Brückenbogen hindurchschlüpfen konnte.

Das Wetter schien besser zu werden. Zirruswolken bedeckten den Himmel. Auf dem Sonnendeck war es warm und windig. Rechts und links zogen Auwälder vorbei, auch Klöster, Burgen und kleine Dörfer. Christa saß an der Reling und beobachtete alles. Ein Servicemann hatte ihr einen Stuhl gebracht und sie war die wenigen Schritte mit ihren Krücken gegangen. Da saß sie nun und ließ sich nichts entgehen.

In Wien hatte das Schiff anderthalb Stunden Aufenthalt wegen Zollformalitäten. Kein Landgang. Nach der Weiterfahrt neigten sich schon bald Weiden über das Wasser. Das Schiff glitt sanft dahin. Noch schöner, noch wilder und aufregender war die Wildnis um Hainburg an der slowakischen Grenze. Einige Schwäne, Reiher, aber nur wenige Enten schwammen am Ufer. Für sie gab es keine Grenzformalitäten. Das Gleiten auf dem Fluss war ein wundervolles Erlebnis.

Es befriedigt das Nomadenbedürfnis ohne dass man sich selbst bewegen musste, dachte die Frau. Heute hier, morgen dort.

Bratislava, das alte Preßburg, hatte sich sehr verändert, seit sie das letzte Mal dort gewesen war. Das war etwa vierzig Jahren her. Die Stadt hatte sich herausgeputzt und die alten Paläste wieder zur Geltung gebracht. Österreichische und ungarische Adelsfamilien hatten Bratislava einen Stempel aufgedrückt. Auffallend waren auch die Bronzefiguren wie der napoleonische Soldat, der sich über eine Banklehne beugte, um vielleicht ein Gespräch zu belauschen, sich einzumischen oder jemanden zu begrüßen. Eine andere stadtbekannte Figur, ebenfalls in Bronze gegossen, lud mit ausladender Armbewegung in ein Lokal ein, eine dritte lauerte hinter einer Ecke, eine vierte streckte ihren Kopf aus einem Kanaldeckel. Surreale Ideen einer Stadtverwaltung!

»Das wäre nichts für unsere Tischpartnerin auf dem Schiff«, sagte die Frau zu ihrer Freundin. »Da käme sie ins Stolpern.«

»Wir werden ihr davon erzählen«, erwiderte die Freundin.

Enge Gassen durchzogen Altstadt und die Burg mit ihren

Ecktürmen, die von den Bürgern »das umgedrehte Bettgestell« genannt wurde.

Nach dem Besuch in Bratislava fuhr das Schiff wieder an einem wunderbaren Auwald vorüber. Was verbarg er alles vor den Blicken der Passagiere? Wiesen, Dörfer, seltene Tiere, Buchten, Reiher weiß und grau. Wie viel geheimnisvoller und spannender ist doch Verborgenes. Offenes, Nacktes ist langweilig.

»Für einen unruhigen, überarbeiteten Menschen ist das ruhig auf dem Wasser dahintreibende Schiff wie eine Therapie«, erklärte die Frau ihrer Freundin. »Es scheint, dass Reiher und Enten, Fischer und Menschen, die sich in der Nähe des Ufers aufhalten, sich besonders langsam bewegen. Sie scheinen sich dem Rhythmus der trägen Strömung anzupassen. Das steckt an und überträgt sich auf die Seele. Niemand kann sich dem widersetzen. Niemand.«

Der Himmel war mit Schleierwolken bedeckt. Ab und zu brach die Sonne durch. Es wurde schwül.

»Es wird ein Gewitter geben«, sagte die Freundin.

Ungarn. Ausflug in die Puszta, die sich in den vergangenen Jahren ebenfalls sehr verändert hatte. Das Bild einer weiten, verbrannten Steppe mit Ziehbrunnen, Pferdeherden und strohgedeckten Hütten gab es nicht mehr. Nun wurde alles landwirtschaftlich genutzt, und es gab riesige Felder, auf denen unter anderem überwiegend Paprika angebaut wurde. Christa wusste das. Sie war schon oft hier durchgefahren. Man hatte ihr erzählt, dass ein kleiner Rest der alten Puszta im Landesinneren zu finden wäre. Es war als Schutzgebiet deklariert worden, aber dorthin kam man nicht, wenn man auf der Donau fuhr. Sie schon gar nicht. Die großen Güter befanden sich alle wieder in Privatbesitz. Pferde züchteten fast alle, aber für wen und warum. Der Chikosz zeigte seine Künste nur noch Touristen. Er ging brutal mit den Pferden um.

Die Ställe für Graurinder mit Zebublut waren Mutterkuhställe, dann gab es noch Ziegen und Zackelschafe sowie putzige Wollschweine.

In Karlocsa befand sich eine schöne Barockkirche mit einer alten Orgel. Der Organist spielte Bach und Schubert sowie zwei Stücke von einem zeitgenössischen ungarischen Komponisten. Er war Liszt-Preisträger.

Die Akustik war wunderbar. Schade, dass Christa nicht dabei sein konnte. Sie war wie fast immer auf dem Schiff geblieben, weil ihre Beine sie nicht mehr trugen.

Es ging zurück zum Schiff und weiter nach Osten. Backbord Auwald und Steuerbord Auwald. Zweimal musste das Schiff wegen Zollformalitäten anlegen. An den Ufern tauchten ab und zu Fabrikschlote auf. Das Wetter war mild und trocken, meistens bewölkt.

Serbien. Die »Moldavia« fuhr in den Hafen von Belgrad, konnte aber nicht anlegen, weil ein anderes Schiff den für sie vorgesehenen Platz eingenommen hatte. Dadurch kam es zwischen den Kapitänen zum Streit. Der Hafenkapitän musste ein Machtwort einlegen. Mit einer halben Stunde Verspätung gingen die meisten Passagiere auf Stadtrundfahrt. Es regnete leicht.

Am Nachmittag beteiligten sich die beiden Frauen an einem Ausflug nach Novisad. Das Land zwischen Belgrad und Novisad war dicht besiedelt. Die Felder waren entsprechend klein.

Peterwardein war die Festung, von der aus Prinz Eugen in einer Schlacht das vierhunderttausend Mann starke Heer der Türken mit achtundsiebzigtausend Soldaten entscheidend geschlagen hatte. Diese Schlacht muss unter einem schlechten Omen gestanden haben: Am Morgen schneite es – obwohl es August war. Das betrachteten die Türken als ein schlechtes Vorzeichen. Und so war es dann auch. Sie verloren die Schlacht.

Von der Festung aus hatte man eine schöne Sicht auf die Stadt Novisad. Die Altstadt bestand überwiegend aus zweistöckigen Häusern, von denen die meisten im 18. Jahrhundert erbaut worden waren. In den Straßencafés saßen viele junge Leute. Sie bewegten sich alle locker und gelöst, nicht wie Christa, die nur ganz langsam mit ihren Krücken vorwärts kam.

Flusstag ohne Landgang. Es ging durch die inzwischen gezähmten Katarakte der Donau: Das sogenannte »Eiserne Tor«. Zwei Burgen, heute nur noch Ruinen, schienen die Einfahrt früher bewacht zu haben. Die Strömung durchbrach die Karpaten, die mit ihrem riesigen Waldgebiet immer noch von Wölfen und Bären bevölkert sein sollte. Auch Graf Dracula war hier in der Nähe zu Hause gewesen. Rumänien an der Backbordseite war hier nur schwach besiedelt. Die Berge waren nicht sehr hoch und zwischen den Bäumen ragten große Felsblöcke heraus. Linkerhand war eine Höhle zu sehen, in der sich im Zweiten Weltkrieg ein General mit vierzig Leuten lange Zeit versteckt gehalten hatte. »Veteranenhöhle« wurde sie genannt. Auf der gleichen Seite ragte ein Felsen aus dem Dickicht, in den der riesige Kopf eines berühmten Fürsten gemeißelt worden war. Dahinter wurde die Andachtskapelle eines Eremiten sichtbar.

Es regnete. Hier war die Donau Grenzfluss zwischen Rumänien und Bulgarien. Ein Schäfer hütete seine Herde. Ein Auto wartete auf die Fähre. Das Ufer war wieder flach und der Strom floss gemächlich dahin. Für kurze Zeit kam die Sonne heraus. Christa saß auf ihrem Stuhl an der Reling und genoss die Fahrt. Kaum einer der Passagiere bot ihr seine Hilfe an. Kaum einer beachtete sie. Die beiden Djerdap-Doppelschleusen sollten die letzten vor dem Schwarzen Meer sein. Alleinreisende waren fast nur Frauen.

Landung in Giurgiu, Rumänien und Ausflug nach Bukarest. Auf den ersten Blick schien es eine verlotterte Stadt zu sein. Heruntergekommene Hochhäuser, eine Vorhölle zum Wohnen. Erst später entdeckten die beiden Frauen den ehemaligen Glanz in der Innenstadt. Man wurde an Paris erinnert – nur auf dem Balkan, mit Theatern, Museen, alten Kirchen und Spielkasinos und mittendrin befand sich das überdimensionierte Parlamentsgebäude des größenwahnsinnigen Ceausescu auf einem aufgeschütteten Hügel, unterbunkert mit Geheimgängen und Fluchtwegen nach draußen. Prachtalleen waren noch zu erkennen, ähnlich den Champs Elysees und verwilderte Parkanlagen mit hohem Gras und Unkraut dazwischen, morbide und schön. Überhaupt war die Innenstadt sehr grün und wenn sie nicht so verkommen gewesen wäre, hätte man sie mit den schönsten Metropolen der Welt vergleichen können, mit Wien oder Prag. Besonders schön und gepflegt war das Bauernhausmuseum mit den alten schindel- oder schilfgedeckten Häusern. Zwischen ihnen gab es verschiedene Arten von Brunnen, Ziehbrunnen, Schöpfbrunnen und viele mehr. Die Häuser standen leider sehr dicht beieinander. Sich vorzustellen wie lebendig sie früher gewesen waren, wie Frauen und Kinder sie belebt hatten, die Frauen Wäsche aufhängten, Kinder Verstecken spielten oder die Männer Holz hackten, das war schön. Aber das gab es nicht mehr. Dazu musste man seine Fantasie zu Hilfe nehmen. Ceaucescu hat diese Bauernkultur bekämpft, weil sie seiner Meinung nach der Einigkeit des Landes im Weg stand.

Mittagessen gab es in einem schönen, für Touristen hergerichteten Lokal.

»Rumänische Frauen sind schön«, sagte die eine Freundin zur anderen. »Sie haben scharfe, ebenmäßige Gesichter mit geraden Nasen und dunklen Augen. Bei uns würden sie auffallen.«

»Wenn Bukarest irgendwann einmal nur etwas vom Glanz und der Kultur der Vergangenheit zurückerlangt, würde es eine der sehenswertesten Städte Europas werden«, erwiderte die andere.

Auf dem Rückweg zum Schiff fuhren die Passagiere der »Moldavia« wieder einmal an einem Romalager vorbei – Zigeuner durfte man sie nicht mehr nennen. Kleine Pferde grasten vor Holzwagen, die mit einer verhältnismäßig niederen Plane bedeckt waren. Kinder spielten um ein Lagerfeuer. Die Frau wollte aussteigen, um sie zu fotografieren, aber man ließ sie nicht.

Der Balkan war für sie wie ein leeres Blatt. Er bestand nur aus Namen, nichts weiter.

Nach Bukarest passierten sie bebautes und unbebautes Land, Bauern mit ihren Pferdewagen, kleine gepflegte Gärten, in denen das dort wachsende Gemüse noch wichtig für die Ernährung der Besitzer war. Die Frau und ihre Freundin sahen Kuh- und Pferdeherden, Hirten mit Schafen, kleine Häuser, die früher einmal reet- oder schindelgedeckt gewesen sein mussten. Auf den Straßen liefen Hühner und Gänse herum, manchmal sah man auch Zigeuner.

In Olteniţa warteten Christa und die »Moldavia« auf die Passagiere. Es folgten Sümpfe, Sümpfe, Sümpfe zwischen Bukarest und dem Delta, zu dessen Beginn sich der Fluss in viele kleine Flussarme aufsplitterte, Sümpfe, Sümpfe, Sümpfe. Die beiden Frauen berichteten Christa, was sie in Bukarest gesehen und erlebt hatten. Christa war auf dem Schiff geblieben. Während sie durch die Sümpfe fuhren, erklärte sie ihnen, wie sehr sie die Ruhe auf dem Schiff genossen hatte.

Vilkovo, Ukraine. Dort hatte das Schiff sein Ziel erreicht.

Das Dorf wurde von Kanälen durchzogen. Es gab nur zwei Straßen, der übrige Verkehr spielte sich auf den Kanälen ab. Nachdem kleine Mädchen Schiffsbesatzung und Passagiere mit einem Tanz begrüßt und ein alter Mann dem Kapitän einen großen Kuchen überreicht hatte, begrüßten die Hunde des Dorfes die Gäste. Die beiden Frauen erkundeten die Siedlung. Es war Markt. Die Mädchen waren modern gekleidet, enge Jeans und hochhackige Schuhe. An den Ständen wurden ausnahmslos Plastikwaren angeboten, austauschbar mit Waren auf den Märkten der ganzen Welt. Nichts sah mehr nach Handarbeit aus, ausgenommen vielleicht die schön geflochtenen Körbe. Keine billigen Reisesouvenirs. Touristen hatten noch Seltenheitswert. Erst seit zwei Jahren fuhren Schiffe von Passau ins Delta und die meisten von ihnen hatten Costanza als Ziel oder einen anderen rumänischen Badeort mit Luxushotels und Diskotheken. Hier in Vilkovo waren fast alle Häuser eternit- oder wellblechgedeckt. Das Schilf im Delta wurde alle zwei Jahre geschnitten und nach Holland transportiert, wo man sich noch reetgedeckte Häuser leisten konnte. Hier waren reetgedeckte Dächer ein Zeichen von Armut.

Der Ausflug mit einem doppelstöckigen Ausflugsboot ins Delta war eine Riesenenttäuschung. Eine lokale Reiseleiterin erzählte den Passagieren mit weithin hallender Lautsprecherstimme die Geschichte des Deltas und alles, was sie für wissenswert hielt. Das verscheuchte die Vögel. Keine Ruhe, keine Stille, nur das Plärren des Lautsprechers. Ausgenommen von einigen Grau-, Silber- und Seidenreihern und weiter draußen einige Gruppen von Pelikanen und Kormoranen ließen sich keine Enten oder Wattvögel blicken. Schließlich erreichte das Schiff »Punkt Null«, von dem aus man die Flusskilometer der Donau zu zählen begann und an dem sich das Süßwasser des Flusses mit dem Salzwasser des Schwarzen Meeres vermischte.

Immer noch plärrte die Lautsprecherstimme den Passagieren etwas von der Geschichte der Ukraine vor. Das Wetter war schön, der Himmel klar und der Wind fegte durch das Schilf.

Rückfahrt. Eigentlich war das Delta mit seinen Inseln im Inneren vielfältiger und schöner als in den Randgebieten. Hinter den Ufern mit ihrem Weidengestrüpp und den Pappelwäldern lagen versteckte Seen und kleine Flussarme. Pferde und Kühe weideten am Ufer. Reiher standen stocksteif im flachen Wasser und fischten.

Dazwischen sah man umgestürzte Bäume. Zum Fischen ruderten die Männer noch mit ihren Booten hinaus. Sie waren zu arm, um sich Außenbordmotoren leisten zu können.

Bulgarien. Somovit. Nach Sofia, der Hauptstadt, wäre es zu weit gewesen, also unternahmen sie einen Ausflug nach Pleven. Das Land war flach. Kleine Bauernwägelchen ratterten mit ihren Holzrädern über die mit zahlreichen Schlaglöchern durchsetzten Straßen. Ein kleines bosnisches Pony zog seinen Pflug über den Acker, hinter sich schöne gerade Furchen hinterlassend. Pleven war eine größere Stadt. Die Häuser, teils aus der Barockzeit, teils Jugendstil, waren eindrucksvoll. Auf einem Hügel befand sich ein Panoramamuseum. In einem Rundbau mit Kuppeldach wurde gerade eine Miniatur der entscheidendsten Schlacht gegen das osmanische Heer installiert. Im Vordergrund Trümmer, tote Körper, die sich in einem Gemälde fortsetzten, zurückgelassene Kanonen und Karren, alles in fließendem Übergang auf eine Leinwand, dahinter grausige Schlachtszenen. Von irgendwoher war Kanonendonner, Schreie und Schlachtgetümmel zu hören. Alles beeindruckend realistisch.

Mittagessen gab es in einem bulgarischen Restaurant mit Volkstanzgruppen. Der Tänzer und der Sänger trugen wunderschöne Trachten. Die Lieder schienen schon sehr arabisch angehaucht zu sein.

Es regnete. Bulgarien war noch ärmer als Rumänien.

Die Rückfahrt führte durch die Kataraktenstrecke, durch die umstrittene Doppelschleuse, die das Wasser zurückhielt, damit Schiffe gefahrloser die Schluchten passieren konnten. Rechts und links Burgruinen und eine in Stein gemeißelte Inschrift des Kaisers Trajan, deren Übersetzung Christa in einem Buch gefunden hatte: *Der herrschende Kaiser, Sohn des göttlichen Nerva Trajanus, Augustus Germanicus, Pontifex Maximus, zum vierten Mal Vater des Vaterlandes und Konsul, hat Gebirge und Strom überwunden und diese Straße erbaut.* Der riesige, in eine Kalksteinfelswand gemeißelte Kopf des heldenhaften Fürsten tauchte an der Steuerbordseite auf. Wieder ging es durchs eiserne Tor. Ein Treidelpfad begleitete den Fluss. Hin und wieder lag ein entsorgtes Autowrack am Ufer.

Zurück in Ungarn und Budapest unternahmen sie einen Ausflug zum Plattensee. Felder, unterbrochen von kleinen Heckeninseln zogen an ihnen vorbei. Schließlich kamen sie nach Schloss Brunswick in Martonvásár. Beethoven war hier oft Gast. Man hatte im Geheimfach eines alten Sekretärs Liebesbriefe von ihm gefunden. Niemand weiß aber, an wen sie gerichtet waren.

Sie fuhren über den Plattensee, zunächst am Nordufer entlang, dann zum Südufer, anschließend zurück nach Budapest. Von hier aus ging es weiter nach Wien mit Unterbrechung in Esztergom. Das Donauknie. Die Luft war trocken, aber kühl. Die »Moldavia« legte ab. Das Wasser war ruhig. Am Ufer wuchsen die Bäume des Auwalds und hinter ihnen sah man zahlreiche Fabrikschlote.

Die beiden Frauen machten einen Ausflug in den viel besungenen Wiener Wald. Christa musste zurückbleiben. Sie hatten keine solch schöne Landschaft erwartet. Keine Felder, höchstens Wiesen und Weingärten, bewaldete Hügel, Täler und kleine Ortschaften, die zum Dorfleben einluden. Schmale Bäche schlängelten sich durch die Weiden, hie und da sah man ein Pferd oder ein paar Kühe. Alles wirkte so friedlich abgeschieden. Dann kam man nach Heiligenkreuz, einem Zisterzienserkloster und vorbei an der Stelle, an der sich früher einmal das Jagdschloss Mayerling befunden hatte. Nach dem Tod von Kronprinz Rudolf und seiner Geliebten, Mary Vetsera, hatte der Kaiser es abreißen lassen. Später ging es nach Baden, den bekannten Erholungsort. Dort fand gerade eine Weinprobe statt. Es gab Wodka, Traubenschnaps, Tokayer und hunderterlei Sorten Wein. Die beiden Frauen ließen sich in einem Kaffee nieder, um Marilleneis zu essen.

Dann ging es weiter Donauabwärts. Von Dürnstein aus machten sie einen Ausflug zum Kloster Gottweig, einem Benediktinerkloster und nach Krems. Die Altstadt erinnerte die Frau an ein Bilderbuch: Alte Häuser, ein Torbogen und Kopfsteinpflaster. Carl Spitzweg-Motive. Immer wieder schoben sich graue Wolken vor die Sonne und manchmal regnete es auch. Zurück auf dem Schiff sahen sie bei der Weiterfahrt erneut schöne Güter und an den Ufern Wald, Felsen und uralte Wachtürme. Vorbei ging es an Willersdorf, wo die dreißigtausend Jahre alte Venus von Willersdorf gefunden wurde. Weiter nach Ungarn, Wien und Österreich, durch die Wachau und schließlich nach Passau. Der Abschied von Christa fiel beiden Frauen schwer.

Es war eine schöne Reise.

»Wenn ich wieder auf die Welt komme, möchte ich gern ein Vogel im Donaudelta sein«, sagte Christa. »Ein Vogel, der sich frei bewegen kann.«

Gibt es einen schöneren Wunsch?

Es war einmal in Norwegen (2005)

Es war einmal auf dem Flug von Stockholm nach Norwegen. Auf den Bergen waren noch Reste von Schnee zu sehen, Schneereste vom letzten Winter und deshalb Schnee in den Rinnen und Schluchten, und das im August. Es war das Erste, was der Frau auf dem Flug nach Norwegen auffiel.

Am nächsten Morgen schien zuerst die Sonne, später bedeckte sich der Himmel mit Schleierwolken. Fahrt mit der »Narvik«, einem kleinen Postschiff, in den Geirangerfjord. Es begann ein Wettlauf zwischen Sonne und Wolken, die gegen das Landesinnere hin dichter wurden und sich an den Bergen stauten. Die Felsen wuchsen senkrecht aus dem Wasser. Die Farbe war eiskaltes Grünblau. Die schmalen, über die Felswände herabstürzenden Wasserfälle trugen schöne Namen. Sie hießen »Brautschleier«, »Der Freier« oder »Die sieben Schwestern«, und die Frau vermutete, dass es zu jedem Namen eine Geschichte gab. Hoch oben befanden sich verlassene Höfe. Einige von ihnen waren früher nur über Leitern zu erreichen gewesen. Man erzählte sich, dass die Leitern damals bei der Ankunft des königlichen Steuereintreibers rasch hochgezogen worden waren. Zwecks Reparaturen, sagte man. So war ihm der Weg versperrt gewesen und er musste seine Steuern anderweitig eintreiben.

Man erzählte sich auch die Geschichte einer alten Frau. Sie war die Letzte auf einem dieser Höfe gewesen und lebte dort fast hundert Jahre. Sie musste auf einem steilen Pfad zum Fjord hinunter, bis zu der Stelle, an der ihr Boot festgemacht war. Dort konnte sie einsteigen und mit ihm zur nächsten Siedlung rudern, um das Notwendigste einkaufen zu können.

Die Kinder, die jeden Montag zur Schule mussten, band man oben an ein langes Seil und ließ sie langsam bis zur Anlegestelle hinunter, damit sie nicht abstürzten. In Geiranger blieben sie dann von Montag bis Samstag bei einem Bauern, halfen ihm bei der Stallarbeit und bei der Ernte. Am Samstag ging es dann wieder nach Hause. Mit ihrer Arbeit bezahlten sie Unterbringung und Verpflegung. Fast alle diese Höfe waren inzwischen aufgegeben worden.

Die Sonne malte silbrig glitzernde Flecken aufs Wasser. Die Frau dachte sich die Geschichte von einem Jungen aus, der versuchte, diese Flecken einzusammeln. Dabei entdeckte er, dass unter ihnen zahlreiche Fische spielten und tanzten, denn auch sie liebten Licht und Wärme. Doch er brachte es nicht fertig ihr Spiel und den Tanz zu stören und gab sein Vorhaben auf. Weil er aber ohne einen einzigen Fisch heimkam, wurde er geschimpft und seine Familie musste an diesem Abend hungern.

Am Ende des Fjords ankerten zwei Kreuzfahrtschiffe. Die Frau, ihre Freundin und einige andere Passagiere wurden in Geiranger ausgebootet und stiegen in einen Bus um. Sie fuhren in engen steilen Kurven eine Straße hoch, anschließend über eine Hochebene, vorbei an versteckten Bauernhöfen mit wenig Vieh, man sah nur ein paar langhaarige Ziegen und pummelige kleine Schafe mit ausdrucksvollen Köpfen.

In letzter Zeit hatte ein Bär sein Unwesen in dieser Gegend getrieben. Ein zweiter war weiter im Norden aufgetaucht. Er fiel einen Pilzsammler und dessen Sohn an und verletzte beide lebensgefährlich. Wenn deren Bordercollie nicht Alarm geschlagen und die Retter herbeigerufen hätte, wären sie vielleicht umgekommen. Die Jäger erlegten den Bären.

Luchse und Vielfraße sollte es hier auch noch geben.

Erdbeerland. Die überaus gut riechenden Erdbeeren reiften hier durch das lange Tageslicht und nicht allein durch die Sonne. Auch Kirschen gab es hier.

Inzwischen machte sich die Landflucht bemerkbar. Die Menschen flüchteten in die Stadt, weil es ihnen auf dem Land zu langweilig war. Wer sich hier niederlassen möchte, bekam den Baugrund umsonst. Er musste nur ein Haus darauf bauen. Die meisten Häuser hatten Grasdächer. Sie bestanden aus sieben Lagen Birkenrinde, dann einer dicken Schicht Torf und auf dem Torf einer dünnen Schicht Erde, auf die dann der Grassamen gesät wurde. Das wäre angeblich die beste Dachisolierung, erklärte der Fahrer den Businsassen.

In Gulbrandsvet zwängte sich der die Straße begleitende Bach eng und immer enger zusammen. In einer Schlucht kochte er über. Angeblich hatte ein Junge namens Gulbrand, dem nicht erlaubt worden war das Mädchen zu heiraten, das er liebte, seine Braut auf den Rücken genommen und mit einem einzigen riesigen Satz über die Klamm vor ihren Verfolgern gerettet.

Trollstigen war ein kurzes Straßenstück, das in eine fast senkrechte Felswand gesprengt worden war. Entgegenkommende Fahrzeuge mussten auf Ausweichstellen warten. Schon ziemlich weit unten hatte ein Felssturz die Straße verschüttet. Man war dabei, sie zu verlegen.

Am nächsten Tag zeigte man den fremden Gästen ein Musikinstrumenten-Museum, das sich in einem alten Gutshof befand. Eine junge deutsche Musikstudentin übernahm die Führung. Sie spielte auf vielen der alten Instrumente Musik ihrer Zeit und das war ein unvergessliches Erlebnis. Vor allem ein Clavichord, auf dem sie ein Stück von Philipp Emanuel Bach spielte und eine Drehleier aus dem 13. Jahrhundert, zu der sie ein Lied von François Villon sang, beeindruckten die Frau sehr. Die Akustik in dem alten Holzhaus verzauberte die Klänge und machte sie unvergesslich. Sie versetzte die Zuhörer ins tiefste Mittelalter. Die Ausstellungsräume waren nur klein und mit alten Möbeln ausgestattet. Die Töne schienen durch sie hindurchzuschweben. Für die Besichtigung der ethnischen Instrumente blieb keine Zeit, nur noch ein Blick auf den alten Park, eine Art botanischer Garten, in dessen Mitte das alte Gutshaus stand. Gärtnerei im englischen Stil, Hänge, Hügel, dazwischen kleine Waldstücke und ein Labyrinth aus Sträuchern.

Es regnete.

Auf einem Ast, hoch über jenem Fjord, der im Svartisengletscher endet, hockte ein riesiger Seeadler. Seeadler sind würdevolle, mächtige, arrogant wirkende Vögel. Auf einer Schäre war eine Gruppe Kormorane zu sehen und weiter hinten ein zweiter Seeadler, der aufflog, als sich ihm das Schiff näherte. Auch die

Kormorane flatterten davon. Die Berge waren steil, aber nur in ihrem unteren Teil bewaldet. Die Felsen wuchsen aus dem Wasser, und in der Ferne glänzte der Gletscher, dem man den Namen »Svartisen« gegeben hatte. Svartisen bedeutet »schwarzes« oder auch »magisches« Eis. Er spiegelte sich im Wasser.

Die Sonne schien.

Die schmale Straße führte durch einen Birkenwald. Sonnenstrahlen brachten die dünnen hellen Stämme zum Glänzen. Auf dem Gletschersee schwammen dunkle kleine Enten in Gruppen. Es ging zurück zum Bus und dann mit einer Fähre über den Fjord. Viele kleine Tunnel führten bis in eine Ebene. In dieser Ebene sollte es Elche geben und Felsbrocken, die sich bei Nacht angeblich in Trolle verwandelten. Trolle sind Wesen der Dunkelheit. Sie leben nur bei Nacht und wenn sie vom Tageslicht überrascht werden, verwandeln sie sich in Felsblöcke. Trolle waren immer und überall noch gegenwärtig.

Kurz vor Bodø begann es erneut zu regnen. Der Gezeitenstrom ist angeblich der zweitstärkste Strom der Welt. Jules Verne und Edgar Allen Poe verwendeten ihn als Vorbild für ihre Geschichten. Die Flut drängte und strömte im Minutentakt über das Land. Es kam der Frau vor, als ob die Erde atmete. Ein und aus, ein und aus.

Weiter und weiter. Über Hammerfest nach Honningsvåg. Das Auge fand keinen Halt auf den Hügeln und wanderte in die Ferne, ohne aufgehalten zu werden. Lichtflecke färbten die Berge bunt. Es war ein wildes Land und man konnte kaum glauben, dass es zu einem Europa gehörte, in dem die Menschen noch nur selten Platz fanden um sich zurückzuziehen.

Mit einem alten Fischkutter unternahm die Frau einen Abstecher zu einem Vogelfelsen. Sie wollte Papageitaucher sehen. Doch sie entdeckte nur wenige. Die Jungen waren bereits ausgeflogen. Die Brandung tobte um die Felsen. Eine Sturmseeschwalbe flog darüber hinweg. Am späten Nachmittag färbten sich Meer und Himmel lila. Über der südlichen Küste entstand ein breiter und intensiv leuchtender Regenbogen. Der Himmel wurde rosa und in dem lilafarbenen Meer schwammen Wale.

Weiter ging es nach Kirkenes und von da aus wieder zurück zum Nordkap. Dort waren die Passagiere der »Narvik« allein. Der Blick richtete sich nach Norden bis dahin, wo Himmel und Meer verschmolzen. Spitzbergen verbarg sich hinter der Erdkrümmung. Die im Osten aufgehende Sonne beleuchtete das Monument des Globus auf dem Plateau. Nur wenige Wolken bevölkerten den Himmel.

Sie fuhren immer weiter über eine Straße und durch zahlreiche Tunnel. Der Letzte brachte den Bus unter dem Meer aufs Festland zurück. Er befand sich auf einer Tiefe von zweihundertfünfzig Metern und war sieben Kilometer lang. Weiter am Meer entlang, auf der rechten Seite von hohen Felsen gesäumt: Schiefer, glimmend, schillernd und in der Sonne glänzend. Vereinzelt standen Gestelle mit Stockfischen am Ufer. Der Bewuchs war niedrig, es gab hier keine Bäume, nur Sträucher und die Rentiere der Samen.

Und noch eine Trollgeschichte: Ein Troll lebte mit seiner Frau auf einer Insel gegenüber jener Straße. Jede Nacht besuchte er seine Geliebte, die auf dem Festland zu Hause war. Er musste nur darauf achten, dass er zurückkehrte, bevor die Sonne aufging, denn der erste Lichtstrahl, der ihn im Freien traf, verwandelte ihn unweigerlich in einen Felsen. Eines Morgens war er spät dran. Er schwamm und schwamm und schwamm und erreichte mit knapper Not das Ufer, aber nicht mehr seine Höhle. So traf ihn der erste Strahl der aufgehenden Sonne und verwandelte ihn in einen großen Stein. Noch heute sitzt er da, stützt seinen Kopf in die Hände und blickt voller Sehnsucht über das Meer zum Festland, auf dem seine Geliebte wohnte.

Die Vegetation veränderte sich. Die Sträucher wichen kleinen Birkenwäldchen. Weiter ging es nach Hammerfest.

Die Einsamkeit der Menschen, die auf den Inseln wohnten, waren für denjenigen beneidenswert, der aus dem Gedränge Mitteleuropas kam, brachten aber auf die Dauer viele Schwierigkeiten mit sich. Vor allem im Winter in den Monaten der Dunkelheit. Sie verursacht Depressionen und man muss sehr stark sein, um durchzuhalten. Das Land ist geschaffen für Leute, die malen und schreiben. Und doch brauchen sie ab und zu eine Unterbrechung, und sei es auch nur, um gegen die Einsamkeit aufzubegehren, sich neue Anregungen zu holen oder immer wieder aufs Neue zu erkennen, wie gut sie es haben.

Die großartigste aller großartigen Landschaften fand sich auf den Lofoteninseln. Dort gab es noch steilere Felsen, um die sich weitere Trollgeschichten ranken.

Es hatte den ganzen Tag geregnet. Die Straße führte über viele Brücken von Insel zu Insel und ab und an durch einen Tunnel. Die Berge hatten andere Formen als die Alpen. Sie brachen oft steil ins Meer ab. Die Sonne ging hinter den Wolken unter und färbte sie goldrot und allmählich orange. So etwas konnte nur Emil Nolde malen. Nolde-Licht. Es war unvergleichlich. Im Norden ist das Licht anders als in Mitteleuropa. Es ist klarer, farbiger, intensiver. Es modelliert die Berge, betont hier die Linie der Kuppen, der Grate, der Hügel und da einen Felsblock.

Der Dorsch wurde auf Trockengestellen aufgehängt. Er brauchte fünf Monate, um zu bretthartem Stockfisch zu trocknen. Danach wurde er nach Spanien und Italien exportiert. Die Fischköpfe wurden nach Afrika geschickt. Sie dienten der Bevölkerung als Nahrung. Klippfisch war ein in Salz eingelegter und anschließend auf den Klippen getrockneter Dorsch.

Leider wurde es draußen rasch dunkel. Weiter ging es von Insel zu Insel. Ein Mädchen ritt neben der Straße. Das Pferd scheute vor jedem fremden Fahrzeug. Vereinzelt grasten Rinder und Schafe auf den Wiesen. Die Häuser waren wie fast überall rot gestrichen. Rot war die billigste Farbe. Es wurde hergestellt aus Lebertran, Rostpulver und Blut. Besser gestellte Besitzer tünchten ihre Häuser gelb und die wirklich Reichen weiß, da die weiße Farbe auch die teuerste ist.

Es folgte ein Tag nur auf See. Am Morgen bei schönem Wetter, später wechselten Wolken und Sonne einander ab. An der Steuerbordseite ragte ein Felsen aus dem Wasser, für Seefahrer ein wichtiges Erkennungszeichen. Er hatte eine steile Abbruchkante. Später passierten sie den Globus, der die Grenze des Polarkreises markierte, vorbei an dem Felsen, der wie ein versteinerter Reiter aussah und an den »Sieben Schwestern«, sieben Felsbuckel hintereinander. Wieder erschienen Sonnenflecken auf dem Wasser und begleiteten das Schiff ein Stück auf seinem Weg nach Süden. Sie erhellten oft markante Punkte in der Küstenlandschaft, einen Felsgrat, eine Hügelkuppe oder eine kleine Siedlung und betonten die Dreidimensionalität. Das Meer war bleiern grau, durchsetzt von kleinen Schaumkronen. Bald zogen Regenschauer über das Schiff und versperrten den Blick auf die Küste und die davor liegenden Schären.

Vorbei am Thorgatten, einem Berg mit einem Loch in der Mitte. Kurz darauf erschien an der Steuerbordseite wieder das wunderbare Bruchstück eines Regenbogens. Der Wind sang im Antennenmast und die Frau nahm Abschied vom Meer.

Es war einmal eine Schriftstellerin …

… über deren Arbeiten sagte ihr Autorenkollege Otfried Preußler, der Vater des »Räuber Hotzenplotz« und vieler weiterer Kinderbuchklassiker: »Da sitzt jedes Wort, da fügen sich alle Bilder und Sätze zu klaren, spannenden Geschichten zusammen.«

Sigrid Heuck hat im Laufe ihres Lebens mehr als 100 Bücher geschrieben und illustriert. Die Reiseerzählungen »Mit Wind und Wolken unterwegs« sind ihr letztes Werk.

Sie wurde 1932 in Köln geboren und lebte seit 1949 im bayerischen Voralpenland in der Nähe von Bad Tölz. Nach der Schulzeit studierte sie in München zunächst Modegrafik, später Gebrauchsgrafik an der Akademie der Bildenden Künste. Danach arbeitete sie für verschiedene Werbeagenturen und machte sich 1959 als Grafikerin selbstständig. Über die Buchillustration kam sie selbst zum Schreiben, weil sie gern eigene Texte illustrieren wollte.

Ihr Werk umfasst, neben belletristischen Texten für Erwachsene, Bilder- und Kinderbücher sowie Jugendromane. Viele dieser Bücher wurden mehrfach übersetzt; einige sind Klassiker. Und mit den Lesebilderbüchern von Pony und Bär (zum Beispiel »Pony, Bär und Apfelbaum«, 1977 erschienen und in 14 Sprachen übersetzt) sind – nicht nur in Deutschland – Generationen von Bilderbuchkindern aufgewachsen und haben mit ihnen das Lesen gelernt.

Zweifellos war Sigrid Heuck eine erfolgreiche Autorin und Illustratorin. Bereits 1960 erhielt sie die Silbermedaille der Triennale in Mailand für ihre grafischen Arbeiten. Viele ihrer Bücher standen auf deutschen und ausländischen Auswahl- und Ehrenlisten.

So erhielt sie beispielsweise für den Abenteuerroman »Mondjäger« 1984 den Friedrich-Gerstäcker-Preis der Stadt Braunschweig, für den Märchenroman »Saids Geschichte« 1987 den Phantastik-Preis der Stadt Wetzlar und 1990 für den historisch-fantastischen Jugendroman »Meister Joachims Geheimnis« den Österreichischen Staatspreis. Für ihr Gesamtwerk wurde sie im selben Jahr mit dem Großen Preis der Deutschen Akademie für Kinder- und Jugendliteratur ausgezeichnet. Den Bayerischen Verdienstorden erhielt sie 1994 und 2002 folgte das Bundesverdienstkreuz Erster Klasse.

Trotz dieser offensichtlichen Erfolge ist Sigrid Heuck stets zurückhaltend und bescheiden geblieben. Sie liebte das Leben in und mit der Natur, das erlebte jeder, der sie in ihrer »Grabenmühle«, einem alten Einödhof, besuchte. Von dort aus pflegte sie Kontakte zu ihrem Freundeskreis ebenso wie internationale Verbindungen, die sie sich durch die Übersetzungen ihrer Bücher, vor allem aber durch ihre zahlreichen Reisen erschlossen hatte.

Dem feuilletonistischen Literaturbetrieb gegenüber war sie eher zurückhaltend.

Sigrid Heuck war eine bemerkenswerte Frau, vielfältig interessiert, neugierig und vielseitig. Neben ihrer schriftstellerischen Tätigkeit galt ihre Liebe vor allem dem Reiten und der Pferdezucht.

Aus all diesen Interessen und Erfahrungen ergaben sich immer wieder Wechselwirkungen in den schriftstellerischen Bereich hinein. So schildert sie in ihrem erfolgreichen Pferderoman »Zum Beispiel Colleen« ihre eigenen mühsamen, aber letztlich erfolgreichen Bemühungen, ein Connemara-Pony auf einem irischen Pferdemarkt zu ersteigern.

Ihre »Grabenmühle« und die Schicksale der früheren, oft wechselnden Bewohner und Familien, die sie in Gemeindechroniken und Kirchenbüchern recherchierte, regten sie zu dem historischen Episodenroman »Die alte Mühl« an.

Bemerkenswert bei ihrer Arbeitsweise war, dass sie immer gewissenhaft und gründlich recherchierte, selbst wenn sie fantastische Themen behandelte, wie zum Beispiel für »Saids Geschichte« oder »Meister Joachims Geheimnis«. Und sie war keine »Trend-Autorin«, die sich an aktuell gängigen Themen orientierte und diese zur Grundlage ihrer Texte machte.

Das Buch »Mit Wind und Wolken unterwegs«, dessen Erscheinen Sigrid Heuck leider nicht mehr erlebte, ist ihr wohl persönlichstes Werk und eine Bestandsaufnahme ihres Lebens. Sie ist viel und gern unterwegs gewesen und hat Reisen unternommen, die außerhalb des Massentourismus lagen. Fremde Kontinente, ferne Länder, Kontakte zu den Einheimischen und das Kennenlernen ihrer Lebensweisen und Bräuche – das alles hat sie fasziniert. Wieder und wieder suchte sie neue Reiseziele und erlebte dabei oftmals Kulturen, die sich an einem Scheidepunkt befanden und Gegenden, die man als Normaltourist oder als allein reisende Frau eher nicht im Blick hatte. So reiste sie zu Maos Zeiten durch China oder mit Kamelkarawanen durch die arabische Wüste.

Und immer wieder ergaben sich Querverbindungen und Anregungen zwischen ihren Reisen und ihren Büchern.

Auf all diesen Touren hat sie sich Notizen gemacht und Tagebücher verfasst, die in diesem Buch versammelt sind. Entstanden ist ein Panorama ihres Lebens, ein Kaleidoskop von höchst unterschiedlichen Erzählungen und Erfahrungen. Alle faszinierend, viele berührend. Sie gewähren einen Einblick in das Leben einer vielseitigen und eigenständigen Autorin und zeigen uns Länder, Kulturen und Lebensweisen, die es oftmals so schon lange nicht mehr gibt.

Mit dem Autor Max Kruse, dem Verfasser des »Urmel aus dem Eis« und anderer liebenswerter Kinderbücher verband sie – wie mit Otfried Preußler – eine jahrzehntelange Freundschaft. Er sagt über seine Weggefährtin:

»Sigrid Heuck war über viele Jahre meine vertrauteste Kollegin; wir haben fast täglich miteinander telefoniert. Ihre Spontanität, ihren Einfallsreichtum und ihr schriftstellerisches Können habe ich immer bewundert. Mit ihr ist eine unserer besten Autorinnen viel zu früh von uns gegangen. Sie wird der deutschen Kinder- und Jugendliteratur fehlen.«

Sigrid Heuck ist am 2. Oktober 2014 im Alter von 82 Jahren in Bad Tölz gestorben.

Gerd F. Rumler (August 2015)

Bibliografische Angaben

1959 *Das Mondkuhparadies*, Atlantis Verlag, Bilderbuch
1963 *Der Vogelbaum*, Annette Betz Verlag, Bilderbuch
1968 *Büffelmann und Adlerkönig*, Annette Betz Verlag, Bilderbuch/Auswahlliste Jugendbuchpreis
Cowboy Jim, Reinhard Mohn Verlag, Kinderbuch/Auswahlliste Jugendbuchpreis
1969 *Der Zauberkompass*, Sellier Verlag, Sachbilderbuch
1970 *Schnipsel im Wind*, Annette Betz Verlag, Bilderbuch
Cowboy Jims Wildwest ABC, Reinhard Mohn Verlag, Kinderbuch
Der kleine Esel, Verlag Ernst Kaufmann, Bilderbuch
1971 *Zacharias Walfischzahn*, C. Bertelsmann Jugendbuchverlag, Kinderbuch
Emilio Feuerohr, C. Bertelsmann Jugendbuchverlag, Bilderbuch
1972 *Roter Ball und Katzendrache*, Annette Betz Verlag, Bilderbuch
Ich geh raus, Ravensburger Verlag, Bilderbuch
Malpeter, Allegra Musikverlag, Bilderbuch
1976 *Der kleine Cowboy und die Indianer*, Engelbert Verlag, Kinderbuch
1977 *Petah Eulengesicht*, C. Bertelsmann Jugendbuchverlag, Kinderbuch
Der kleine Cowboy und Mister Peng-Peng, Engelbert Verlag, Kinderbuch
Ein Ponysommer, Kinderbuch Verlag, Kinderbuch
Pony, Bär und Apfelbaum, Thienemanns Verlag, Bilderbuch
1978 *Der kleine Cowboy und der wilde Hengst*, Engelbert Verlag, Kinderbuch
1979 *Wind für Dolly McMolly*, C. Bertelsmann Jugendbuchverlag, Kinderbuch

Tommi und die Pferde, Sellier Verlag, Kindersachbuch
Die Reise nach Tandilan, Beltz Verlag, Jugendbuch

1980 *Der Regenbaumvogel*, Thienemann Verlag, Bilderbuch
Felix, Ravensburger Verlag, Bilderbuch

1981 *Long John Tabakstinker*, C. Bertelsmann Jugendbuchverlag, Kinderbuch
Kleiner Zwerg hinterm Berg, C. Bertelsmann Jugendbuchverlag, Bilderbuch
Wo sind die Ponys, Tinka? Kinderbuch Verlag, Kinderbuch

1982 *Leselöwen Ponygeschichten*, Loewe Verlag, Kinderbuch

1983 *Mondjäger*, Thienemann Verlag, Jugendbuch / Friedrich-Gerstäcker-Preis
Pony, Bär und Papagei, Thienemann Verlag, Bilderbuch
Hans Hampelmann träumt, Annette Betz Verlag, Bilderbuch

1984 *Western Lizzy*, C. Bertelsmann Jugendbuchverlag, Kinderbuch
Leselöwen Adventskalender, Loewe Verlag, Kinderbuch

1985 *Zum Beispiel Colleen*, Thienemann Verlag, Jugendbuch
Pony, Bär und Abendstern, Thienemann Verlag, Bilderbuch

1986 *Maisfrieden*, Thienemann Verlag, Jugendbuch
Tinka auf dem Ponyhof, Ravensburger Verlag, Kinderbuch

1987 *Es war die Puppenfee, die einen Walzer tanzte*, Annette Betz Verlag, Bilderbuch
Die verzauberte Insel, Thienemann Verlag, Kinderbuch
Saids Geschichte, Thienemann Verlag, Jugendbuch / Auswahlliste Jugendbuchpreis

1988 *Leselöwen Eselgeschichten*, Loewe Verlag, Kinderbuch
Pony, Bär und Schneegestöber, Thienemann Verlag, Bilderbuch

1988 *Die Bärenwette oder der kürzeste Weg ist nicht immer der schnellste*, Thienemann Verlag, Kinderbuch

1989 *Die Wolkenreise*, Thienemann Verlag, Bilderbuch
Meister Joachims Geheimnis, Thienemanns, Jugendbuch / Österreichischer Staatspreis

1990 *Hui, Wolpi Wolpertinger*, Annette Betz Verlag, Bilderbuch
Knubbel vom Fluss, Loewe Verlag, Kinderbuch
Geschichten aus Noahs Bordbuch, Thienemann Verlag, Kinderbuch
1991 *Die alte Mühl*, Thienemann Verlag, Jugendbuch
Die Windwette, Thienemann Verlag, Kinderbuch
1992 *Eulengespenst und Mäusespuk*, Thienemann Verlag, Bilderbuch
Der schlaue Rico, dtv junior, Kinderbuch
1993 *Der Garten des Harlekins*, Ellermann Verlag, Jugendbuch
1994 *Lauf, Rasputin, lauf!* Loewe Verlag, Kinderbuch
Tü's abenteuerliche Reise, Thienemann Verlag, Kinderbuch
Der Windglockentempel, Weitbrecht Verlag, Roman
1995 *Leselöwen-Cowboygeschichten*, Loewe Verlag, Kinderbuch
Jonas und der Hund vom Mond, Thienemann Verlag, Bilderbuch
Die Perlenschnur, Weitbrecht Verlag, Roman
Ponys, Mustangs und andere Pferde, Ellermann Verlag, Bilderbuch
1996 *Windmähne*, Loewe Verlag, Kinderbuch
Das Katzenfest, Ellermann Verlag, Bilderbuch
Das Pferd aus den Bergen, Ellermann Verlag, Jugendbuch
1997 *Ich wünsch mir einen Hund*, Ellermann Verlag, Bilderbuch
Die Prinzessin vom gläsernen Turm, Thienemann Verlag, Kinderbuch
1998 *Das Wunschpony*, Loewe Verlag, Kinderbuch
Aminas Lied, Thienemann Verlag, Kinderbuch
Wo geht's nach Dublin? Dressler Verlag, Kinderbuch

1999 *Die verzauberten Ostereier*, Arena Verlag, Kinderbuch
Frohe Weihnachten, liebes Christkind, Arena Verlag, Kinderbuch
2000 *Der Ritter und die Geisterfrau*, Thienemann Verlag, Kinderbuch
Die Inselsucherin, Weitbrecht Verlag, Roman
2001 *Der Fremdling*, Thienemann Verlag, Jugendbuch
2002 *Der Elefantenjunge*, Thienemann Verlag, Kinderbuch
2004 *Irgendwo Nirgendwo*, Thienemann Verlag, Jugendbuch
2005 *Das geheimnisvolle Bild im Baum*, Thienemann Verlag, Jugendbuch
2006 *Der Elefant des Kaisers*, Thienemann Verlag, Jugendbuch
2007 *E-Mails aus Afrika*, Thienemann Verlag, Jugendbuch
2009 *Das Geheimnis des Windes*, Verlag St. Michaelsbund, Kinderbuch
2012 *Der Schneckenkönig*, Verlag St. Michaelsbund, Kinderbuch
2015 *Mit Wind und Wolken unterwegs*, Allitera, Erzählungen

Die nur illustrierten Bilderbücher, Schulbücher und die Anthologien sind in dieser Aufstellung nicht berücksichtigt.